LE GUIDE DE LA CULTURE AU QU

LITTÉRATURE, CINÉMA, ESSAIS, REVU

D1136320

DANIEL CHARTIER

LE GUIDE DE LA CULTURE AU QUÉBEC

Littérature, cinéma, essais, revues

ÉDITIONS NOTA BENE

Les Éditions Nota bene remercient le Conseil des Arts du Canada
et le ministère du Patrimoine du Canada
pour leur soutien financier.

La publication de ce livre a été rendue possible grâce à l'appui
du Centre de recherche interuniversitaire sur la littérature et la culture québécoises (CRILCQ)

PRÉSENTATION
Connaître, comprendre, étudier et diffuser

Le guide de la culture au Québec renferme tout ce qu'il est utile de savoir pour comprendre, étudier et faire connaître la littérature et la culture québécoises. Divisé en quatre grandes parties, il propose d'abord une liste descriptive des 10, 25 et 100 grandes œuvres littéraires et cinématographiques québécoises, suivie de listes d'anthologies et de traductions des grandes œuvres en langues étrangères, d'un choix de 10 œuvres anglo-québécoises ainsi que de grands albums de la chanson. La deuxième partie comporte une imposante bibliographie d'études choisies : ouvrages de référence, études sur la société (identité, américanité, nordicité, histoire et population) et études sur la culture (architecture, arts visuels, littérature, musique, cinéma et culture traditionnelle). Vient ensuite un bottin qui regroupe les adresses et les coordonnées des organismes qui se consacrent à la culture québécoise, qu'il s'agisse de son financement, de sa promotion ou de la recherche et de l'enseignement. On trouvera enfin en quatrième et dernière partie la présentation d'une centaine de périodiques qui diffusent, commentent et analysent la culture et la société.

Ce *Guide de la culture au Québec* présente donc des œuvres qui forment un patrimoine qu'il convient aujourd'hui de connaître et de conserver, aussi bien que des études qui en proposent l'interprétation et la critique. Complexe, ambiguë, inquiète, la culture québécoise propose au monde des questions – et parfois, des réponses – qui expriment sa fertilité esthétique, mais aussi la fragilité de sa situation nordique, américaine et francophone.

La préparation, la révision et la rédaction de ce *Guide de la culture au Québec* n'auraient pas été possibles sans le concours et l'aimable collaboration de collègues, assistants, artistes, écrivains et éditeurs qui ont répondu aux demandes qui leur ont été adressées. Je remercie particulièrement Philippe Dionne, Dominic Marcil, Marie-Hélène Mello, Amélie Nadeau et Maude Paquette pour leur travail d'assistanat ; Guy Champagne pour l'édition, Isabelle Tousignant pour l'éditique ainsi que Élise Lassonde pour la qualité et l'originalité de son travail graphique, tant pour la publication des deux affiches que pour la couverture du livre. Pour l'établissement de la liste des grandes œuvres littéraires, je remercie mes collègues Marie-Andrée Beaudet, Zila Bernd, Robert Dion, Jane Everett, Brigitte Faivre-Duboz, Jean-Marie Klinkenberg, Jozef Kwaterko, Arpad Vigh, Robert Major, Ursula Mathis, Jacques Pelletier et Denis Saint-Jacques ; pour la liste des grandes œuvres du cinéma, je remercie particulièrement Danielle Aubry, Marie-Hélène Mello, Martin Talbot, Claire Valade et Johanne Villeneuve. Enfin, mes remerciements vont aussi à Jean-François Chassay, Denis Bachand, Robert Daudelin, Véronique Dubois-Côté, Stéphane Leclerc, Bill Marshall, Yves Rousseau, John Kristian Sanaker, Tony Simons, Mike C. Vienneau ainsi qu'aux évaluateurs et collaborateurs anonymes.

1re PARTIE
LES GRANDES ŒUVRES

Le lecteur trouvera les listes des 10, 25 et 100 grandes œuvres de la littérature et du cinéma québécois, sous forme de deux affiches couleurs dans une pochette publiée par les Éditions Nota bene : Daniel Chartier, *Les 10, 25 et 100 grandes œuvres de la littérature et du cinéma québécois,* 2004.

LA LITTÉRATURE QUÉBÉCOISE EN 10, 25 ET 100 GRANDES ŒUVRES

La littérature québécoise en 100 grandes œuvres

Jacques CARTIER, *Voyages,* 1534-1542

Louis Armand de Lom d'Arce, BARON DE LAHONTAN, *Dialogues avec un Sauvage,* 1703

Élisabeth BÉGON, *Lettres au cher fils (1748-1753),* 1934

Philippe AUBERT DE GASPÉ fils, *Le chercheur de trésors, ou l'influence d'un livre,* 1837

François-Xavier GARNEAU, *Histoire du Canada,* 1845-1852

Philippe AUBERT DE GASPÉ père, *Les anciens Canadiens,* 1863

Patrice LACOMBE, *La terre paternelle,* 1846

Antoine GÉRIN-LAJOIE, *Jean Rivard,* 1862

Arthur BUIES, *Chroniques,* 1873

Laure CONAN, *Angéline de Montbrun,* 1884

Émile NELLIGAN, *Poésies complètes,* 1896-1899

Rodolphe GIRARD, *Marie Calumet,* 1904

Louis HÉMON, *Maria Chapdelaine,* 1916

Albert LABERGE, *La Scouine,* 1918

Alfred DESROCHERS, *À l'ombre de l'Orford,* 1929

Jovette BERNIER, *La chair décevante,* 1931

Claude-Henri GRIGNON, *Un homme et son péché,* 1933

Jean-Charles HARVEY, *Les demi-civilisés,* 1934

Hector de Saint-Denys GARNEAU, *Regards et jeux dans l'espace,* 1937

Félix-Antoine SAVARD, *Menaud, maître-draveur,* 1937

Léo-Paul DESROSIERS, *Les engagés du Grand Portage,* 1938

RINGUET, *Trente arpents,* 1938

Alain GRANDBOIS, *Les îles de la nuit,* 1944

Germaine GUÈVREMONT, *Le Survenant,* 1945

Gabrielle ROY, *Bonheur d'occasion,* 1945

Félix LECLERC, *Pieds nus dans l'aube,* 1946

Paul-Émile BORDUAS, *Refus global,* 1948

Paul-Marie LAPOINTE, *Le réel absolu, 1948-1965,* 1971

Roger LEMELIN, *Les Plouffe,* 1948

Gratien GÉLINAS, *Tit-Coq,* 1950

Marcel DUBÉ, *Zone,* 1953

André LANGEVIN, *Poussière sur la ville*, 1953

Anne HÉBERT, *Œuvre poétique*, 1953-1992

Rina LASNIER, *Présence de l'absence*, 1956

Gilles VIGNEAULT, *Entre musique et poésie. 40 ans de chansons, 1957-1997*

Yves THÉRIAULT, *Agaguk*, 1958

Gérard BESSETTE, *Le libraire*, 1960

Jean LE MOYNE, *Convergences*, 1961

Gatien LAPOINTE, *Ode au Saint-Laurent*, 1963

Pierre VADEBONCŒUR, *La ligne du risque*, 1963

Jean BASILE, *La jument des Mongols*, 1964

Paul CHAMBERLAND, *Terre-Québec*, 1964, et *L'afficheur hurle*, 1965

Claude JASMIN, *Éthel et le terroriste*, 1964

Hubert AQUIN, *Prochain épisode*, 1965

Jacques BRAULT, *Mémoire*, 1965

Marie-Claire BLAIS, *Une saison dans la vie d'Emmanuel*, 1965

Roland GIGUÈRE, *L'âge de la parole*, 1965

Réjean DUCHARME, *L'avalée des avalés*, 1966

Gérald GODIN, *Les cantouques. Poèmes en langue verte, populaire et quelquefois française*, 1966

Jacques GODBOUT, *Salut Galarneau !*, 1967

Roch CARRIER, *La guerre, yes sir !*, 1968

Fernand DUMONT, *Le lieu de l'homme*, 1968

Jacques FERRON, *Contes*, 1968

Michel TREMBLAY, *Les belles-sœurs*, 1968

Pierre VALLIÈRES, *Nègres blancs d'Amérique*, 1968

Anne HÉBERT, *Kamouraska*, 1970

Gaston MIRON, *L'homme rapaillé*, 1970

Victor-Lévy BEAULIEU, *Les grands-pères*, 1971

Claude GAUVREAU, *Œuvres créatrices complètes*, 1971

Michel TREMBLAY, *À toi pour toujours, ta Marie-Lou*, 1971

Gilles HÉNAULT, *Signaux pour les voyants*, 1972

Réjean DUCHARME, *L'hiver de force*, 1973

Michèle LALONDE, *Speak White*, 1974

France THÉORET, *Bloody Mary*, 1977

Denise BOUCHER, *Les fées ont soif*, 1978

Michel TREMBLAY, *La grosse femme d'à côté est enceinte*, 1978

Nicole BROSSARD, *Amantes*, 1980

Gilbert LA ROCQUE, *Les masques*, 1980

Yolande VILLEMAIRE, *La vie en prose*, 1980

Yves BEAUCHEMIN, *Le matou*, 1981

Louis CARON, *Le canard de bois*, 1981

Normand CHAURETTE, *Provincetown Playhouse, juillet 1919, j'avais 19 ans*, 1981

Marie LABERGE, *C'était avant la guerre à l'Anse-à-Gilles*, 1981

Jean-Pierre RONFARD *Vie et mort du Roi Boiteux,* 1981

Anne HÉBERT, *Les fous de Bassan,* 1982

Robert LALONDE, *Le dernier Été des Indiens,* 1982

Marco MICONE, *Gens du silence,* 1982

Francine NOËL, *Maryse,* 1983

Régine ROBIN, *La Québécoite,* 1983

Jacques BRAULT, *Agonie,* 1984

Jacques POULIN, *Volkswagen blues,* 1984

René-Daniel DUBOIS, *Being at home with Claude,* 1985

Dany LAFERRIÈRE, *Comment faire l'amour avec un nègre sans se fatiguer,* 1985

Esther ROCHON, *Coquillage,* 1985

Arlette COUSTURE, *Les filles de Caleb,* 1985-1986

André BELLEAU, *Surprendre les voix,* 1986

Raymond PLANTE, *Le dernier des raisins,* 1986

Marie UGUAY, *Poèmes,* 1986

Michel Marc BOUCHARD, *Les feluettes, ou la répétition d'un drame romantique,* 1987

Nicole BROSSARD, *Le désert mauve,* 1987

Fernand OUELLETTE, *Les heures,* 1987

Pierre NEPVEU, *L'écologie du réel,* 1988

Louis HAMELIN, *La rage,* 1989

Monique LARUE, *Copies conformes,* 1989

Émile OLLIVIER, *Passages,* 1991

Ying CHEN, *Les lettres chinoises,* 1993

Fernand DUMONT, *Genèse de la société québécoise,* 1993

Monique PROULX, *Homme invisible à la fenêtre,* 1993

Sergio KOKIS, *Le pavillon des miroirs,* 1994

La littérature québécoise en 10 grandes œuvres

Émile NELLIGAN
Poésies complètes
1896-1899

L'œuvre de ce poète agit comme un sémaphore de la modernité dans la littérature québécoise : happé à vingt ans par son internement dans un institut psychiatrique, il laisse une œuvre de jeunesse à laquelle son préfacier, Louis Dantin, donnera les accents de celle d'un poète maudit. Perpétuée dans la mémoire collective, notamment par la diffusion de sa célèbre photographie et par de nombreuses références subséquentes, sa voix poétique est influencée par le Parnasse et le symbolisme, où l'exotisme côtoie une interprétation lumineuse et nostalgique de l'hiver et de la neige.

Louis HÉMON
Maria Chapdelaine
1916

La fille d'un paysan défricheur, Maria Chapdelaine, doit choisir entre trois aspirants : le coureur des bois François Paradis, qui incarne la liberté ; l'émigré Lorenzo Surprenant, qui symbolise le confort de la vie urbaine aux États-Unis ; et le pauvre Eutrope Gagnon, par qui se transmettent les valeurs ancestrales du « pays de Québec ». Ses choix se voient contrariés par la mort de François, puis par celle de sa mère, dont elle doit prendre la relève. Chef-d'œuvre régionaliste attendu, le roman ne sera toutefois pas reconnu comme tel lors de sa parution au Québec : il faudra attendre sa réédition chez Grasset en 1921 pour que l'œuvre connaisse un succès qui se traduira par des centaines d'éditions en une trentaine de langues.

Hector de Saint-Denys GARNEAU
Regards et jeux dans l'espace
1937

Seul recueil publié du vivant du poète, qu'il a tenté dès la parution de retirer des librairies, *Regards et jeux dans l'espace* est aujourd'hui considéré comme la première œuvre poétique québécoise moderne. Le travail sur la langue, l'utilisation du vers libre et la recherche intime du dédoublement et de l'accompagnement font de Saint-Denys Garneau une figure à part dans la poésie du début du XXe siècle. À la suite de Nelligan, il incarne l'image du poète maudit, solitaire et reclus, incompris par la société. Ses vers et son inspiration marquent le début d'une tradition littéraire fertile.

Gabrielle ROY
Bonheur d'occasion
1945

Premier roman social urbain de la littérature québécoise et première œuvre de Gabrielle Roy, *Bonheur d'occasion* raconte les conditions de vie difficiles du quartier ouvrier Saint-Henri, à Montréal, en 1940. Dans ce roman réaliste aux tons gris, mais évocateurs, une jeune fille, Florentine, cherche le bonheur dans un milieu pourtant indigent qui ne lui laisse que des déceptions. Résignée et déçue, elle finira par accepter, pour sauver les apparences, un mariage de raison avec un homme qui, conscrit pour la guerre, croit qu'elle porte son enfant. Couronnée de nombreux prix, dont le Femina et le Booker's Prize, cette œuvre marque en 1945 une rupture avec le courant régionaliste, et ouvre la voie aux courants réaliste et social des décennies suivantes.

Anne HÉBERT
Œuvre poétique
1953-1992

Au-delà de son œuvre romanesque, Anne Hébert a écrit, dans une langue concise et symbolique, une poésie intime, violente et libératrice réunie dans *Œuvre poétique* et écrite pendant un demi-siècle : *Le tombeau des rois,* 1953 ; *Mystère de la parole,* 1960 ; et *Le jour n'a d'égal que la nuit,* 1992. Précédée par la poésie de son cousin, Hector de Saint-Denys Garneau, l'auteure, récipiendaire de nombreux prix littéraires, propose une œuvre sobre, contenue, mais puissante.

Hubert AQUIN
Prochain épisode
1965

Désorientant, déconcertant, écrit dans un style déréglé, *Prochain épisode,* premier des quatre romans de Hubert Aquin, développe différents espaces narratifs qui se croisent dans une déconstruction formelle propre à l'auteur : les voix entrecoupées (et parfois contradictoires) de l'incarcéré, du révolutionnaire, de l'amoureux et de l'écrivain se déploient dans un complexe jeu de miroirs et de substitutions. *Prochain épisode* a été reçu, dès sa publication, comme une œuvre symbolique des questionnements identitaires de la Révolution tranquille.

Marie-Claire BLAIS
Une saison dans la vie d'Emmanuel
1965

Lu comme un « réquisitoire inquiétant contre la société québécoise » (Annette Hayward, 1984) d'avant la Révolution tranquille, le roman, toutefois, ne résonne pas seulement par ses échos au Québec, comme le prouve son succès à l'étranger (prix Médicis en 1966). *Une saison dans la vie d'Emmanuel,* « jardin étrange » de réalité froide et misérable, de tabous et de poésie, pervertit le modèle du roman de la terre par une sordidité qui côtoie le sublime. Jean-Le Maigre, Héloïse, Pomme et Le Septième, Grand-Mère Antoinette et Emmanuel, membres d'une famille paysanne de seize enfants, sont les personnages insoumis autour desquels se fonde le roman : ils refusent, chacun à leur façon, de se résigner à cette vie maudite qui leur offre peu d'espoir.

Réjean DUCHARME
L'avalée des avalés
1966

Tour de force langagier, ce roman se construit comme le fascinant et ludique monologue de Bérénice, héroïne enfant qui se refuse à l'« adulterie », à l'ordre des choses lucides et au langage commun. Motivée par un seul désir, celui de se venger de tout ce qui l'opprime, Bérénice refuse d'entrer dans le monde ordonné des adultes. Premier roman de Réjean Ducharme, *L'avalée des avalés* connaît un accueil très favorable : on en salue l'audace et les habiles jeux sur le langage, lesquels feront la renommée du romancier invisible, qui refuse tout contact avec le monde médiatique.

Michel TREMBLAY
Les belles-sœurs
1968

La création de la pièce *Les belles-sœurs* marque les scènes en libérant la langue théâtrale par l'utilisation du joual, défendu par la revue *Parti pris,* et en inaugurant un enthousiaste mouvement de théâtre populaire et social à une époque de prise de conscience de l'identité québécoise. Dans cette pièce maîtrisée, inspirée tant du quartier ouvrier du Plateau Mont-Royal que des tragédies grecques, l'auteur met en scène quatorze femmes réunies dans la cuisine de Germaine Lauzon pour coller dans des livrets le million de timbres-prime qu'elle vient de gagner. Ce portrait lucide et tragique de la pauvreté, de la jalousie et de la misère, qui a engagé de longues et rudes polémiques, a été joué et traduit partout dans le monde.

Gaston MIRON
L'homme rapaillé
1970

Seul recueil publié de son vivant, *L'homme rapaillé* est le Livre de Gaston Miron, qui l'aura travaillé et retravaillé toute sa vie : de publications éparses à la première édition en recueil en 1970 jusqu'à l'édition de 1994, deux ans avant la mort du poète. Chantant la femme, à aimer, et le pays, à bâtir, le recueil, composé de poésie et d'essais poétiques en prose, s'enracine sauvagement et langagièrement dans le Québec. Ode à la liberté, à l'amour, par et pour la langue, *L'homme rapaillé,* première œuvre québécoise de la collection « Poésie » de Gallimard, est un ouvrage de grands remous, qui témoigne et assume à grands pas la littérature nationale.

La littérature québécoise en 25 grandes œuvres

Laure CONAN
Angéline de Montbrun
1884

À la suite d'événements tragiques (variables selon les versions), l'amour d'une jeune bourgeoise, Angéline, pour un jeune homme est compromis, alors qu'elle entretient une relation trouble avec son père. Premier roman d'analyse psychologique et première œuvre romanesque écrite par une femme au Québec, ce roman à l'écriture discrète ouvre la littérature québécoise à l'intime.

Émile NELLIGAN
Poésies complètes
1896-1899

Voir le descriptif ci-dessus dans la liste des 10 œuvres.

Louis HÉMON
Maria Chapdelaine
1916

Voir le descriptif ci-dessus dans la liste des 10 œuvres.

Hector de Saint-Denys GARNEAU
Regards et jeux dans l'espace
1937

Voir le descriptif ci-dessus dans la liste des 10 œuvres.

RINGUET
Trente arpents
1938

Alors que les critiques voyaient dans ce roman le début d'une ère régionaliste, il s'agissait plutôt de son apogée et de sa fin. Ringuet atteint, par une esthétique du terroir maîtrisée, au mystère tellurique, toutefois déjà condamné par la modernité rampante. De la fin du XIXe siècle au milieu des années 1930, un lopin de terre – de trente arpents – devient le lieu de la déchéance de ses propriétaires, alors que la terre impose aux hommes ses exigences.

Germaine GUÈVREMONT
Le Survenant
1945

Après *Trente arpents*, *Le Survenant* clôt tardivement en 1945 la série des romans de la terre, amorcée en 1846 avec *La terre paternelle*. Ce roman, qui connaît une consécration populaire et critique dès sa parution, s'inspire puissamment d'une des figures mythiques de la culture canadienne-française : le coureur des bois. Le Survenant, dont on ne connaît rien du passé, à la fois fascine et inquiète les membres de la famille Beauchemin, qui, en l'accueillant, voient leur vie bouleversée à tout jamais.

Gabrielle ROY
Bonheur d'occasion
1945

Voir le descriptif ci-dessus dans la liste des 10 œuvres.

Paul-Émile BORDUAS
Refus global
1948

Manifeste fondateur de la Révolution tranquille, *Refus global,* signé collectivement par les Automatistes (dont Paul-Émile Borduas, Jean-Paul Riopelle, Françoise Sullivan, Marcelle Ferron et Claude Gauvreau), est une œuvre prophétique qui dénonce tant la mainmise des institutions et idéologies catholiques sur la vie culturelle que la peur d'un peuple replié sur lui-même. En ce sens, il marque dans l'histoire de la vie culturelle l'accession définitive du Québec à la modernité. Écrit par le peintre Paul-Émile Borduas, inspiré par les surréalistes, *Refus global* prône l'abstraction géométrique et la magie « surrationnelle » : son influence sur la poésie, la littérature et, plus largement, la vie culturelle et intellectuelle en fait l'une des œuvres marquantes du XXᵉ siècle.

Paul-Marie LAPOINTE
Le réel absolu
1948-1965, 1971

Rétrospective de poèmes écrits entre 1948 et 1965, *Le réel absolu* comprend *Le vierge incendié, Choix de poèmes* et *Pour les âmes*. Dans ce recueil, la poésie de Lapointe est nourrie tant de celle de Rimbaud et des surréalistes que de celle des jazzmans états-uniens. Œuvre riche et achevée, traduite en plusieurs langues, l'œuvre de Lapointe a été couronnée de nombreux prix québécois et étrangers.

Anne HÉBERT
Œuvre poétique
1953-1992

Voir le descriptif ci-dessus dans la liste des 10 œuvres.

Gérard BESSETTE
Le libraire
1960

Ce court roman se veut, à la manière de *L'étranger* de Camus, le récit détaché de la vie d'un homme solitaire. Cette œuvre s'avère aussi une critique froide, quoique pleine d'ironie, de la morale canadienne-française sclérosée, provinciale et contraignante des années 1950. Hervé Jodoin travaille le jour dans la librairie du petit village où il vient d'emménager ; le soir, il boit à la taverne ; et le dimanche, ne sachant comment occuper son temps, il écrit le journal qui est offert au lecteur, et qui témoigne éloquemment de la Grande Noirceur.

Pierre VADEBONCŒUR
La ligne du risque
1963

Regroupant six essais publiés entre 1945 et 1963, *La ligne du risque* fait aujourd'hui figure de repère dans l'histoire de la vie intellectuelle au Québec, tant par sa puissante volonté de secouer les mentalités que par son ton vigoureux. Fervent défenseur de la liberté et du syndicalisme, Pierre Vadeboncœur mène un combat pour un Québec conscient de ses possibilités et déterminé à agir.

Paul CHAMBERLAND
Terre-Québec
1964
et *L'afficheur hurle*
1965

Recueil emblématique de la « poésie du pays » des années 1960, *Terre-Québec* s'annonce comme une œuvre révoltée et charnelle. Dans *L'afficheur hurle,* le ton devient violent et la dénonciation, radicale, sans toutefois perdre les accents de tendresse et d'amour. Le discours des deux recueils allie formellement politique et poétique.

Hubert AQUIN
Prochain épisode
1965

Voir le descriptif ci-dessus dans la liste des 10 œuvres.

Marie-Claire BLAIS
Une saison dans la vie d'Emmanuel
1965

Voir le descriptif ci-dessus dans la liste des 10 œuvres.

Réjean DUCHARME
L'avalée des avalés
1966

Voir le descriptif ci-dessus dans la liste des 10 œuvres.

Jacques GODBOUT
Salut Galarneau !
1967

Écrit dans une langue vivante et colorée se jouant des néologismes et des anglicismes, ce roman de Jacques Godbout raconte le destin de François Galarneau, propriétaire d'une petite cantine. Ce « Roi du hot dog » se sert joyeusement de l'écriture pour revenir à lui-même et réfléchir sur les événements marquants de sa vie. L'écriture, qui s'avère être le thème central du roman, finit par l'envahir au point où François se détache lentement du monde et s'enferme dans la « vécriture ».

Jacques FERRON
Contes
1968

En regroupant les *Contes anglais* et les *Contes du pays incertain,* parus respectivement en 1962 et 1964, les *Contes* de Jacques Ferron réussissent le pari de rendre par l'écriture la fluidité et l'émerveillement de la narration orale avec humour, ironie et fantaisie. Parfois politiques, folkloriques, tenant parfois davantage de la fable, les *Contes* demeurent l'œuvre majeure de cet important chroniqueur et polémiste.

Michel TREMBLAY
Les belles-sœurs
1968

Voir le descriptif ci-dessus dans la liste des 10 œuvres.

Anne HÉBERT
Kamouraska
1970

Le roman *Kamouraska,* œuvre « de neige et de fureur », consacre Anne Hébert comme l'une des grandes écrivaines de langue française : prix des Libraires et de l'Académie royale de Belgique en 1971, le roman sera, peu après sa parution, traduit en une dizaine de langues. Situé au XIXe siècle québécois, il raconte de manière subtile et dense le destin et les pensées d'Élisabeth, qui se remémore les tumultueuses épreuves de sa jeunesse : un mariage forcé, une relation amoureuse avec le docteur Nelson et le meurtre, par celui-ci, de son premier mari.

Gaston MIRON
L'homme rapaillé
1970

Voir le descriptif ci-dessus dans la liste des 10 œuvres.

Michel TREMBLAY
La grosse femme d'à côté est enceinte
1978

Roman initial des *Chroniques du Plateau Mont-Royal, La grosse femme d'à côté est enceinte* a été reconnu, dès sa parution, comme une œuvre majeure dans l'œuvre de Michel Tremblay et dans la vie littéraire au Québec. L'auteur reprend dans ce vivant et coloré tableau les personnages du quartier du Plateau Mont-Royal qu'il a mis en scène dans ses pièces, en les situant cette fois dans leur jeunesse, au printemps 1942. Fresque populaire, le roman multiplie les points de vue, s'inspire discrètement de la littérature antique et raconte les confrontations, les joies, les intrigues et les rires de la grosse femme, forcée à l'immobilité à cause d'une grossesse difficile.

Régine ROBIN
La Québécoite
1983

Roman formaliste sur la mémoire et les effets de l'immigration, *La Québécoite,* œuvre de Régine Robin, historienne, linguiste et sociologue de réputation internationale, est considéré comme l'une des œuvres phares du courant des écritures migrantes. La problématique de la mémoire – juive, française et québécoise – et les confrontations politiques, linguistiques et structurales s'articulent dans une recherche multiforme du sens et de l'identité.

Jacques POULIN
Volkswagen blues
1984

Dans ce « road book » à saveur états-unienne, le narrateur, Jack, accompagné d'une Amérindienne métissée, va de Gaspé jusqu'à San Francisco à la recherche de son frère. Point de vue québécois sur l'Amérique et l'américanité, œuvre teintée de quête identitaire et de mélancolie, *Volkswagen blues* est le plus populaire roman de Jacques Poulin. Il a reçu, au Québec comme en France, un enthousiaste accueil.

Fernand DUMONT
Genèse de la société québécoise
1993

Sociologue et savant intellectuel largement reconnu au Québec et à l'étranger, Fernand Dumont a remporté, avec *Genèse de la société québécoise,* de nombreux prix littéraires. Cet essai, à l'écriture fine et articulée, tente de retracer les fondements de la « référence québécoise », c'est-à-dire de la construction identitaire qui crée le lien d'appartenance au Québec. Pour Dumont, la Révolution tranquille des années 1960 a effacé de la mémoire les références fondatrices qu'il convient de remettre au jour.

10 grandes œuvres québécoises de langue anglaise

John George Lambton DURHAM
Report
1839

Traduit en français sous
Le rapport Durham. Document,
Montréal, L'Hexagone, coll. « Typo », 1990, 317 p.

Gwethalyn GRAHAM
Earth and the High Heaven
1944

Traduit en français sous
Entre ciel et terre, Paris, Jules Tallandier, 1946, 287 p.

Hugh MACLENNAN
Two Solitudes
1945

Traduit en français sous
Deux solitudes, Saint-Laurent (Québec), Bibliothèque québécoise (BQ), 1992,
coll. « Littérature », 740 p.

Abraham Moses KLEIN
The Rocking Chair and Other Poems
1948

Traduit en italien sous
Poesie, Roma, Bulzoni,
coll. « Dal mondo intero », 1984, 213 p.

Leonard COHEN
Let Us Compare Mythologies
1956

Mordecai RICHLER
The Apprenticeship of Duddy Kravitz
1959

Traduit en français sous
L'apprentissage de Duddy Kravitz, Saint-Laurent (Québec),
Bibliothèque québécoise (BQ), 1998, 515 p.

Francis Reginald SCOTT
Selected Poems
1966

Mavis Gallant
Home Truths
1981

Traduit en français sous
Voix perdues dans la neige. Nouvelles, Paris, Fayard, 1991, 367 p.

Gail SCOTT
Heroine
1987

Traduit en français sous
Héroïne, Montréal, Éditions du Remue-ménage,
coll. « Connivences », 1988, 248 p.

David HOMEL
Rat Palms
1992

Traduit en français sous
Il pleut des rats. Roman, Montréal, Leméac et Arles (France),
Actes sud, 1992, 330 p.

Anthologies de littérature québécoise

Éditions courantes

Michel Erman [éd.], *Littérature canadienne-française et québécoise. Anthologie critique*, Laval (Québec), Beauchemin, 1992, 570 p.

Lise Gauvin et Gaston Miron [éd.], *Écrivains contemporains du Québec. Anthologie*, Montréal, L'Hexagone, coll. « Typo », 1998, 595 p.

James Huston [éd.], *Le répertoire national, ou Recueil de littérature canadienne*, Montréal, VLB éditeur, 1982 (1848-1850), 4 vol.

Laurent Mailhot *et al.* [éd.], *Le Québec en textes. Anthologie 1940-1986*, Montréal, Boréal, 1986, 622 p.

Gilles Marcotte [éd.], *Anthologie de la littérature québécoise*, Montréal, L'Hexagone, coll. « Anthologies », 1994, 2 t. en 4 vol. : t. 1, vol. 1, *Écrits de la Nouvelle-France, 1534-1760* ; t. 1, vol. 2, *La patrie littéraire, 1760-1895* ; t. 2, vol. 1, *Vaisseau d'or et croix du chemin, 1895-1935* ; t. 2, vol. 2, *L'âge de l'interrogation, 1937-1952.*

Récits

Paulette Collet [éd.], *Les romanciers français et le Canada (1842-1981). Anthologie*, Sherbrooke (Québec), Éditions Naaman et Paris, Agence de coopération culturelle et technique, coll. « Anthologies », 1984, 166 p.

Gilles Dorion [éd.], *Les meilleurs romans québécois du XIXᵉ siècle*, Saint-Laurent (Québec), Fides, 1997, 2 vol. : vol. 1, 1092 p. ; vol. 2, 1135 p.

Guildo Rousseau [éd.], *Préfaces des romans québécois du XIXᵉ siècle*, Sherbrooke (Québec), Éditions Cosmos, coll. « Textes et commentaires », 1970, 111 p.

Poésie

Joseph Bonenfant *et al.* [éd.], *Les grands poèmes de la poésie québécoise*, Montréal, L'Hexagone, coll. « Anthologies », 1999, 367 p.

Nicole Brossard et Lisette Girouard [éd.], *Anthologie de la poésie des femmes au Québec*, Montréal, Éditions du Remue-ménage, coll. « Connivences », 2003, 379 p.

John Hare [éd.], *Anthologie de la poésie québécoise du XIXᵉ siècle (1790-1890)*, Montréal, Hurtubise HMH, coll. « Cahiers du Québec », 1979, 410 p.

Jeanne d'Arc Lortie et Yolande Grisé [éd.], *Les textes poétiques du Canada français, 1606-1867*, Montréal, Fides, 10 vol. : vol. 1, *1606-1806*, 1987 ; vol. 2, *1806-1826*, 1989 ; vol. 3, *1827-1837*, 1990 ; vol. 4, *1838-1849*, 1991 ; vol. 5, *1850-1855*, 1992 ; vol. 6, *1856-1858*, 1993 ; vol. 7, *1859*, 1994 ; vol. 8, *1860*, 1995 ; vol. 9, *1861-1862*, 1996 ; vol. 10, *1863-1864*, 1997.

Laurent Mailhot et Pierre Nepveu [éd.], *La poésie québécoise des origines à nos jours*, Montréal, L'Hexagone, coll. « Typo », 1986, 642 p.

Jean Royer [éd.], *La poésie québécoise contemporaine. Anthologie*, Montréal, L'Hexagone et Paris, La Découverte, coll. « Anthologies », 1991, 255 p.

Poésie de langue anglaise

Pierre DesRuisseaux [éd.], *Co-incidences. Poètes anglophones du Québec*, Montréal, Triptyque, coll. « Poésie », 2000, 280 p.

Essais

Andrée Ferretti et Gaston Miron [éd.], *Les grands textes indépendantistes. Écrits, discours et manifestes québécois, 1774-1992*, Montréal, L'Hexagone, coll. « Anthologies », 1992, 497 p.

Daniel Latouche [éd.], *Le manuel de la parole. Manifestes québécois*, Montréal, Boréal, coll. « Boréal express », 3 vol. : vol. 1, *1760-1899*, 1971 ; vol. 2, *1900-1959*, 1978 ; vol. 3, *1960-1976*, 1979.

Laurent Mailhot et Benoît Melançon [éd.], *Essais québécois, 1837-1983. Anthologie littéraire*, LaSalle (Québec), Hurtubise HMH, coll. « Cahiers du Québec », 1984, 658 p.

Chanson

Roger Chamberland et André Gaulin [éd.], *La chanson québécoise. De la Bolduc à aujourd'hui. Anthologie*, Québec, Nuit blanche éditeur, coll. « Anthologies », 1994, 593 p.

Contes et nouvelles

Maurice Émond [éd.], *Anthologie de la nouvelle et du conte fantastique québécois au xxe siècle*, Montréal, Fides, coll. « Bibliothèque québécoise », 1987, 276 p.

François Gallays [éd.], *Anthologie de la nouvelle au Québec*, Saint-Laurent (Québec), Fides, 1993, 427 p.

Unikkaâguat Nunavimmit, Dorval (Québec), Presses de Kativik, coll. « Nunavik Writing », 1992, 75 p. [en inuktitut]

Science-fiction

Michel Lord [éd.], *Anthologie de la science-fiction québécoise contemporaine*, Montréal, Bibliothèque québécoise (BQ), coll. « Littérature », 1988, 265 p.

Textes radiophoniques

Pierre Pagé et Renée Legris [éd.], *Le comique et l'humour à la radio québécoise. Aperçus historiques et textes choisis, 1930-1970*, 2 vol. : vol. 1, Montréal, La Presse, 1976, 677 p. ; vol. 2, Montréal, Fides, 1979, 736 p.

Théâtre

Joan Doat [éd.], *Anthologie du théâtre québécois, 1906-1970*, Québec, Éditions La Liberté, 1973, 505 p.

Traductions

Le lecteur trouvera dans cette partie les traductions d'anthologies, ainsi que celles des 100 grandes œuvres de la littérature québécoise et des 10 œuvres québécoises de langue anglaise.

Traduction en albanais

Louis Hémon, *Maria Chapdelaine*, 1916
Maria Shapdëlen, Tiranë, Naim Fraghëri, 1985, 162 p.

Traductions en allemand

Louis Armand de Lom d'Arce, baron de Lahontan, *Dialogues avec un Sauvage*, 1703
Neueste Reisen nach dem mitternächlichen Amerika, Berlin, Freitag Verlag, coll. « Verlorene Welten », 1982, 249 p.

Louis Hémon, *Maria Chapdelaine*, 1916
Maria Chapdelaine. Roman, Bergisch Gladbach, Bastei Lübbe, coll. « Klassiker des historischen romans », 1999, 279 p.

Ringuet, *Trente arpents*, 1938
Dreissig Morgen Land. Ein Kanadischer Roman, Einsiedeln et Köln, Verlagsanstalt Benziger & Co, 1940, 394 p.

Yves Thériault, *Agaguk*, 1958
Agaguk. Roman, München, Herbig, 1996, 303 p.
Agaguk. Roman eines Eskimojägers, Leipzig, Reclam, 1979, 254 p.

Marie-Claire Blais, *Une saison dans la vie d'Emmanuel*, 1965
Schwarzer Winter. Roman, München, Deutscher Taschenbuch Verlag, 1970, 130 p.

Michel Tremblay, *Les belles-sœurs*, 1968
Schwesterherzchen, Tübingen, M. Niemeyer, coll. « Canadiana Romanica », 1987, 83 p.

Pierre Vallières, *Nègres blancs d'Amérique*, 1968
Québec libre ! Weisse Neger in Kanada, Darmstadt, Marz Verlag, 1969, 211 p.

Anne Hébert, *Kamouraska*, 1970
Kamouraska, Luzern, Bucher, 1972.

Nicole Brossard, *Le désert mauve*, 1987
Die malvenfarbene Wüste. Roman, München, Frauenoffensive, 1989, 203 p.

Gail Scott, *Heroine*, 1987
Meine fragwürdige Heldin. Roman, Reinbeck bei Hamburg, Rowohlt, coll. « Neue frau », 1990, 204 p.

Traductions en anglais
Anthologies

Yves Brunelle [éd.], *French Canadian Prose Masters. The Nineteenth Century*, Montréal, Harvest House, coll. « The French Writers of Canada », 1978, 338 p.

André Carpentier et Matt Cohen [éd.], *Parallel Voices. Voix parallèles*, Kingston (Ontario), Quarry Press et Montréal, XYZ, 1993, 249 p. [en français et en anglais]

Matt Cohen et Wayne Grady [éd.], *The Quebec Anthology, 1830-1990*, Ottawa, University of Ottawa Press, coll. « Canadian Short Stories Library », 1996, 424 p.

Beverley Daurio et Luise von Flotow [éd.], *Ink and Strawberries. An Anthology of Quebec Women's Fiction*, Toronto, Aya Press, 1988, 89 p.

Luise von Flotow [éd.], *Three by Three. Short Stories*, Montréal, Guernica, coll. « Prose », 1992, 109 p. [Anne Dandurand, Claire Dé et Hélène Rioux]

Geoff Hancock [éd.], *Invisible Fictions. Contemporary Stories from Québec*, Toronto, Anansi, coll. « Fiction », 1987, 437 p.

Philip Stratford [éd.], *Stories from Québec*, Toronto, Van Nostrand Reinhold, 1974, 175 p.

Philip Stratford et Michael Thomas [éd.], *Voices from Québec. An Anthology of Translations*, Toronto, Van Nostrand Reinhold, 1977, 215 p.

Richard Teleky [éd.], *The Oxford Book of French-Canadian Short Stories*, Toronto, Oxford University Press, 1983, 268 p.

Poetry

Louise Blouin *et al.* [éd.], *Esprit de corps. Québec Poetry of the Late Twentieth Century in Translation*, Winnipeg (Manitoba), The Muses' Company et Trois-Rivières, Écrits des Forges, 1997, 160 p.

Fulvio Caccia et John F. Deane [éd.], *Voices from Ireland and Québec. Voix d'Irlande et du Québec*, Dublin, Dedalus et Montréal, Le Noroît, coll. « Résonance », 1995, 155 p. [en français et en anglais]

Fred Cogswell [éd.], *The Poetry of Modern Québec. An Anthology*, Montréal, Harvest House, coll. « The French Writers of Canada », 1976, 206 p.

John Glassco [éd.], *The Poetry of French Canada in Translation*, Toronto, Oxford University Press, 1970, 270 p.

George Ross Roy [éd.], *Twelve Modern French Canadian Poets*, Toronto, Ryerson Press, 1958, 99 p. [en français et en anglais]

Francis Reginald Scott [éd.], *Poems of French Canada*, Burnaby (British Columbia), Blackfish Press, 1977, 59 p.

Songs

Lawrence J. Burpee [éd.], *Songs of French Canada*, Toronto, Musson Book Company, 1909, 87 p.

William McLennen [éd.], *Songs of Old Canada*, Montréal, Dawson Brothers Publishers, 1886, 83 p. [en français et en anglais]

Theater

Suzanne Aubry *et al.* [éd.], *Six Plays. Playwrights from Quebec*, Montréal, Centre d'essai des auteurs dramatiques, 1987, 79 p.

Leonard Eugene Doucette [éd.], *The Drama of Our Past. Major Plays from Nineteeth-century Quebec*, Toronto, University of Toronto Press, 1997, 327 p.

Robert Wallace [éd.], *Quebec Voices. Three Plays*, Toronto, Coach House Press, 1986, 162 p. [Normand Chaurette, René Gingras et René-Daniel Dubois]

Jacques Cartier, *Voyages*, 1534-1542
The Voyages of Jacques Cartier, Toronto, University of Toronto Press, 1993, 177 p.

Louis Armand de Lom d'Arce, baron de Lahontan, *Dialogues avec un Sauvage*, 1703
New Voyages to North America, New York, B. Franklin, coll. « American Classics in History and Social Sciences », 1970, 2 vol., 797 p.

Philippe Aubert de Gaspé fils, *Le chercheur de trésor, ou L'influence d'un livre*, 1837
The Influence of a Book, Montréal, Robert Davies Pub., 1993, 175 p.

François-Xavier Garneau, *Histoire du Canada*, 1845-1852
History of Canada, from the Time of its Discovery till the Union Year 1840-1841, Toronto, Belford Bros., 1878, 2 vol.

Antoine Gérin-Lajoie, *Jean Rivard*, 1862
Jean Rivard, Toronto, McClelland & Stewart, coll. « New Canadian Library », 1977, 278 p.

Philippe Aubert de Gaspé père, *Les anciens Canadiens*, **1863**
Canadians of Old. A Romance, Montréal, Véhicule Press, 1996, 329 p.

Laure Conan, *Angéline de Montbrun*, **1884**
Angéline de Montbrun, Toronto, University of Toronto Press, coll. « Literature of Canada. Poetry and Prose in Reprint », 1974, 169 p.

Émile Nelligan, *Poésies complètes*, **1896-1899**
The Complete Poems of Émile Nelligan, Montréal, Harvest House, coll. « The French Writers of Canada », 1983, 120 p.
Selected Poems, Toronto, Guernica, coll. « Essential Poets », 1995, 85 p. [en français et en anglais]

Rodolphe Girard, *Marie Calumet*, **1904**
Marie Calumet, Montréal, Harvest House, coll. « The French Writers of Canada », 1976, 167 p.

Louis Hémon, *Maria Chapdelaine*, **1916**
Maria Chapdelaine, Don Mills (Ontario), Stoddard, 1992, 161 p.
Maria Chapdelaine, Montréal, Tundra Books, 1991, 189 p.

Albert Laberge, *La Scouine*, **1918**
Bitter Bread, Montréal, Harvest House, coll. « The French Writers of Canada », 1977, 128 p.

Claude-Henri Grignon, *Un homme et son péché*, **1933**
The Woman and the Miser, Montréal, Harvest House, coll. « The French Writers of Canada », 1978, 99 p.

Jean-Charles Harvey, *Les demi-civilisés*, **1934**
Fear's Folly, Ottawa, Carleton University Press, coll. « Carleton Library », 1982, 178 p.

Félix-Antoine Savard, *Menaud, maître-draveur*, **1937**
Master of the River, Montréal, Harvest House, coll. « The French Writers of Canada », 1976, 135 p.

Léo-Paul Desrosiers, *Les engagés du Grand Portage*, **1938**
The Making of Nicolas Montour, Montréal, Harvest House, 1978, 200 p.

Ringuet, *Trente arpents*, 1938
Thirty Acres, Toronto, McClelland and Stewart, coll. « New Canadian Library », 1990, 306 p.

Alain Grandbois, *Les îles de la nuit*, 1944
Selected Poems, Toronto, Contact Press, 1964, 101 p.

Germaine Guèvremont, *Le Survenant*, 1945
The Outlander, Toronto, McGraw-Hill Company of Canada, coll. « New Canadian Library », 1978, 290 p.

Gabrielle Roy, *Bonheur d'occasion*, 1945
The Tin Flute, Toronto, McClelland & Stewart, coll. « New Canadian Library », 1989, 389 p.
The Tin Flute, London (UK), William Heinemann, 1948, 341 p.

Paul-Émile Borduas, *Refus global*, 1948
Total Refusal. The Complete 1948 Manifesto of the Montreal Automatists, Toronto, Exile Editions, 1985, 116 p.

Paul-Marie Lapointe, *Le réel absolu*, 1948-1965, 1971
The Terror of the Snow. Selected Poems, Pittsburgh, University of Pittsburgh Press, coll. « Pitt Poetry », 1976, 76 p.

Roger Lemelin, *Les Plouffe*, 1948
The Plouffe Family, Toronto, McClelland & Stewart, coll. « New Canadian Library », 1975, 383 p.

Gratien Gélinas, *Tit-Coq*, 1950
Tit-Coq, Toronto, Clarke, Irwin & Co., coll. « Canadian Paperback », 1967, 84 p.

Anne Hébert, *Œuvre poétique*, 1950-1992
Day Has No Equal but Night. Poems, Concord (Ontario), Anansi, 1997, 61 p.
Selected Poems, Toronto, Stoddart, 1988, 157 p.
Selected Poems, Brockport (New York), Boa Editions, 1987, 157 p. [en français et en anglais]

Marcel Dubé, *Zone*, 1953
Zone. A Play, Toronto, Playwrights Canada, 1982, 84 p.

André Langevin, *Poussière sur la ville*, 1953
Dust Over the City, Toronto, McClelland & Stewart, coll. « New Canadian Library », 1974, 215 p.

Yves Thériault, *Agaguk*, 1958
Shadow of the Wolf. Agaguk, Toronto, McClelland & Stewart, coll. « Paperback », 1992, 263 p.

Gérard Bessette, *Le libraire*, 1960
Not for Every Eye. A Novel, Toronto, Exile Editions, 1984, 92 p.

Jean Le Moyne, *Convergences*, 1961
Convergences. Essays from Quebec, Toronto, Ryerson, 1966, 256 p.

Claude Jasmin, *Éthel et le terroriste*, 1964
Ethel and the Terrorist. A Novel, Montréal, Harvest House, coll. « The French Writers of Canada »,
    1974, 112 p.

Hubert Aquin, *Prochain épisode*, 1965
Next episode, Toronto, McClelland & Stewart, coll. « New Canadian Library », 2001, 129 p.

Marie-Claire Blais, *Une saison dans la vie d'Emmanuel*, 1965
A Season in the Life of Emmanuel, Toronto, McClelland & Stewart, 1992, 138 p.
A Season in the Life of Emmanuel, New York, Farrar, Strauss and Giroux, 1966, 145 p.
A Season in the Life of Emmanuel, London (UK), Cape, 1967, 145 p.

Roland Giguère, *L'âge de la parole*, 1965
Rose and Thorn. Selected Poems of Roland Giguère, Toronto, Exile Editions, 1988, 118 p.

Réjean Ducharme, *L'avalée des avalés*, 1966
The Swallower Swallowed, London (UK), Hamilton, 1968, 237 p.

Jacques Godbout, *Salut Galarneau !*, 1967
Hail Galarneau!, Don Mills (Ontario), Longman Canada, 1970, 131 p.

Roch Carrier, *La guerre, yes sir !*, 1968
La guerre, yes sir !, Toronto, Anansi, 1998, 113 p.

Jacques Ferron, *Contes*, 1968

Selected Tales of Jacques Ferron, Toronto, Anansi, coll. « Anansi Fiction », 1984, 245 p.
Tales from the Uncertain Country, Toronto, Anansi, coll. « House of Anansi Fiction », 1972, 101 p.

Michel Tremblay, *Les belles-sœurs*, 1968

Les belles-sœurs. A Play, Vancouver, Talonbooks, 1991, 111 p.
Les belles-sœurs, London, Bristol classical press, coll. « French texts series », 2000, 160 p. [en
   français avec introduction et notes en anglais]
The Guid Sisters and Other Plays, London, Nick Hern Books, 1991, 154 p.

Pierre Vallières, *Nègres blancs d'Amérique*, 1968

White Niggers of America. The Precocious Autobiography of a Quebec « Terrorist », Toronto,
   McClelland & Stewart, 1988, 281 p.
White Niggers of America. The Precocious Autobiography of a Quebec « Terrorist », New York,
   Monthly Review Press, 1971, 288 p.

Anne Hébert, *Kamouraska*, 1970

Kamouraska, Toronto, Anansi, 2000, 257 p.

Gaston Miron, *L'homme rapaillé*, 1970

The Agonized Life. Poems and Prose, Montréal, Torchy Wharf, 1980, 79 p. [en français et en
   anglais]
Embers and Earth. Selected Poems, Montréal, Guernica, coll. « Essential Poets », 1984, 122 p. [en
   français et en anglais]
The March to Love. Selected Poems, Athens (Ohio), coll. « International Poetry », 1987, 96 p. [en
   français et en anglais]

Victor-Lévy Beaulieu, *Les grands-pères*, 1971

The Grandfathers, Montréal, Harvest House, coll. « The French Writers of Canada », 1975, 158 p.

Claude Gauvreau, *Œuvres créatrices complètes*, 1971

Entrails, Toronto, Exile Editions, 1991, 188 p.

Michel Tremblay, *À toi pour toujours, ta Marie-Lou*, 1971
Forever Yours, Marie-Lou. A Play, Vancouver, Talonbooks, 1994, 80 p.

Gilles Hénault, *Signaux pour les voyants*, 1972
Signals for Seers. A Selection of Poems, Toronto, Exile Editions, 1988, 62 p.

Réjean Ducharme, *L'hiver de force*, 1973
Wild to mild. A tale, Saint-Lambert (Québec), Éditions Héritage, coll. « Héritage Amérique », 1980, 419 p.

France Théoret, *Bloody Mary*, 1977
The Tangible Word, 1977-1983, Montréal, Guernica, coll. « Prose », 1991, 159 p.

Denise Boucher, *Les fées ont soif*, 1978
The Fairies Are Thirsty. A Play, Vancouver, Talonbooks, 1982, 67 p.

Michel Tremblay, *La grosse femme d'à côté est enceinte*, 1978
The Fat Woman Next Door Is Pregnant, Vancouver, Talonbooks, 1981, 252 p.
The Fat Woman Next Door Is Pregnant, London (UK), Serpent's Tail, 1991, 204 p.

Nicole Brossard, *Amantes*, 1980
Lovhers, Montréal, Guernica, 1987, coll. « Picas », 93 p.

Gilbert La Rocque, *Les masques*, 1980
Masks. A novel, Montréal, Montreal Press, 1990, 217 p.

Yves Beauchemin, *Le matou*, 1981
The Alley Cat, Toronto, McClelland & Stewart, 1994, 450 p.
The Alley Cat. A Novel, Harpenden Herts (UK), Old Castle, 1988, 450 p.
The Alley Cat. A Novel, New York, Henry Holt, 1986, 450 p.

Normand Chaurette, *Provincetown playhouse, juillet 1919, j'avais 19 ans*, 1981
Quebec Voices. Three Plays, Toronto, Coach House Press, 1986, 162 p.

Anne Hébert, *Les fous de Bassan*, 1982
In the Shadow of the Wind, Concord (Ontario), Anansi, 1994, 184 p.

Marco Micone, *Gens du silence*, 1982
Two plays. Voiceless people and Addolorata, Montréal, Guernica, coll. « Drama series », 1991, 177 p.

Régine Robin, *La Québécoite*, 1983
The Wanderer, Montréal, Alter Ego Editions, 1997, 184 p.

Jacques Brault, *Agonie*, 1984
Death-Watch. A Novel, Toronto, House of Anansi Press, coll. « Anansi Fiction », 1987, 95 p.

Jacques Poulin, *Volkswagen blues*, 1984
Volkswagen Blues, Toronto, McClelland & Stewart, coll. « M&S Paperback », 1988, 213 p.

Dany Laferrière, *Comment faire l'amour avec un Nègre sans se fatiguer*, 1985
How to make love to a Negro, London, Bloomsbury, 1991, 117 p.

Esther Rochon, *Coquillage*, 1985
The Shell, Ottawa, Oberon Press, 1990, 125 p.

Arlette Cousture, *Les filles de Caleb*, 1985-1986
Emilie. A Novel, Toronto, Stoddart, 1992, 389 p.

Raymond Plante, *Le dernier des raisins*, 1986
The Big Loser, Toronto, McClelland & Stewart, 1989, 87 p.

Marie Uguay, *Poèmes*, 1986
Selected Poems, 1975-1981, Montréal, Guernica, coll. « Essential Poets », 1990, 47 p.

Michel Marc Bouchard, *Les feluettes, ou La répétition d'un drame romantique*, 1987
Lilies, or The Revival of a Romantic Drama, Toronto, Playwrights Canada Press, 1997, 69 p.

Nicole Brossard, *Le désert mauve*, 1987
Mauve Desert. A Novel, Toronto, McClelland & Stewart, 1998, 202 p.

Fernand Ouellette, *Les heures*, 1987
Wells of Light. Selected Poems, Toronto, Exile Editions, 1989, 95 p. [en français et en anglais]

Monique LaRue, *Copies conformes*, 1989
True Copies, Montréal, Nuage Editions, 1996, 174 p.

Émile Ollivier, *Passages*, 1991
Passages, Victoria (Bristish Columbia), Ekstasis, 2003.

Monique Proulx, *Homme invisible à la fenêtre*, 1993
Invisible Man at the Window, Vancouver, Douglas and McIntyre, 1994, 185 p.

Sergio Kokis, *Le pavillon des miroirs*, 1994
Funhouse. A novel, Toronto, Simon & Pierre, 1999, 299 p.

Traductions en catalan

Louis Hémon, *Maria Chapdelaine*, 1916
Maria Chapdelaine, Barcelona, Proa, 1984, 157 p.

Michel Tremblay, *Les belles-sœurs*, 1968
Les Cunyades, Alzira, Bromera, coll. « Teatre », 1999, 158 p.

Anne Hébert, *Kamouraska*, 1970
Kamuraska, Barcelona, Ediciones G.P., 1977, 246 p.

Raymond Plante, *Le dernier des raisins*, 1986
L'Ultin Estaquirot, Barcelona, Galera, coll. « Cronos », 1987, 90 p.

Traductions en danois

Anthologies

Lars Damkjaer et Finn Eriksen [éd.], *Québec, presqu'Amérique. Textes du Québec moderne*, København, Nyt Nordisk Forlag A. Busck, 1983, 138 p. [en français avec introduction et texte liminaire en danois]
Seks fransk-canadiske digtere, Odense, Romansk Institut, Odense Universitet, 1982, 53 p.

Louis Hémon, *Maria Chapdelaine*, 1916
Maria Chapdelaine. Fortælling fra Fransk-Canada, København, P. Haase & Sons, 1922, 248 p.

Gabrielle Roy, *Bonheur d'occasion*, 1945
Blikflojten, København, Guldendal Norsk Forlag, 1949, 330 p.

Marie-Claire Blais, *Une saison dans la vie d'Emmanuel*, 1965
Et år af Emmanuels liv, København, Samleren, 1967, 143 p.

Michel Tremblay, *À toi pour toujours, ta Marie-Lou*, 1971
For evigt din, Marie-Louise, Købenvahn, Det Kongelige Teater, 1980, 109 p.

Yves Beauchemin, *Le matou*, 1981
Hankatten, København, Chr. Erichsen, 1985, 375 p.

Anne Hébert, *Les fous de Bassan*, 1982
Vanvidsfuglene, Viby, Centrum, 1984, 198 p.

Traduction en écossais

Michel Tremblay, *Les belles-sœurs*, 1968
The Guid Sisters, Toronto, Exile Editions, 1988, 121 p.

Traductions en espagnol

Anthologies

Joseph Bonenfant [éd.], *Diaz Poetas de Quebec*, México, Cuadernos de literatura, vol. 2, 1983, p. 20-58.

Patrick Imbert et Sonia Yebara [éd.], *Antología del Noroît. Poesia. Anthologie du Noroît. Poésie*, Montréal, Éditions du Noroît, 1998, 121 p. [en français et en espagnol]

Émile Nelligan, *Poésies complètes*, 1896-1899
El Recital de los Angeles. Poemas, [s.l.], Ediciones El Tucan de Virginia, coll. « Los bifidos », 1989, 68 p.

Louis Hémon, *Maria Chapdelaine*, 1916
Maria Chapdelaine. Novela, Barcelona, Plaza & Janés, 1975, 143 p.
Maria Chapdelaine, Santiago (Chile), Editorial Difusion, coll. « La mejor novela », 1967, 156 p.

Gabrielle Roy, *Bonheur d'occasion*, 1945
Felicidad Ocasional, Buenos Aires, S.A. Editorial Bell, 1948, 350 p.

Leonard Cohen, *Let Us Compare Mythologies*, 1956
Comparemos mitologias, Madrid, Alberto Corazón, 1979, 130 p.

Marie-Claire Blais, *Une saison dans la vie d'Emmanuel*, 1965
Una estación en la vida de Emmanuel, México, Editorial Diana, 1967, 139 p.

Anne Hébert, *Kamouraska*, 1970
Kamuraska, [s.l.], Plaza y Janés, 1972.

France Théoret, *Bloody Mary*, 1977
Bloody Mary, México, La Balsa y la vida, 1981.

Yves Beauchemin, *Le matou*, 1981
Gatuperios, Madrid, Alianza Editorial, 1989, 487 p.

Dany Laferrière, *Comment faire l'amour avec un Nègre sans se fatiguer*, **1985**
Cómo hacer el amor con un negro sin consarse, Barcelona, Ediciones Destino, coll. « Áncora y
delfín », 1997, 166 p.

Raymond Plante, *Le dernier des raisins*, **1986**
El último pasmarote, Barcelona, La Galera, 1990, 98 p.

Nicole Brossard, *Le désert mauve*, **1987**
El Desierto malva, México, J. Mortiz, coll. « Narradores contemporáneos », 1996, 205 p.

Traductions en finnois

Marie-Claire Blais, *Une saison dans la vie d'Emmanuel*, **1965**
Talvikausi Emmanuelin elämästä, Porvoo, W. Söderström Osakeyhtiö, 1967, 153 p.

Anne Hébert, *Kamouraska*, **1970**
Suuri rakkaus, Helsinki, Uusi kirjakerho, 1979, 212 p.

Yves Beauchemin, *Le matou*, **1981**
Katti. Romaani, Helsingissä, Otava, 1985, 540 p.

Traduction en gaélique

Louis Hémon, *Maria Chapdelaine*, **1916**
Maria Chapdelaine : ar n-a thionntôdh as an dhFraingcis g Risteárd ó Foghwdha, Baile Átha
Cliath, Oifig Diólta Foillseacháin Rialtais, 1933, 168 p.

Traductions en gallois

Anthologie

Paul W. Birt et John Rowlands [éd.], *Storïau Québec*, Llandysul, Gwasq Gomer, coll. « Storïau tramor », 1982, 206 p.

Louis Hémon, *Maria Chapdelaine*, 1916
Ar gwr y goedwig. Cyfieithiad o'r nofel Ffrangeg Maria Chapdelaine, Aberystwyth, Cymdeithas Lyfrau Ceredigion, 1956, 183 p.

Traductions en grec

Louis Hémon, *Maria Chapdelaine*, 1916
Maria Sapntelain, Athénai, Galaxia, 1961, 168 p.

Anne Hébert, *Kamouraska*, 1970
Kamouraska, Athens, Ekdoseis Zacharopoulos, 1990, 280 p.

Traductions en hébreu

Anthologie

Keshet (Tel-Aviv), vol. 15, n° 1, automne 1972, 197 p.

Mordecai Richler, *The Apprenticeship of Duddy Kravitz*, 1959
Hanikhuto shel Dudi Kravits, Tel-Aviv, Sifriyah Leram, Hotsaat Am Oved, 1976, 380 p.

Yves Beauchemin, *Le matou*, 1981
Hatul Shabor, Tel-Aviv, Ladory, 1989, 316 p.

Traductions en hongrois

Anthologie

Eva Kushner [éd.], *Óda a Szent Lörinc-folyöhoz. Québec mai francia böltészete*, [s.l.], Európa Könyvkiadó, coll. « Modern Könyvtár », 1978, 314 p.

Louis Hémon, *Maria Chapdelaine*, 1916
Maria Chapdelaine, Budapest, Europa könyvkiado, 1957, 168 p.

Traduction en islandais

Louis Hémon, *Maria Chapdelaine*, 1916
Dóttir landnemans. Saga úr Frönsku nelendunni í Kanada, Reykjavík, Bókaútgáfa Menningarsjóds, 1945, 176 p.

Traductions en italien

Anthologie

Jean Yves Collette et Nicole Deschamps [éd.], *Antemurale. Antologia della poesia moderna dal Quebec. Brise-lames. Anthologie de la poésie moderne du Québec*, Roma, Bulzoni, 1990, 349 p. [en français et en italien]

Jacques Cartier, *Voyages*, 1534-1542
Delle Navigationi et viaggi, Venetia, Appresso i Giunti, 1606, 3 vol.

Louis Armand de Lom d'Arce, baron de Lahontan, *Dialogues avec un Sauvage*, 1703
Viaggi del barone di Lahontan nell' America Settentrionale, Milano, Per G. Truffi e comp., 1831, 2 vol.

Émile Nelligan, *Poésies complètes*, 1896-1899
Il Recital degli angeli, Roma, Bulzoni, coll. « Dal mondo intero », 1994, 163 p. [en français et en italien]

Louis Hémon, *Maria Chapdelaine*, 1916
Maria Chapdelaine. Racconto del Canada francese, Torino, SEI, 1986, 202 p.

Abraham Moses Klein, *The Rocking Chair and Other Poems*, 1948
Poesie, Roma, Bulzoni, coll. « Dal mondo intero », 1984, 213 p. [en anglais et en italien]

Yves Thériault, *Agaguk*, 1958
Agaguk. L'ombra del lupo, Firenze, Giunti, coll. « Narratori Giunti », 1993, 305 p.

Michel Tremblay, *Les belles-sœurs*, 1968
La Cognate, [s.l.], Ubulibri, 1994, 221 p.

Gaston Miron, *L'homme rapaillé*, 1970
L'Uomo rappezzato, Roma, Bulzoni, coll. « Dal mondo intero », 1981, 222 p. [en français et en italien]
La Marcia all'amore. L'amore e il militante, Cittadella di Padova, Reballato Editore, coll. « Poeti stranieri », 1972, 47 p. [en français et en italien]

Paul-Marie Lapointe, *Le réel absolu*, 1948-1965, 1971
Il Reale assoluto e altre scritture, Roma, Bulzoni, 1983, 183 p.

Marie-Claire Blais, *Une saison dans la vie d'Emmanuel*, 1965
Una stagione nella vita di Emanuele, Milano, Bompiani, coll. « I Piú famosi libri moderni », 1967, 160 p.

Roland Giguère, *L'âge de la parole*, 1965
L'Età della parola, Roma, Bulzoni, coll. « Dal mondo intero », 1983, 156 p. [en français et en italien]

Gilles Hénault, *Signaux pour les voyants*, 1972
Segnali per i veggenti. Poesie 1941-1962, Roma, Bulzoni, coll. « Dal mondo intero », 1985, 216 p. [en français et en italien]

Jacques Poulin, *Volkswagen blues*, 1984
Volkswagen blues, Roma, Hortus conclusus, coll. « Betula », 2000, 301 p.

René-Daniel Dubois, *Being at home with Claude*, 1985
Il teatro del Quebec. Cognate. In casa, con Claude. Frammenti di una lettera d'addio letti dai geologi. Le muse orfane, Milano, Ubulibri, 1994, 221 p.

Traductions en japonais

Louis Hémon, *Maria Chapdelaine*, 1916
Shiroki shojochi, Tokyo, Shinchosha, 1974, 206 p.

Yves Thériault, *Agaguk*, 1958
Agaguk, Tokyo, Riron, 1960, 249 p.

Marie-Claire Blais, *Une saison dans la vie d'Emmanuel*, 1965
Aru junan no owari, Tokyo, Shueisha, 1974, 204 p.

Jacques Godbout, *Salut Galarneau !*, 1967
Ya, Gararuno, Tokyo, Sairy usha, coll. « Kanada no bungaku », 1998, 185 p.

Traduction en lituanien

Gabrielle Roy, *Bonheur d'occasion*, 1945
Netiketa laime, Vilnius, Victoria, 1994, 300 p.

Traductions en mandarin

Anthologies

Armand Guilmette [éd.], *Anthologie de la poésie québécoise*, Trois-Rivières, Éditions du Zéphir, 1989, 127 p. [en français et en mandarin]

Chia-na-ta k'uei pe k'o wên hsüeh chuan chi (Jianada kuibeike wenzue zhuanji). A Special Issue on the Literature of Quebec, Canada in *Wai kuo wên hsüeh (Waiguo wenxue)*, n° 12, 1987, Pei-ching, Wai yu chiao hsüeh y uyen chiu ch'u pan shê, 1987, 96 p.

Chia-na-ta k'uei-pei-k'o wên hsüeh tsai Chung-kuo, Ch'ung-ch'ing, Ssu chuan wai yü hsüeh yüan, kuo wai Chung-kuo hsüeh yen chiu so, 1989, 46 p.

Littérature écrite par des femmes

Fang chung niao, Shih-chia-chüan, Hê-pei chiao yu chu pan shê, 1995, 604 p.

Poésie

Yirong Cheng, *Kuibeike shi xuan*, Xianggang, Kai yi chu ban she, 2000, 194 p.

Louis Hémon, *Maria Chapdelaine*, 1916
Ma-li-ya Sha-te-lai-en, Pei-ching, Pei-ching ch'u pan she, 1984, 154 p.

Gabrielle Roy, *Bonheur d'occasion*, 1945
Wai kuo wen hsueh (Waiguo wenxue), Pei-ching, Wai yu chiao hsueh yu yen chiu ch'u pan she, 1987, 95 p.

Yves Thériault, *Agaguk*, 1958
Agaguk, [s.l.], [s.é.], 1986, 294 p.

Anne Hébert, *Kamouraska*, 1970
Kamolasika zhuang yuan, Shanghai, Shanghai yi wen chu ban she, 2002, 257 p.

Anne Hébert, *Les fous de Bassan*, 1982
K'uang ou, Pei-ching, Hua ch'êng ch'u pan she chu pan fa hsing, 1994, 181 p.

Traductions en néerlandais

Louis Armand de Lom d'Arce, baron de Lahontan, *Dialogues avec un Sauvage*, 1703
Reizen van den baron van La Hontan in het noordelyk Amerika, Gravenhage, Isaac Beauregard, 1739, 2 vol.

Louis Hémon, *Maria Chapdelaine*, 1916
Maria Chapdelaine, Eindhoven, Grootdruk-Uitgeverij, 1980, 238 p.

Gwethalyn Graham, *Earth and the High Heaven*, 1944
Hemel en aarde, Gravenhage, Nederlanse Boekenclub, [c1944-1949], 257 p.

Mordecai Richler, *The Apprenticeship of Duddy Kravitz*, 1959
De Leerjaren van Duddy Kravitz. Roman, Amsterdam, Van Gennep, 1989, 373 p.

Marie-Claire Blais, *Une saison dans la vie d'Emmanuel*, 1965
Een winter in the het leven van Emmanuel. Roman, Amsterdam, Van Gennep, 1989, 122 p.

Anne Hébert, *Kamouraska*, 1970
De sneeuw van Kamouraska, Amsterdam, Thoth, 1991, 246 p.

Mavis Gallant, *Home Truths*, 1981
Verloren stemmen. Verhalen, Rijswijk, Goossens, 1993, 351 p.

Anne Hébert, *Les fous de Bassan*, 1982
De zeezotten, Amsterdam, Montinga, 1995, 249 p.

Jacques Brault, *Agonie*, 1984
Agonie. Roman, Amsterdam, Thoth, coll. « Ibis-reeks », 1986, 73 p.

Traductions en norvégien

Gabrielle Roy, *Bonheur d'occasion*, 1945
Blikkfløyten, Oslo, Gyldendal Norsk Forlag, 1950, 356 p.

Marie-Claire Blais, *Une saison dans la vie d'Emmanuel*, 1965
Et halvt år av Emmanuels liv, Oslo, Cappelen, 1967, 143 p.

Yves Beauchemin, *Le matou*, 1981
Den satans katten, Oslo, Aschehoug, 1984, 464 p.

Traductions en polonais

Anthologies

Eva Kushner [éd.], *Antologia Poezji Québecu. Anthologie de la poésie québécoise*, Wroclaw, Wydawnictwa Uniwersytetu Wroclawskiego, 1985, 363 p. [en français et en polonais]

« Wspólczesna poezja Québecu » in *Literatura na swiecie*, nº 7 (156), 1984, pp. 170-187.

« Wspólczesni Poeci Québecu » in *Twórczosc*, nº 6 (395), juin 1978, pp. 19-27.

Louis Hémon, *Maria Chapdelaine*, 1916
Marja Chapdelaine. Opowiadanie osnute na tle stosunków w Kanadzie francuskiej, Poznan / Paryz, Natzladem Wydawnictwa « Eos », 1923, 169 p.

Yves Thériault, *Agaguk*, 1958
Zycie za smierc, Warszawa, Instytut Wydawniczy Pax, 1972, 231 p.

Mordecai Richler, *The Apprenticeship of Duddy Kravitz*, 1959
Terminator Duddy Kravitz, Poznan, Itaka, 1994.

Claude Jasmin, *Ethel et le terroriste*, 1964
Ethel et le terroriste. Ethel i terrorysta (fragments) in *Literatura na swiecie*, n° 7 (156), juillet 1984.

Marie-Claire Blais, *Une saison dans la vie d'Emmanuel*, 1965
Pierwsza zima w zyciu Emanuela, Warsawa, Czytelnik, 1970.

Jacques Ferron, *Contes*, 1968
Contes anglais in *Twórczosc*, n° 6 (395), juin 1978.

Michel Tremblay, *Les belles-sœurs*, 1968
Siostrzyczki in *Dialog*, n° 8 (407), août 1990, p. 50-83.

Anne Hébert, *Kamouraska*, 1970
Kamouraska. Milosc i zbrodnia, Warsawa, Ksiazka i Wiedza, 1992, 182 p.

Traductions en portugais

Anthologies

Zilá Bernd et Joseph Melançon [éd.], *Vozes do Quebec. Antologia*, Porto Alegre (RS, Brazil), Editora da Universidade, Universidade Federal do Rio Grande do Sul, Curitiba, ABECAN, 1991, 143 p.

Zilá Bernd et Eloína Santos [éd.], *Canadá. Imagens de um país. Antologia*, Porto Alegre (RS, Brazil), Editora da Universidade, Universidade Federal do Rio Grande do Sul, 1994, 119 p.

Émile Nelligan, *Poésies complètes*, 1896-1899
O recital dos anjos, Sintra, Tertúlia, 1998.

Louis Hémon, *Maria Chapdelaine*, 1916
Maria Chapdelaine, Lisboa, Minerva, 1946.

Gaston Miron, *L'homme rapaillé*, 1970
O Homem restolhado. Poemas, São Paulo, Editoria Brasiliense, 1994, 180 p.

Yves Beauchemin, *Le matou*, 1981
O Gato, São Paulo, DIFEL, 1985, 543 p.

Anne Hébert, *Les fous de Bassan*, 1982
Os gansos selvagens de Bassan, Rio de Janeiro, Guanabara, 1986, 245 p.

Traductions en roumain

Anthologies

Al. Andritoiu et Ursula Schiopu [éd.], *Antologie de poezie canadiana de limba franceza*, Bucuresti, Editura Minerva, coll. « BPT », 1976, 364 p.

Irina Petras [éd.], *Poeti din Quebec*, Bucuresti, Ed. Ped. RA, 1997, 204 p.

Virgil Teodorescu et Petronela Negosanu [éd.], *Steaua marilor lacuri. 45 poeti canadieni de limba franceza*, Bucuresti, Editura Univers, 1981, 208 p.

Philippe Aubert de Gaspé père, *Les anciens Canadiens*, 1863
Canadienii de altadata, Bucuresti, Editura Univers, 1987, 336 p.

Gabrielle Roy, *Bonheur d'occasion*, 1945
Fericire întîmplatoare. Roman, Bucuresti, Editura pentru Literatura Universala, 1968, 342 p.

Anne Hébert, *Kamouraska*, 1970
Kamouraska, Bucuresti, Editura Vivaldi, 1994, 287 p.

Yves Beauchemin, *Le matou*, 1981
Matanul. Roman, Bucuresti, Editura Univers, 1994, 588 p.

Louis Hémon, *Maria Chapdelaine*, **1916**
Maria Chapdelaine. Povestire din Canada franceza, Bucuresti, Editura Pentru Literatura, coll.
« Biblioteca pentru toti », 1968, 209 p.

Traductions en russe

Louis Hémon, *Maria Chapdelaine*, **1916**
Mariia Shapdelen. Povesto frantsuzskoi Kanade, Moskva, Khudozh litra, 1977, 141 p.

Hugh MacLennan, *Two Solitudes*, **1945**
Dva odinochestva. Roman, Leningrad, Khudozhestvennaia literatura, 1990, 459 p.

Gabrielle Roy, *Bonheur d'occasion*, **1945**
Schast'e to Sluchagu, Moskva, Izdatel'stvo, Khudozhestvennaja Literature, 1972, 358 p.

Traductions en serbo-croate

Louis Hémon, *Maria Chapdelaine*, **1916**
Marija Chapdelaine : pripovijest iz francuske kanade, Sarajevo, Akademija Regina apostolorum,
1936, 154 p.

Yves Thériault, *Agaguk*, **1958**
Agaguk. Romano eskimina, Zagreb, Znanje, coll. « Zanimljiva biblioteka », 1960, 359 p.

Arlette Cousture, *Les filles de Caleb*, **1985-1986**
Emili. Kalebove kceri, Beograd, Arsvalea, 1992, 313 p.

Traductions en slovaque

Louis Hémon, *Maria Chapdelaine*, 1916
Moearia Chapdelainovoe. Pr'beh z francúzskej Kanady, Trnava, Spolak sv. Vojtecha, 1994, 133 p.

Hugh MacLennan, *Two Solitudes*, 1945
Dve samoty, Bratislava, Pravda, 1984, 405 p.

Gabrielle Roy, *Bonheur d'occasion*, 1945
Prilezitostné Stastie, Zivena, Turciansky Svaty Martin, 1949, 408 p.

Traductions en suédois

Louis Hémon, *Maria Chapdelaine*, 1916
Maria Chapdelaine, Stockholm, Åhlén & Söners Förlag, 1934, 231 p.

Gabrielle Roy, *Bonheur d'occasion*, 1945
Trumpet av Bleck och Drömmar, Stockholm, Wahlström och Widstrand, 1949, 319 p.

Réjean Ducharme, *L'avalée des avalés*, 1965
Slukad, slukare, slukast, Stockholm, 1977, 276 p.

Roch Carrier, *La guerre, yes sir !*, 1968
Krig, yes sir ! Roman, Stockholm, Interculture, 1990, 132 p.

Yves Beauchemin, *Le matou*, 1981
Djävulen har nio liv, Stockholm, Forum, 1988, 436 p.

Anne Hébert, *Les fous de Bassan*, 1982
Havet var lugnt, Malmö, Bergh, 1985, 172 p.

Traductions en tchèque

Anthologie

Eva Janovcová [éd.], *Pet kanadskych novel. Québec*, Praha, Odeon, coll. « Klub ctenáru », 1978, 460 p. [Gabrielle Roy, Yves Thériault, Gérard Bessette, Marie-Claire Blais et Claude Jasmin]

Louis Hémon, *Maria Chapdelaine*, 1916
Maria Chapdelainovoe, Praha, Vysehrad, 1994, 132 p.

Hugh MacLennan, *Two Solitudes*, 1945
Dve samoty, Praha, Prinx, coll. « Evropská knihovna », 1948, 374 p.

Gabrielle Roy, *Bonheur d'occasion*, 1945
Stestí z vúprodeje, Praha, Svoboda, 1979, 325 p.

Yves Thériault, *Agaguk*, 1958
Agaguk. Syn eskymackého nacelnika, Praha, Cesckoslovensky spisovatel, coll. « Edice Spirala », 1972, 254 p.

Gérard Bessette, *Le libraire*, 1960
Skandál v knihkupectví, Praha, Odeon, 1974, 117 p.

Anne Hébert, *Kamouraska*, 1970
Kamuraska, Praha, Vydal Odeon, 1977, 268 p.

Jacques Poulin, *Volkswagen blues*, 1984
Volkswagen blues, Praha, Volvox Globator, 1998, 164 p.

Traduction en ukrainien

Anthologie

Constantin Bida [éd.], *Poésie du Québec contemporain*, Montréal, Librairie Déom, coll. « Études slaves », 1968, 195 p. [en français et en ukrainien]

La chanson québécoise en quelques grands albums

Beau Dommage
Beau Dommage
1974

La Bolduc
L'intégrale [coffret de 4 disques compacts],
Analekta (AN 2 7001-4)
1993

La Bottine souriante
J'voudrais changer de chapeau
1988

Jusqu'aux petites heures
1991

La Mistrine
1994

En spectacle
1996

Robert Charlebois

Robert Charlebois (3ᵉ album, dit *Presqu'Amérique*)
1967

Québec love
1969

Longue distance
1976

Cauchemar
1978

Leonard Cohen

The songs of Leonard Cohen
1967

Best of Leonard Cohen
1979

I'm your man
1988

Richard Desjardins

Tu m'aimes-tu ?
1990

Céline Dion
Incognito
1987

D'eux
1995

S'il suffisait d'aimer
1998

Diane Dufresne
Sur la même longueur d'ondes
1975

Strip Tease
1979

Jean-Pierre Ferland
Jaune
1970

Les vierges du Québec
1974

Écoute pas ça
1995

Pauline Julien
Rétrospective
1993

Harmonium
Harmonium
1974

Si on avait besoin d'une cinquième saison
1975

Willie Lamothe
Willie Lamothe et ses cavaliers des plaines
1954

Willie Lamothe et Rita Germain
1959

Mes premières chansons
2000

Félix Leclerc
Félix Leclerc et sa guitare
1955

Le p'tit bonheur
1989 [1950-1957]

Ou autre compilation

Jean Leloup
L'amour est sans pitié
1990

Le dôme
1996

Claude Léveillée
Claude Léveillée (collection émergence)
1997

Ou autre compilation

Offenbach
Traversion
1978

Rockorama
1985

C'était plus qu'une aventure 1972-1985
1989

Ginette Reno
Je ne suis qu'une chanson
1979

L'essentiel
1991

Paul Piché
À qui appartient le beau temps ?
1977

L'escalier
1980

L'un et l'autre
1996

Starmania
(Luc Plamondon et Richard Berger)
Starmania
1978

Gilles Vigneault
Gilles Vigneault
1962

Mon pays
1965

La Manikoutai
1967

Chemin faisant, cent et une chansons
1990

LE CINÉMA QUÉBÉCOIS EN 10, 25 ET 100 GRANDES ŒUVRES

Ce palmarès a été établi à partir d'une consultation menée auprès d'une quarantaine de professeurs et spécialistes du cinéma québécois, puis en collaboration avec Danielle Aubry, Marie-Hélène Mello, Martin Talbot et Johanne Villeneuve.

Le cinéma québécois en 100 grandes œuvres

En pays neufs. Réalisation : Abbé Maurice Proulx. Production : Ministère de la Colonisation et de l'Agriculture du Québec. Documentaire, noir et blanc, 66 min, 1934-1937.

Un homme et son péché. Réalisation : Paul Gury. Production : Paul L'Anglais. Fiction, noir et blanc, 111 min, 1948.

La petite Aurore, l'enfant martyre. Réalisation : Jean-Yves Bigras. Production : Roger Garand. Fiction, noir et blanc, 102 min, 1951.

Tit-Coq. Réalisation : Gratien Gélinas, René Delacroix. Production : Gratien Gélinas, Paul L'Anglais. Fiction, noir et blanc, 101 min, 1952.

Les brûlés. Série « Panoramique ». Réalisation : Bernard Devlin. Production : Guy Glover. Fiction, noir et blanc, 114 min, 1958.

Les raquetteurs. Réalisation : Gilles Groulx et Michel Brault. Production : Louis Portugais. Documentaire, noir et blanc, 15 min, 1958.

Golden Gloves. Réalisation : Gilles Groulx. Production : Victor Jobin, Fernand Dansereau. Documentaire, noir et blanc, 28 min, 1961.

La lutte. Réalisation : Michel Brault, Marcel Carrière, Claude Fournier, Claude Jutra. Production : Jacques Bobet. Documentaire, noir et blanc, 28 min, 1961.

À Saint-Henri le cinq septembre. Réalisation : Hubert Aquin. Production : Fernand Dansereau. Documentaire, noir et blanc, 42 min, 1962.

Bûcherons de la Manouane. Réalisation : Arthur Lamothe. Production : Victor Jobin, Fernand Dansereau. Documentaire, noir et blanc, 28 min, 1962.

Pour la suite du monde. Réalisation : Pierre Perrault, Michel Brault. Production : Fernand Dansereau. Documentaire, noir et blanc, 105 min, 1962.

À tout prendre. Réalisation : Claude Jutra. Production : Claude Jutra, Robert Hershormk. Fiction, noir et blanc, 99 min, 1963.

Le chat dans le sac. Réalisation : Gilles Groulx. Production : Jacques Bobet. Fiction, noir et blanc, 74 min, 1964.

La vie heureuse de Léopold Z. Réalisation : Gilles Carle. Production : Jacques Bobet. Fiction, noir et blanc, 68 min, 1965.

Le règne du jour. Réalisation : Pierre Perrault. Production : Jacques Bobet, Guy L. Côté. Documentaire, noir et blanc, 118 min, 1966.

Ce n'est pas le temps des romans. Réalisation : Fernand Dansereau. Production : ONF. Fiction, couleurs, 28 min, 1967.

Entre la mer et l'eau douce. Réalisation : Michel Brault. Production : Pierre Party (Cooperatio). Fiction, noir et blanc, 85 min, 1967.

La visite du Général de Gaulle au Québec. Réalisation : Jean-Claude Labrecque. Production : Jean-Claude Labrecque. Documentaire, couleurs, 29 min, 1967.

Valérie. Réalisation : Denis Héroux. Production : John Dunning, André Link. Fiction, noir et blanc, 97 min, 1969.

La nuit de la poésie 27 mars 1970. Réalisation : Jean-Claude Labrecque, Jean-Pierre Masse. Production : Marc Beaudet. Documentaire, couleurs, 111 min, 1970.

On est au coton. Réalisation : Denys Arcand. Production : Guy L. Côté, Pierre Maheu, Marc Beaudet. Documentaire, noir et blanc, 159 min, 1970.

Deux femmes en or. Réalisation : Claude Fournier. Production : Pierre Lamy. Fiction, couleurs, 107 min, 1970.

Un pays sans bon sens ! Réalisation : Pierre Perrault. Production : Tom Daly, Guy L. Côté, Paul Larose. Documentaire, noir et blanc, 118 min, 1970.

IXE-13. Réalisation : Jacques Godbout. Production : Pierre Gauvreau. Fiction, couleurs, 114 min, 1971.

L'Acadie, l'Acadie ! Réalisation : Michel Brault, Pierre Perrault. Production : Guy L. Côté, Paul Larose. Documentaire, noir et blanc, 118 min, 1971.

Mon oncle Antoine. Réalisation : Claude Jutra. Production : Marc Beaudet. Fiction, couleurs, 104 min, 1971.

La maudite galette. Réalisation : Denys Arcand. Production : Marguerite Duparc, Pierre Lamy. Fiction, couleurs, 100 min, 1972.

Québec : Duplessis et après... Réalisation : Denys Arcand. Production : Paul Larose. Documentaire, noir et blanc, 115 min, 1972.

Le temps d'une chasse. Réalisation : Francis Mankiewicz. Production : Pierre Gauvreau. Fiction, couleurs, 97 min, 1972.

La vie rêvée. Réalisation : Mireille Dansereau. Production : Michèle Cournoyer. Fiction, couleurs, 84 min, 1972.

La vraie nature de Bernadette. Réalisation : Gilles Carle. Production : Pierre Lamy. Fiction, couleurs, 96 min, 1972.

Bar salon. Réalisation : Marc-André Forcier. Production : Fernand Dansereau. Fiction, couleurs, 84 min, 1973.

Les dernières fiançailles. Réalisation : Jean-Pierre Lefebvre. Production : Marguerite Duparc, Bernard Lalonde. Fiction, couleurs, 91 min, 1973.

La faim. Réalisation : Peter Foldes. Production : René Jodoin. Animation, couleurs, 11 min, 1973.

Réjeanne Padovani. Réalisation : Denys Arcand. Production : Marguerite Duparc. Fiction, couleurs, 94 min, 1973.

Action. The October Crisis of 1970. Réalisation : Robin Spry. Production : Robin Spry, Normand Cloutier, Tom Daly. Documentaire, couleurs, 87 min, 1973.

The Apprenticeship of Duddy Kravitz. Réalisation : Ted Kotcheff. Production : John Kemeny. Fiction, couleurs, 120 min, 1974.

La mort d'un bûcheron. Réalisation : Gilles Carle. Production : Pierre Lamy. Fiction, couleurs, 114 min, 1974.

Les ordres. Réalisation : Michel Brault. Production : Bertrand Lalonde, Gui Caron. Fiction, noir et blanc et couleurs, 108 min, 1974.

J.A. Martin, photographe. Réalisation : Jean Baudin. Production : Jean-Marc Garand. Fiction, couleurs, 101 min, 1976.

Parlez-nous d'amour. Réalisation : Jean-Claude Lord. Production : Robert Ménard. Fiction, couleurs, 127 min, 1976.

Le paysagiste. Réalisation : Jacques Drouin. Production : Gaston Sarrault. Animation, noir et blanc, 8 min, 1976.

L'eau chaude, l'eau frette. Réalisation : André Forcier. Production : Bernard Lalonde. Fiction, couleurs, 92 min, 1976.

Le soleil se lève en retard. Réalisation : André Brassard. Production : Pierre Lamy. Fiction, couleurs, 112 min, 1976.

24 heures ou plus. Réalisation : Gilles Groulx. Production : Paul Larose. Documentaire, noir et blanc, 113 min, 1976.

Le château de sable. Réalisation : Co Hoedeman. Production : Gaston Sarrault. Animation, couleurs, 13 min, 1977.

L'âge de la machine. Réalisation : Gilles Carle. Production : Jacques Bobet. Fiction, couleurs, 28 min, 1978.

Les vrais perdants. Réalisation : André Melançon. Production : Jacques Gagné. Documentaire, couleurs, 94 min, 1978.

L'affaire Bronswick. Réalisation : Robert Awad et André Leduc. Production : René Jodoin. Animation, couleurs, 23 min, 1978.

Les bons débarras. Réalisation : Francis Mankiewicz. Production : Marcia Couëlle. Fiction, couleurs, 114 min, 1979.

La cuisine rouge. Réalisation : Paule Baillargeon, Frédérique Collin. Production : Paule Baillargeon, Frédérique Collin. Fiction, couleurs, 90 min, 1979.

Mother Tongue. Réalisation : Derek May. Production : Marrin Canell. Documentaire, couleurs, 47 min, 1979.

Mourir à tue-tête. Réalisation : Anne-Claire Poirier. Production : Anne-Claire Poirier, Jacques Degagné. Fiction, couleurs, 96 min, 1979.

Vie d'ange. Réalisation : Pierre Harel. Production : Nicole Fréchette, Bernard Lalonde, René Gueissaz. Fiction, couleurs, 84 min, 1979.

Le confort et l'indifférence. Réalisation : Denys Arcand. Production : Roger Frappier, Jean Dansereau, Jacques Gagné. Documentaire, couleurs, 109 min, 1981.

Crac ! Réalisation : Frédéric Back. Production : Hubert Tison. Animation, couleurs, 15 min, 1981.

La bête lumineuse. Réalisation : Pierre Perrault. Production : Jacques Bobet. Documentaire, couleurs, 127 min, 1982.

Au clair de la lune. Réalisation : André Forcier. Production : Bernard Lalonde, Louis Laverdière. Fiction, couleurs, 90 min, 1982.

Jounal inachevé. Réalisation : Marilu Mallet. Production : Dominique Pinel, Marilu Mallet. Fiction, couleurs, 48 min, 1982.

Films choisis de Norman McLaren. Réalisation : Norman McLaren. Production : ONF. Animation, 114 min, 1948-1983.

Sonatine. Réalisation : Micheline Lanctôt. Production : Pierre Gendron, René Malo. Fiction, couleurs, 91 min, 1983.

Mémoire battante. Réalisation : Arthur Lamothe. Production : Arthur et Nicole Lamothe. Documentaire et fiction, couleurs, 168 min, 1983.

La turlute des années dures. Réalisation : Richard Boutet. Production : Lucille Veilleux, Marguerite Duparc. Documentaire, couleurs, 90 min, 1983.

Les années de rêve. Réalisation : Jean-Claude Labrecque. Production : Claude Bonin. Fiction, couleurs, 96 min, 1984.

La guerre des tuques. Réalisation : André Melançon. Production : Rock Demers, Nicole Robert, Claude Bonin. Fiction, couleurs, 91 min, 1984.

La femme de l'hôtel. Réalisation : Léa Pool. Production : Bernadette Payeur, Marc Daigle. Fiction, couleurs, 89 min, 1984.

Jacques et Novembre. Réalisation : Jean Beaudry, François Bouvier. Production : François Bouvier, Marcel Simard. Fiction, couleurs et noir et blanc, 72 min, 1984.

Mario. Réalisation : Jean Beaudin. Production : Jean Beaudin, Jacques Bobet, Hélène Verrier. Fiction, couleurs, 98 min, 1984.

Rectangle et rectangles. Réalisation : René Jodoin. Production : Robert Forget. Animation, couleurs, 8 min, 1984.

Caffè Italia, Montréal. Réalisation : Paul Tana. Production : Marc Daigle. Documentaire, couleurs, 81 min, 1985.

Chants et danses du monde inanimé – Le métro. Réalisation : Pierre Hébert. Production : Robert Forget. Animation, couleurs, 14 min, 1985.

Tony de Peltrie. Réalisation : Philippe Bergeron et Pierre Lachapelle. Production : Pierre Lachapelle. Animation, couleurs, 8 min, 1985.

Elvis Gratton. Réalisation : Pierre Falardeau. Production : Bernadette Payeur. Fiction, couleurs, 130 min, 1985.

Le déclin de l'empire américain. Réalisation : Denys Arcand. Production : Roger Frappier, René Malo. Fiction, couleurs, 101 min, 1986.

L'homme qui plantait des arbres. Réalisation : Frédéric Back. Production : Hubert Tison. Animation, couleurs, 30 min, 1987.

Un zoo la nuit. Réalisation : Jean-Claude Lauzon. Production : Roger Frappier, Pierre Gendron, Louise Gendron. Fiction, couleurs, 115 min, 1987.

Trois pommes à côté du soleil. Réalisation : Jacques Leduc. Production : Suzanne Dussault, Pierre Latour. Fiction, couleurs, 96 min, 1988.

Dans le ventre du dragon. Réalisation : Yves Simoneau. Production : Monique H. Messier, Lorraine Richard. Fiction, couleurs, 100 min, 1989.

Jésus de Montréal. Réalisation : Denys Arcand. Production : Roger Frappier, Pierre Gendron, Gérard Mital. Fiction, couleurs, 120 min, 1989.

Au chic resto pop. Réalisation : Tahani Rached. Production : Éric Michel. Documentaire, couleurs, 84 min, 1990.

La liberté d'une statue. Réalisation : Olivier Asselin. Production : Martin Paul-Hus. Fiction, noir et blanc, 90 min, 1990.

Requiem pour un beau sans-cœur. Réalisation : Robert Morin. Production : Nicole Robert, Lorraine Dufour. Fiction, couleurs, 93 min, 1992.

Ceux qui ont le pas léger meurent sans laisser de traces. Réalisation : Bernard Émond. Production : Bernadette Payeur. Documentaire, couleurs, 51 min, 1992.

Léolo. Réalisation : Jean-Claude Lauzon. Production : Lise Lafontaine, Amiée Danis. Fiction, couleurs, 107 min, 1992.

Manufacturing Consent : Noam Chomsky and the Media. Réalisation : Mark Achbar, Peter Wintonick. Production : Mark Achbar, Peter Wintonick. Documentaire, couleurs, 167 min, 1992.

Le temps des bouffons. Réalisation : Pierre Falardeau. [s.p.]. Documentaire, couleurs, 15 min, 1993.

Thirty Two Short Films About Glenn Gould. Réalisation : François Girard. Production : Niv Fichman. Fiction, couleurs, 93 min, 1993.

Kanehsatake, 270 ans de résistance. Réalisation : Alanis Obomsawin. Production : Wolf Koenig, Alanis Obomsawin. Documentaire, couleurs, 119 min, 1993.

Octobre. Réalisation : Pierre Falardeau. Production : Bernadette Payeur, Marc Daigle, Yves Rivard. Fiction, couleurs, 97 min, 1994.

Rang 5. Réalisation : Richard Lavoie. Production : Yves Rivard, Jean Tessier, Richard Lavoie. Documentaire, couleurs, 188 min, 1994.

Le confessionnal. Réalisation : Robert Lepage. Production : Denise Robert, David Puttnam, Philippe Carcassonne. Fiction, couleurs, 100 min, 1995.

Eldorado. Réalisation : Charles Binamé. Production : Lorraine Richard. Fiction, couleurs, 105 min, 1995.

Chronique d'un génocide annoncé. Réalisation : Danièle Lacourse, Yvan Patry. Production : Sam Grana, Yvan Patry. Documentaire, couleurs, 164 min, 1996.

La plante humaine. Réalisation : Pierre Hébert. Production : Yves Leduc, Freddy Denaës. Animation, couleurs, 78 min, 1997.

Quiconque meurt, meurt à douleur. Réalisation : Robert Morin. Production : Lorraine Dufour. Fiction, couleurs, 90 min, 1997.

Rosaire et la Petite-Nation. Réalisation : Benoît Pilon. Production : Jeannine Gagné. Documentaire, couleurs, 108 min, 1997.

Tu as crié « Let me go ». Réalisation : Anne-Claire Poirier. Production : Paul Lapointe, Joanne Carrière. Documentaire, noir et blanc, 98 min, 1997.

The Red Violin. Réalisation : François Girard. Production : Niv Fichman. Fiction, couleurs, 130 min, 1998.

Un 32 août sur terre. Réalisation : Denis Villeneuve. Production : Roger Frappier. Fiction, couleurs, 89 min, 1998.

The Street : A Film With the Homeless. Réalisation : Daniel Cross. Production : Daniel Cross et Peter Wintonick. Documentaire, noir et blanc, 78 min, 1998.

L'erreur boréale. Réalisation : Richard Desjardins et Robert Monderie. Production : Bernadette Payeur, Éric Michel. Documentaire, couleurs, 70 min, 1999.

Le chapeau. Réalisation : Michèle Cournoyer. Production : Thérèse Descary, Pierre Hébert. Animation, noir et blanc, 6 min, 1999.

Mariages. Réalisation : Catherine Martin. Production : Lorraine Dufour. Fiction, couleurs, 95 min, 2001.

Trois princesses pour Roland. Réalisation : André-Line Beauparlant. Production : Danielle Leblanc. Documentaire, couleurs, 91 min, 2001.

Le cinéma québécois en 10 grandes œuvres

Norman McLaren
Films d'animation choisis
1948-1983, 114 min

Récipiendaire du prix Albert-Tessier (1982) pour l'ensemble de son œuvre cinématographique, Norman McLaren est l'un des grands maîtres du cinéma d'animation. Dans un *Coffret de films choisis*, l'Office national du film a réuni quatorze de ses œuvres, qui témoignent de son génie créateur tout en rendant compte des thèmes qui lui étaient chers et des techniques qu'il a développées. Parmi ces films, on retrouve *Les voisins* (1952), *Il était une chaise* (1957) et *Pas de deux* (1968), qui ont confirmé sa réputation dans le monde entier.

Pierre Perrault et Michel Brault
Pour la suite du monde
1962, 105 min

Au printemps 1962, pour les besoins d'un film, les habitants de l'île aux Coudres reprennent une activité abandonnée depuis longtemps : la pêche au marsouin. Les réalisateurs Pierre Perrault et Michel Brault donnent alors la parole aux Tremblay et aux Harvey dans une tentative de filmer le plus près possible la réalité du Québec rural et ancestral. Ce chef-d'œuvre du documentaire pose la question « de la suite du monde », et montre l'aspect éternel et mythique des faits et gestes de la culture traditionnelle québécoise.

Claude JUTRA
À tout prendre
1963, 99 min

Ce film de Claude Jutra, œuvre-phare du cinéma direct de fiction, se signale par son caractère autobiographique, esthétique et libertaire. Au cours d'une soirée, un Canadien français, Claude, rencontre Johanne, une jeune fille noire qui se dit Haïtienne, et il en tombe rapidement amoureux. Durant leur liaison, Johanne tombe enceinte, ce qui, sous l'effet de la pression sociale, finit par remettre en cause leur relation. Le travail d'improvisation des dialogues, basé sur les souvenirs des comédiens, se distingue tant par son ton intimiste et libertaire que par la lucidité dont il témoigne. Par son esprit fantaisiste et sa fraîcheur, le film rappelle *À bout de souffle* de Jean-Luc Godard, réalisé la même année.

Gilles GROULX
Le chat dans le sac
1964, 74 min

Cette chronique de la dissolution d'un couple fait figure de pionnier dans le cinéma québécois des années 1960, tant par la liberté de sa structure, où le cinéma direct est appliqué au récit autocritique, que par la portée politique de son sujet. *Le chat dans le sac* s'inscrit comme le témoignage d'une époque qui met en scène deux jeunes Québécois, l'un canadien-français, l'autre juive, qui vivent les derniers moments de leur amour. Ils discutent d'identité, de théâtre, de nationalisme et d'avenir. Avec ce long métrage, Gilles Groulx rejoint les grands thèmes cinématographiques des années 1960, tout en préservant un charme poétique. Le film témoigne brillamment des hésitations, des troubles et des espoirs de la jeunesse de la Révolution tranquille.

Claude JUTRA
Mon oncle Antoine
1971, 104 min

Considéré par les critiques comme le meilleur film canadien de tous les temps, ce chef-d'œuvre de Claude Jutra aborde avec sensibilité des problématiques universelles, quoique profondément ancrées dans l'imaginaire du Québec. Son traitement de l'hiver, de l'adolescence, de l'injustice politique et de la mort est teinté de poésie visuelle. Dans un village minier des années 1940, un adolescent est initié le soir de la veille de Noël au monde des adultes, à la sexualité, au mensonge et à la peur de la mort. Par son interprétation remarquable, le film atteint un équilibre qui lui a valu tant le succès populaire que la reconnaissance de la critique.

Gilles CARLE
La vraie nature de Bernadette
1972, 96 min

Ce film de Gilles Carle offre une réflexion sur les rapports entre les hommes, la nature et la société, et il dépeint l'un des portraits de femme les plus attachants du cinéma québécois. Une bourgeoise, Bernadette Brown, quitte son foyer pour vivre à la campagne avec son fils, où elle s'efforce de se rapprocher de la nature, au grand étonnement des paysans de son voisinage. Provocateur, le cinéaste force une réflexion sur la pertinence du retour à la nature, l'exploitation de la femme, la liberté amoureuse, la solidarité et l'anticonformisme.

Michel BRAULT
Les ordres
1974, 108 min

Ce film d'une grande sobriété raconte l'arrestation de cinq personnes après l'entrée en vigueur, en octobre 1970, de la Loi sur les mesures de guerre. Sans musique et avec un minimum d'artifice, Brault dénonce le harcèlement psychologique dont ont été victimes ces gens ordinaires durant leur emprisonnement. Face au pouvoir politique, le film met en scène des personnages parfois instables, inhabiles à communiquer et à identifier les sources de leur oppression. Récipiendaire de plusieurs prix, dont celui de la mise en scène au Festival de Cannes, *Les ordres* se démarque par sa portée politique, sa technique froide et son utilisation alternée du noir et blanc et de la couleur.

Francis MANKIEWICZ
Les bons débarras
1979, 114 min

Basé sur un scénario du romancier Réjean Ducharme, *Les bons débarras* transpose au cinéma l'univers ducharmien. Le film raconte l'histoire de Manon, 13 ans, qui voue à sa mère un amour exclusif qui la conduit au-delà des frontières de leur pauvreté. Pour combler son terrible besoin d'amour, elle n'hésite pas à manipuler les gens et les choses qui l'entourent. Le film se distingue par la richesse imagée de ses dialogues et la simplicité de sa mise en scène, qui plongent le spectateur dans la misère d'un monde d'où peut tout de même émerger une forte fantaisie.

Denys ARCAND
Le déclin de l'empire américain
1986, 102 min

Le déclin de l'empire américain, tour à tour considéré comme une critique sociale, une comédie de mœurs et un drame psychologique, est l'un des plus grands succès du cinéma québécois. Le film met en scène huit intellectuels qui parlent de leur carrière universitaire et de leur vie sexuelle, tout en abordant de manière provocante la morale, les rapports entre la vie privée et la vie collective, et le bonheur. Arcand réalise ici un film marqué par l'intelligence des dialogues et des blagues cyniques qui viennent déconstruire les idéologies. Par le jeu exceptionnel des comédiens, la perfection de la mise en scène et du montage, ainsi que par les nombreuses références à l'histoire québécoise et internationale, le film se révèle un portrait dur mais réaliste de son époque.

Jean-Claude LAUZON
Léolo
1992, 107 min

Avec ce long-métrage, le dernier de sa courte mais riche carrière cinématographique, Jean-Claude Lauzon révèle son talent de metteur en scène et son imaginaire débordant. Le film raconte l'histoire de Léolo, un jeune garçon d'un quartier populaire de Montréal dans les années 1960, qui passe son temps à écrire ses mémoires ou à suivre son frère hésitant dans les rues de la ville. Les rêves de l'enfant génie, la tendresse de sa mère et les lueurs amoureuses de sa voisine italienne sont ses seuls moyens pour s'extraire de la folie de son étouffante et atypique famille.

Le cinéma québécois en 25 grandes œuvres

Norman McLaren
Films d'animation choisis
1948-1983, 114 min

Voir le descriptif ci-dessus dans la liste des 10 œuvres.

Jean-Yves Bigras
La petite Aurore, l'enfant martyre
1951, 102 min

L'histoire d'Aurore est celle d'une enfant battue et martyrisée par sa belle-mère. Dans cet univers où les villageois deviennent complices de la violence, le monde de la campagne est présenté comme un endroit sordide. Adapté d'une pièce de Léon Petitjean et Henri Rollin, le film est le succès le plus marquant du cinéma québécois des années 1950. Grâce aux projectionnistes itinérants, il aura été l'un des premiers à être vu par une majorité de Québécois. Le film inaugure une tradition pessimiste et un modèle du mélodrame cinématographique québécois.

Pierre Perrault et Michel Brault
Pour la suite du monde
1962, 105 min

Voir le descriptif ci-dessus dans la liste des 10 œuvres.

Claude JUTRA
À tout prendre
1963, 99 min

Voir le descriptif ci-dessus dans la liste des 10 œuvres.

Gilles GROULX
Le chat dans le sac
1964, 74 min

Voir le descriptif ci-dessus dans la liste des 10 œuvres.

Claude JUTRA
Mon oncle Antoine
1971, 104 min

Voir le descriptif ci-dessus dans la liste des 10 œuvres.

Gilles CARLE
La vraie nature de Bernadette
1972, 96 min

Voir le descriptif ci-dessus dans la liste des 10 œuvres.

Michel BRAULT
Les ordres
1974, 108 min

Voir le descriptif ci-dessus dans la liste des 10 œuvres.

L'Apprentissage de Duddy Kravitz

Ted KOTCHEFF
The Apprenticeship of Duddy Kravitz
1974, 120 min

Un jeune Montréalais juif anglophone, hanté par son avenir et lourdement influencé par sa famille, gravit peu à peu les étapes qui le conduisent à la richesse, à l'ambition et à l'amitié. Le film atteint à l'universel, ce qu'atteste l'Ours d'or et le Canadian Film Award obtenus par son réalisateur.

Jean BEAUDIN
J.A. Martin, photographe
1976, 101 min

Au début du XXe siècle, une femme décide d'accompagner son mari, photographe itinérant, lors de sa tournée annuelle. Ce voyage sera l'occasion pour le couple de se retrouver par le dialogue. Le jeu de Monique Mercure illumine *J.A. Martin, photographe*, qui se démarque par ailleurs par la simplicité, la justesse et la sobriété de son scénario.

Le
Paysagiste/Mindscape

Jacques DROUIN
Le paysagiste
1976, 8 min

Un peintre entre dans le paysage qu'il était à reproduire et il y vit les émotions qu'il tentait de dessiner. Grâce à un travail sur un écran d'épingles, qui n'est pas sans rappeler le style des pointillistes, Drouin fait preuve d'une grande maîtrise du cinéma d'animation. Par sa valeur esthétique et par sa réflexion sur le travail créateur, *Le paysagiste* a remporté dix-sept prix, dont un au Festival de Cannes.

Co HOEDEMAN
Le château de sable
1977, 13 min

Ce film d'animation raconte l'histoire d'un petit homme de sable qui, à l'aide de ses amis, décide de se construire un château de sable pour se protéger du vent, jusqu'à ce que la tempête se mette de la partie. Ce court métrage, vite reconnu mondialement, se distingue par son ton humoristique et par la caractérisation de ses personnages.

Francis MANKIEWICZ
Les bons débarras
1979, 114 min

Voir le descriptif ci-dessus dans la liste des 10 œuvres.

Anne-Claire POIRIER
Mourir à tue-tête
1979, 96 min

Mourir à tue-tête se veut une fiction percutante sur les différentes formes du viol. Dans ce film dur et sans compromis, la fiction et le style documentaire direct se côtoient pour forcer le spectateur, dans une démarche interventionniste, à se questionner sur la moralité du viol, perçue dans une perspective féministe.

Denys ARCAND
Le confort et l'indifférence
1981, 109 min

Après le Référendum de mai 1980 sur la souveraineté-association, Denys Arcand réalise ce profond essai documentaire, qui remporte le prix de la critique en 1983. Du haut de sa tour au centre-ville de Montréal, le Prince, de Machiavel, commente la partie politique qui se joue au Québec. Donnant la parole aux uns comme aux autres, le film propose une réflexion critique et acerbe du monde politique.

André FORCIER
Au clair de la lune
1982, 90 min

Frank, un albinos qui s'ennuie de son paradis perdu, l'Albinie, fait la connaissance de Bert, un ex-champion de bowling devenu homme-sandwich. Dans un décor fantaisiste, des personnages marginaux et rêveurs construisent, dans la pauvreté, un univers surréaliste. Ce film, tourné en continuité avec les œuvres antérieures de Forcier, se démarque par son ton ironique et son humour noir.

Pierre PERRAULT
La bête lumineuse
1982, 127 min

Dans ce documentaire intimiste, la chasse à l'orignal devient prétexte à une exposition de l'âme québécoise et de sa parole. Avec intelligence et subtilité, Perrault réussit à lier l'acte matériel de la chasse aux luttes de l'âme qui donnent au poète la raison d'être de sa parole. Dans l'isolement et par le retour à la nature, les personnages explorent la complexité des relations entre les hommes.

André MELANÇON
La guerre des tuques
1984, 91 min

Premier long métrage de la populaire série des « Contes pour tous », *La guerre des tuques* est aussi le premier film québécois à être largement diffusé à l'étranger, en version doublée, l'année suivant sa sortie au Québec. Dans un village de province, des enfants occupent leurs loisirs d'hiver en jouant à la guerre et s'affrontent pour conquérir une forteresse de neige. Ce plaidoyer pour la paix a marqué toute une génération de jeunes Québécois, tout en ouvrant la voie commerciale du cinéma d'ici pour la jeunesse.

Paul Tana
Caffè Italia, Montréal
1985, 81 min

Pour construire un pont entre les communautés, Paul Tana propose ici un documentaire-fiction sur les Italiens de Montréal. À l'aide de séquences d'archives, de scènes actuelles, de reconstitutions et de témoignages, le film scrute les problématiques de l'immigration, de l'intégration, de la culture et de la langue. S'inscrivant dans un renouveau cinématographique où le documentaire et la fiction s'entremêlent, *Caffè Italia, Montréal* réussit à jouer habilement avec les genres, ce qui lui vaut le prix de la critique en 1985.

Denys Arcand
Le déclin de l'empire américain
1986, 102 min

Voir le descriptif ci-dessus dans la liste des 10 œuvres.

Frédéric Back
L'homme qui plantait des arbres
1987, 30 min

Adapté d'un récit de Jean Giono, ce film a rapidement été qualifié d'événement dans l'histoire du cinéma d'animation. Récipiendaire du Grand prix d'Anecy, d'un Oscar à Hollywood et d'une trentaine d'autres prix, *L'homme qui plantait des arbres* se démarque par la puissance de ses images. Ayant recours à une technique classique avec crayons de cire sur acétate, Back donne une intense profondeur aux vingt mille images nécessaires à la création de son film, qui raconte la tranquille histoire d'un berger qui redonne vie à une région désertique.

Denys ARCAND
Jésus de Montréal
1989, 120 min

Dans ce modèle réussi de coproduction franco-québécoise, Arcand remodèle un mythe chrétien dans le Montréal contemporain. Pour contrer la désaffection d'un sanctuaire, une troupe d'acteurs est engagée pour monter un spectacle qui relate des passages de la Passion du Christ. Le film met en perspective la vie de Jésus, tout en confrontant morale religieuse et création artistique. Ce film d'une grande lucidité a valu à son réalisateur le prix du jury au Festival de Cannes, ainsi que de nombreux autres prix étrangers.

Jean-Claude LAUZON
Léolo
1992, 107 min

Voir le descriptif ci-dessus dans la liste des 10 œuvres.

François GIRARD
Thirty Two Short Films About Glenn Gould
1993, 94 min

Empruntant la structure des *Variations Goldberg* de Bach pour réaliser son film, Girard trace une biographie de Glenn Gould qui se pose en même temps comme une réflexion sur ce musicien énigmatique et talentueux. Composé de plusieurs courtes vignettes, le film se démarque par l'intelligence de sa construction et son effet de superposition qui compose l'univers du musicien.

Robert MORIN
Quiconque meurt, meurt à douleur
1998, 90 min

Un journaliste suit une équipe de policiers, qui se préparent à effectuer une descente dans un repaire du monde des drogues dures. À leur entrée, les policiers se rendent compte qu'ils font face à des jeunes armés : trois hommes, dont le caméraman, sont alors pris en otage. Cette fiction, qui prend la forme d'un documentaire, marque le paysage cinématographique de 1998 par son sujet – la drogue et la violence –, ainsi que par son genre – le suspense détourné. Grâce à la caméra subjective et la présence de comédiens non professionnels, le film rend avec puissance la vérité qu'il décrit.

2e PARTIE
LES ÉTUDES SUR LE QUÉBEC, SA CULTURE ET SA SOCIÉTÉ

1. OUVRAGES DE RÉFÉRENCE

Guides et études générales

@ Bibliographie du Québec en ligne
http://www.bnquebec.ca/fr/biblio/bib_bibliographie.htm
- Recense tous les livres publiés au Québec. La bibliographie est mise à jour mensuellement.

@ Le répertoire des sites web de référence sur le Québec de la Bibliothèque nationale du Québec
http://www.bnquebec.ca/texte/t0124.htm

Québec, Paris, Éditions Nouveaux-Loisirs, coll. « Guides Gallimard », 1995, 408 p.

Françoise Tétu de Labsade, *Le Québec. Un pays, une culture* [2e éd.], Montréal, Boréal, 2001, 575 p.

Michel Venne [éd.], *L'annuaire du Québec. Toute l'année politique, économique, sociale et culturelle,* Montréal, Fides, 2004, 1008 p.

La culture dans tous ses états, série produite en 1998 par Synercom Téléproductions en coll. avec l'INRS-Culture et société, 9 films de 53 min chacun : Simon Poulin, *L'architecture. La mémoire des murs* ; Claude Desrosiers, *Danses contemporaines. Dansez maintenant* ; Marcel Jean, *L'essai. Écrire pour penser* ; Richard Jutras, *Musiques contemporaines. Musiques pour un siècle sourd* ; Jacques Marcotte, *Musiques et danses traditionnelles. La qualité du plaisir* ; Alain Corneau, *La peinture. Fresque* ; Jean Beaudry, *La photographie. L'objectif subjectif* ; Denis Chouinard, *La poésie. Le verbe incendié* ; Carole Laganière, *Le roman. Les mots voyageurs.*

Dorothy Todd Hénaut, *A Song for Québec,* produit en 1988 par l'Office national du film du Canada, 54 min [traduit en français sous] *Québec... un peu... beaucoup... passionnément,* 1989, 54 min.

Dictionnaires et bibliographies

Bibliographie du Québec, Montréal, Bibliothèque nationale du Québec, 1968-.

Bibliographie du Québec, 1821-1967, Montréal, Bibliothèque nationale du Québec, 1980-.

Dictionnaire biographique du Canada, Sainte-Foy (Québec), Presses de l'Université Laval, 1966-1998, 13 vol. [traduit en anglais sous] *Dictionnary of Canadian Biography,* Toronto, University of Toronto Press, 1966-1998, 13 vol.

Encyclopédie du Canada, Montréal, Stanké, 1987, 3 vol., 2153 p.

Les livres disponibles canadiens de langue française/Canadian French Books in Print, Outremont (Québec), Bibliodata, 1987-.

Le Québec statistique, Québec, Direction de la diffusion du Bureau de la statistique du Québec, 1998-.

Repère. Index analytique d'articles de périodiques québécois et étrangers, Montréal, Centrale des bibliothèques, Bibliothèque nationale du Québec, 1984-.

Victor Barbeau et André Fortin, *Dictionnaire bibliographique du Canada français*, Montréal, Académie canadienne-française, 1974, 246 p.

Gérald Bernier et Robert Boily [éd.], *Le Québec en chiffres de 1850 à nos jours*, Montréal, Association canadienne-française pour l'avancement des sciences, 1986, 389 p.

Luc Bonenfant et François Théorêt, *Le Québec entre les cultures. Sociologie, littérature. Bibliographie commentée*, Centre d'études québécoises, Département d'études françaises, Université de Montréal, coll. « Cahiers de recherche », 1997, 69 p.

Gilbert Forest, *Dictionnaire des citations québécoises*, Montréal, Éditions Québec/Amérique, coll. « Littérature d'Amérique », 1994, 850 p.

Alain-G. Gagnon, *Québec*, Oxford, Santa Barbara et Denver, Clio Press, coll. « World Bibliographical », 1998, 350 p.

Yvan Lamonde, *L'histoire des idées au Québec, 1760-1960. Bibliographie des études*, Montréal, Bibliothèque nationale du Québec, 1989, 167 p.

Jean Provencher, *Chronologie du Québec. 1534-2000*, Montréal, Boréal, coll. « Boréal Compact », 2000, 361 p.

Michel Veyron, *Dictionnaire canadien des noms propres*, Montréal, Larousse Canada, 1989, 757 p.

2. ÉTUDES SUR LA SOCIÉTÉ

Identité

Marcos Ancelovici et Francis Dupuis-Déri, *L'archipel identitaire. Recueil d'entretiens sur l'identité culturelle*, Montréal, Boréal, 1997, 213 p.

Bernard Arcand et Serge Bouchard, *Quinze lieux communs*, Montréal, Boréal, coll. « Papiers collés », 1993, 212 p.

André J. Bélanger, *L'apolitisme des idéologies québécoises. Le grand tournant de 1934-1936*, Sainte-Foy (Québec), Presses de l'Université Laval, 1974, 392 p.

Fernand Dumont, *Genèse de la société québécoise*, Montréal, Boréal, 1993, 393 p.

Fernand Dumont, *Raisons communes*, Montréal, Boréal, coll. « Boréal compact », 1997, 260 p.

Fernand Dumont [éd.], *La société québécoise après 30 ans de changements*, Québec, Institut québécois de recherche sur la culture, 1990, 358 p.

Fernand Dumont [éd.], *Idéologies au Canada français*, Sainte-Foy (Québec), Presses de l'Université Laval, 4 vol., 1971-1981.

Mikaël Elbaz et al. [éd.], *Les frontières de l'identité. Modernité et post-modernisme au Québec*, Sainte-Foy (Québec) et Paris, Presses de l'Université Laval et L'Harmattan, 1996, 374 p.

Andrée Fortin [éd.], *Produire la culture, produire l'identité*, Sainte-Foy (Québec), Presses de l'Université Laval, coll. « Culture française d'Amérique », 2000, 264 p.

Alain-G. Gagnon et Alain Noël, *L'espace québécois*, Montréal, Éditions Québec/Amérique, coll. « Dossiers Documents. Société », 1995, 304 p.

Alain-G. Gagnon, *Québec. État et société,* Montréal, Éditions Québec/Amérique, coll. « Dossiers Documents. Société », 1994, 509 p. [Traduit en anglais sous] *Quebec. State and Society,* Scarborough (Ontario), Nelson Canada, 1993, 507 p.

Jean-Guy Lacroix [éd.], *Être ou ne pas être Québécois,* Département de sociologie, Université du Québec à Montréal, coll. « Cahiers de recherche sociologique », 1995, 298 p.

Yvan Lamonde et Gérard Bouchard [éd.], *Québécois et Américains. La culture québécoise aux XIXe et XXe siècles,* Saint-Laurent (Québec), Fides, 1995, 418 p.

Yvan Lamonde et Esther Trépanier, *L'avènement de la modernité culturelle au Québec,* Québec, Institut québécois de recherche sur la culture, 1986, 319 p.

Diane Lamoureux, Chantal Maillé et Micheline de Sève [éd.], *Malaises identitaires. Échanges féministes autour d'un Québec incertain,* Montréal, Éditions du Remue-ménage, coll. « Itinéraires féministes », 1999, 204 p.

Simon Langlois [éd.], *Identité et cultures nationales. L'Amérique française en mutation,* Sainte-Foy (Québec), Presses de l'Université Laval, coll. « Culture française d'Amérique », 1995, 377 p.

Simon Langlois [éd.], *La société québécoise en tendances. 1960-1990,* Québec, Institut québécois de recherche sur la culture, 1990, 667 p. [Traduit en anglais sous] *Recent Social Trends in Québec. 1960-1990,* Montréal, McGill-Queen's University Press, 1992, 606 p.

Jean Larose, *La petite Noirceur. Essais,* Montréal, Boréal, coll. « Papiers collés », 1987, 206 p.

Jean-Marc Léger et Marcel Léger, *Le Québec en question. Une centaine de sondages reflétant le profil des Québécois et Québécoises d'aujourd'hui,* Montréal, Éditions Quebécor, coll. « Dossiers », 1990, 276 p.

Jocelyn Létourneau, *Passer à l'avenir. Histoire, mémoire, identité dans le Québec d'aujourd'hui,* Montréal, Boréal, 2000, 194 p.

Jean-François Lisée, *Dans l'œil de l'aigle. Washington face au Québec*, Montréal, Boréal, 1990, 577 p. [Traduit en anglais sous] *In the Eye of the Eagle*, Toronto, Harper Collins, 1990, 302 p.

Jocelyn Maclure, *Récits identitaires. Le Québec à l'épreuve du pluralisme*, Montréal, Éditions Québec/Amérique, coll. « Débats », 2000, 219 p.

Jocelyn Maclure et Alain-G. Gagnon [éd.], *Repères en mutation. Identité et citoyenneté dans le Québec contemporain*, Montréal, Éditions Québec/Amérique, coll. « Débats », 2001, 434 p.

Geneviève Mathieu, *Qui est Québécois ? Synthèse du débat sur la redéfinition de la nation*, Montréal, VLB éditeur, coll. « Études québécoises », 2001, 140 p.

Denis Monière, *Le développement des idéologies au Québec, des origines à nos jours*, Montréal, Éditions Québec/Amérique, 1977, 381 p. [Traduit en anglais sous] *Ideologies in Quebec. The Historical Development*, Toronto, University of Toronto Press, 1981, 328 p.

François Ricard, *La génération lyrique. Essai sur la vie et l'œuvre des premiers-nés du baby-boom*, Montréal, Boréal, coll. « Boréal compact », 1994, 282 p.

Marcel Rioux, *Un peuple dans le siècle*, Montréal, Boréal, 1990, 448 p.

Michel Sarra-Bournet [éd.], *Les nationalismes au Québec. Du XIXᵉ au XXIᵉ siècle*, Sainte-Foy (Québec), Presses de l'Université Laval, 2001, 364 p.

Claude Savary [éd.], *Les rapports culturels entre le Québec et les États-Unis*, Québec, Institut québécois de recherche sur la culture, 1984, 353 p.

Laurier Turgeon, Jocelyn Létourneau et Khadiyatoulah Fall [éd.], *Les espaces de l'identité*, Sainte-Foy (Québec), Presses de l'Université Laval, 1997, 324 p.

Michel Venne [éd.], *Penser la nation québécoise*, Montréal, Éditions Québec/Amérique, coll. « Débats », 2000, 308 p.

Heinz Weinmann, *Du Canada au Québec. Généalogie d'une histoire*, Montréal, L'Hexagone, coll. « Essai », 1987, 477 p.

Francophonie

Maciej Abramowicz, *Le Québec au cœur de la francophonie. Guide pédagogique et culturel*, Lublin (Pologne), Wydawnictwa Uniwersytetu Marie Curie-Sklodowska, 1999.

Jean-Claude Dupont et Jacques Mathieu [éd.], *Héritage de la francophonie canadienne. Traditions orales*, Sainte-Foy (Québec), Presses de l'Université Laval, 1986, 269 p.

Axel Maugey, *De la francophonie québécoise à la francophilie internationale*, Brossard (Québec), Humanitas, 2001, 177 p.

Jean-Louis Roy, *La francophonie. L'émergence d'une alliance ?*, Lasalle (Québec), Hurtubise HMH, 1989, 131 p.

Américanité

Jean-François Chassay, *L'ambiguïté américaine. Le roman québécois face aux États-Unis*, Montréal, XYZ, coll. « Théorie et littérature », 1995, 197 p.

Yvan Lamonde et Gérard Bouchard [éd.], *Québécois et Américains. La culture québécoise aux XIXe et XXe siècles*, Saint-Laurent (Québec), Fides, 1995, 418 p.

Jean-François Lisée, *Dans l'œil de l'aigle. Washington face au Québec*, Montréal, Boréal, 1990, 577 p. [Traduit en anglais sous] *In the Eye of the Eagle*, Toronto, Harper Collins, 1990, 302 p.

Florian Sauvageau [éd.], *Variations sur l'influence culturelle américaine*, Sainte-Foy (Québec), Presses de l'Université Laval, coll. « Culture française d'Amérique », 1999, 262 p.

Claude Savary [éd.], *Les rapports culturels entre le Québec et les États-Unis*, Québec, Institut québécois de la recherche sur la culture, 1984, 353 p.

Nordicité

@ Centre d'études nordiques de l'Université Laval
http://www.cen.ulaval.ca/index.html

@ Programme Tuvaaluk
http://www.unites.uqam.ca/tuvaaluk/
- Site sur la préhistoire du Nord du Québec et la culture inuit.

@ Laboratoire international d'étude multidisciplinaire comparée des représentations du Nord
http://www.imaginairedunord.uqam.ca

Joë Bouchard, Daniel Chartier et Amélie Nadeau [éd.], *Problématiques de l'imaginaire du Nord en littérature, cinéma et arts visuels*, Université du Québec à Montréal, Centre de recherche Figura sur le texte et l'imaginaire, coll. «F igura », 2004, 171 p.

Gérard Duhaime [éd.], *Le Nord. Habitants et mutations*, Sainte-Foy (Québec), Presses de l'Université Laval, coll. « Atlas historique du Québec », 2001, 227 p.

Louis-Edmond Hamelin, *Discours du Nord*, Québec, Gétic, Université Laval, coll. « Recherche », 2002, 72 p.

Louis-Edmond Hamelin, *Écho des pays froids*, Sainte-Foy (Québec), Presses de l'Université Laval, 1996, 482 p.

Louis-Edmond Hamelin, *Nordicité canadienne*, LaSalle (Québec), Hurtubise HMH, coll. « Cahiers du Québec », 1980 [1975], 438 p. [Traduit en anglais sous] *Canadian Nordicity. It's Your North, Too,* Montréal, Harvest House, 1979, 373 p.

Sophie-Laurence Lamontagne, *L'hiver dans la culture québécoise. XVII-XIXe siècles*, Institut québécois de recherche sur la culture, 1983, 194 p.

Histoire

@ Chronologie de l'histoire du Québec
http://pages.infinit.net/histoire/

Bibliographies sur l'histoire

Paul Aubin et Louis-Marie Côté, *Bibliographie de l'histoire du Québec et du Canada. 1946-1965. Bibliography of the History of Québec and Canada. 1946-1965*, Québec, Institut québécois de recherche sur la culture, 1987, 2 vol.

Paul Aubin et Louis-Marie Côté, *Bibliographie de l'histoire du Québec et du Canada. 1966-1975. Bibliography of the History of Québec and Canada. 1966-1975*, Québec, Institut québécois de recherche sur la culture, 1981, 2 vol.

Paul Aubin et Louis-Marie Côté, *Bibliographie de l'histoire du Québec et du Canada. 1976-1980. Bibliography of the History of Québec and Canada. 1976-1980*, Québec, Institut québécois de recherche sur la culture, 1985, 2 vol.

Paul Aubin et Louis-Marie Côté, *Bibliographie de l'histoire du Québec et du Canada. 1981-1985. Bibliography of the History of Québec and Canada. 1981-1985,* Québec, Institut québécois de recherche sur la culture, 1990, 2 vol.

Joanne Burgess et Céline Bouchard [éd.], *Clés pour l'histoire de Montréal. Bibliographie*, Montréal, Boréal, 1992, 247 p.

Claudette Cardinal, *The History of Québec. A Bibliography of Works in English*, Montréal, Centre for Study of Anglophone Québec, Concordia University, 1981, 202 p. [en anglais].

Jacques Rouillard [éd.], *Guide d'histoire du Québec du Régime français à nos jours. Bibliographie commentée*, Montréal, Éditions du Méridien, coll. « Histoire », 1991, 367 p.

Études sur l'histoire

@ La Nouvelle-France
http://www.culture.gouv.fr:80/culture/nllefce/fr/index.htm
- Site consacré à l'histoire de la Nouvelle-France. Comprend de nombreux liens.

@ Les Patriotes de 1837-1838
http://cgi.cvm.qc.ca/glaporte/
- Site sur la rébellion des Patriotes de 1837-1838.

Yves Bélanger et Michel Lévesque [éd.], *René Lévesque. L'homme, la nation, la démocratie*, Sillery (Québec), Presses de l'Université du Québec, coll. « Les leaders politiques du Québec contemporain », 1992, 495 p.

Robert Bothwell, *Canada and Québec. One Country, Two Histories*, Victoria (British Columbia), University of British Columbia Press, 1995, 269 p. [en anglais].

Robert Comeau et Bernard Dionne, *Le droit de se taire. Histoire des communistes au Québec, de la Première Guerre mondiale à la Révolution tranquille*, Outremont (Québec), VLB éditeur, coll. « Études québécoises », 1989, 542 p.

Serge Courville et Normand Séguin [éd.], *Atlas historique du Québec*, Sainte-Foy (Québec), Presses de l'Université Laval, 4 vol., 1995- .

John A. Dickinson et Brian Young, *A Short History of Québec*, Toronto, Copp Clark Pitman, 1993, 388 p. [Traduit en français sous] *Brève histoire socio-économique du Québec*, Sillery (Québec), Septentrion, 1995, 383 p.

Marc Durand, *Histoire du Québec*, Paris, Imago, 1999, 236 p.

Jean Hamelin et Jean Provencher, *Brève histoire du Québec*, Montréal, Boréal, 1997, 130 p.

Jacques Lacoursière, *Épopée en Amérique. Notre histoire à lire et à collectionner*, Outremont et Saint-Laurent (Québec), Publicor et Imavision 21, 1998, 400 p. [Disponible également en 13 vidéocassettes VHS, *Épopée en Amérique*, réalisation de Gilles Carle, Montréal et Saint-Laurent (Québec), Télé-Québec et Imavision 21, 1997.]

Jacques Lacoursière, *Histoire populaire du Québec*, Sillery (Québec), Septentrion, coll. « Nos racines », 4 tomes : tome 1, *Des origines à 1791* ; tome 2, *De 1791 à 1841* ; tome 3, *1841 à 1896* ; tome 4, *1896 à 1960*, 1995-1998.

Yvan Lamonde, *Histoire sociale des idées au Québec*, Montréal, Fides, 2 vol., 2000.

Paul-André Linteau et al., *Histoire du Québec contemporain*, Montréal, Boréal, coll. « Boréal compact », 2 vol. : vol. 1, *De la Confédération à la crise, 1867-1930* ; vol. 2, *Le Québec depuis 1930*, 1989. [Traduit en anglais sous] *Québec. A History. 1867-1929*, Toronto, James Lorimier & Co., 1983, 602 p. et *Québec since 1930*, Toronto, James Lorimer & Co., 1991, 834 p.

Louis-Joseph Papineau, *Histoire de l'insurrection du Canada, et réfutation de l'écrit de Louis-Joseph Papineau par Sabrevois de Bleury*, Montréal, Leméac, coll. « Québecana », 1968, 104 p.

Jean Provencher, *Chronologie du Québec. 1534-2000*, Montréal, Boréal, coll. « Boréal Compact », 2000, 361 p.

Jean-Claude Robert, *Atlas historique de Montréal. Document cartographique*, Outremont et Montréal (Québec), Art Global et Libre Expression, 1994, 167 p.

Georges E. Sioui, *Pour une autohistoire amérindienne. Essai sur les fondements d'une morale sociale*, Sainte-Foy (Québec), Presses de l'Université Laval, 1999, 157 p. [Traduit en anglais sous] *For an Amerindian Autohistory. An Essay on the Foundation of a Social Ethic*, Montréal, McGill-Queen's University Press, coll. « McGill-Queen's Native and Northern Series », 1992, 125 p.

Susan Mann Trofimenkoff, *The Dream of a Nation. A Social and Intellectual History of Québec*, Toronto, Macmillan of Canada, 1982, 344 p. [Traduit en français sous] *Visions nationales. Une histoire du Québec*, Saint-Laurent (Québec), Éditions du Trécarré, 1986, 455 p.

Brian Young et John Dickinson, *A Short History of Quebec* [3rd edition], Montréal et Kingston, McGill-Queen's University Press, 2003, 434 p. [en anglais].

Langue

@ Office québécois de la langue française
http://www.olf.gouv.qc.ca/index.html
   • Le site présente la situation de la langue française au Québec et contient plusieurs répertoires sur son bon usage, un dictionnaire terminologique et une « banque de dépannage linguistique ».

@ Centre interdisciplinaire de recherches sur les activités langagières
http://www.ciral.ulaval.ca/
   • Site sur la langue française au Québec.

Dictionnaires du français québécois

@ Corpus lexicaux québécois du Secrétariat à la politique linguistique
http://www.spl.gouv.qc.ca/corpus/index.html
   • Site permettant d'effectuer des recherches dans une dizaine de bases de données lexicales.

@ Le grand dictionnaire terminologique
http://www.granddictionnaire.com
   • Publié par l'Office québécois de la langue française.

Dictionnaire du français plus. À l'usage des francophones d'Amérique, Montréal, Centre éducatif et culturel, 1988, 1856 p.

Pierre DesRuisseaux, *Dictionnaire des expressions québécoises*, Montréal, Bibliothèque québécoise (BQ), 2003, 480 p.

Robert Dubuc et Jean-Claude Boulanger, *Régionalismes québécois usuels*, Paris, Conseil international de la langue française, 1983, 227 p.

Gaston Dulong, *Dictionnaire des canadianismes*, Montréal, Larousse Canada, 1989, 461 p.

Annick Farina, *Dictionnaires de la langue française du Canada. Lexicographie et société au Québec*, Paris, Honoré Champion, coll. « Lexica. Mots et dictionnaires », 2001, 445 p.

Lionel Meney, *Dictionnaire québécois français*, Montréal, Guérin, 1999, 1884 p.

Claude Poirier [éd.], *Dictionnaire du français québécois. Volume de présentation*, Sainte-Foy (Québec), Presses de l'Université Laval, 1985, 167 p.

Études sur la langue et l'aménagement linguistique

Marie-Andrée Beaudet, *Langue et littérature au Québec. 1895-1914. Impact de la situation linguistique sur la formation du champ littéraire. Essai*, Montréal, L'Hexagone, coll. « Essais littéraires », 1991, 221 p.

Chantal Bouchard, *La langue et le nombril. Une histoire sociolinguistique du Québec* [2e éd.], Saint-Laurent (Québec), Fides, coll. « Nouvelles études québécoises », 2002, 289 p.

Pierre Bouchard et Richard Bourhis [éd.], *L'aménagement linguistique au Québec. 25 ans d'application de la Charte de la langue française*, Montréal et Saint-Laurent (Québec), Office québécois de la langue française et Publications du Québec, 2002, 249 p.

Guy Bouthillier et Jean Meynaud, *Le choc des langues au Québec. 1760-1970*, Montréal, Presses de l'Université du Québec, 1972, 767 p.

Jean-Paul Desbiens, *Les insolences du frère Untel*, Montréal, Éditions de l'Homme, 1988 [1960], 257 p. [Traduit en anglais sous] *The Impertinences of Brother Anonymous*, Montréal, Harvest House, coll. « French Canadian Renaissance », 1965, 126 p.

Marty Laforest, *États d'âme, états de langue. Essai sur le français parlé au Québec*, Québec, Nuit blanche éditeur, 1997, 140 p.

Marc V. Levine, *The Reconquest of Montreal. Language Policy and Social Change in a Bilingual City*, Philadelphia, Temple University Press, coll. « Conflicts in Urban and Regional Development », 1990, 285 p. [Traduit en français sous] *La reconquête de Montréal,* Montréal, VLB éditeur, coll. « Études québécoises », 1997, 404 p.

Jean Marcel, *Le joual de Troie*, Verdun (Québec), E.I.P., coll. « Les Pamphlétaires », 1982, 357 p.

Jacques Maurais [éd.], *Les langues autochtones du Québec*, Québec, Publications du Québec, coll. « Dossiers CLF », 1992, 455 p.

Michel Plourde, *La politique linguistique du Québec. 1977-1987*, Québec, Institut québécois de recherche sur la culture, coll. « Diagnostic », 1988, 143 p.

Michel Plourde, Hélène Duval et Pierre Georgeault [éd.], *Le français au Québec. 400 ans d'histoire et de vie*, Saint-Laurent et Québec (Québec), Fides et Les Publications du Québec, 2000, 515 p.

Jean-Louis Roy, *La francophonie. L'émergence d'une alliance ?*, LaSalle (Québec), Hurtubise HMH, 1989, 131 p.

Religion

@ Fondation du patrimoine religieux du Québec
http://www.patrimoine-religieux.qc.ca/
  • Le site présente plusieurs sites importants du patrimoine religieux au Québec.

@ Répertoire des églises catholiques du Québec
http://www.leseglisesdemonquartier.com/

@ Musée des religions de Nicolet
http://museedesreligions.qc.ca/

Diane Bélanger et Lucie Rozon, *Les religieuses au Québec. Au-delà des préjugés, qui sont-elles ? Quelle a été leur implication dans notre société à différentes époques ?*, Montréal, Libre Expression, 1982, 338 p.

François Brault, *Les arts sacrés au Québec*, série produite en 1982 par l'Office national du film du Canada, 24 films de 28 min chacun : *Les anges dans l'art au Québec ; L'architecture religieuse en Canada (1640-1790) ; La broderie d'art chez les Ursulines (c1640-c1880) ; Calvaires et croix de chemin ; Les chemins de croix au Québec ; Le cimetière paroissial au Québec ; Dom Bellot, architecte (1876-1943) ; Les églises protestantes au Québec ; François Baillairgé, peintre, sculpteur et architecte (1759-1830) ; Louis-Amable Quévillon, sculpteur et ornemaniste (1749-1823) ; Louis Jobin, sculpteur (1845-1928) ; Memento te. Stèles et croix de cimetière au Québec ; Napoléon Bourassa (1827-1926) et la décoration d'églises ; L'orfèvrerie ancienne. Trésor des fabriques du Québec ; Ozias Leduc, peintre-décorateur d'églises (1864-1955) ; La peinture en Nouvelle-France ; La peinture votive au Québec ; Presbytère ancien du Québec I. Au temps des curés habitants ; Presbytère ancien du Québec II. Le curé, la mode, le pouvoir ; La sculpture ancienne au Québec. L'atelier des Levasseur (1680-1794) ; La statuaire de cire ; Thomas Baillairgé, architecte (1791-1859) ; Un trésor de la peinture sacrée au Québec : la collection des abbés Desjardins ; Victor Bourgeau, architecte (1809-1888).*

Lucia Ferretti, *Brève histoire de l'Église catholique au Québec*, Montréal, Boréal, 1999, 203 p.

Michel Gaudette, *Guerres de religion d'ici. Catholicisme et protestantisme face à l'histoire*, Trois-Rivières (Québec), Souffle de vent, 2001, 138 p.

Jacques Grand'Maison et al., *Le défi des générations. Enjeux sociaux et religieux du Québec d'aujourd'hui*, Saint-Laurent (Québec), Fides, coll. « Cahiers d'études pastorales », 1995, 496 p.

Benoît Lacroix et Madeleine Grammond, *Religion populaire au Québec. Typologie des sources. Bibliographie sélective. 1900-1980*, Québec, Institut québécois de recherche sur la culture, coll. « Instruments de travail », 1985, 175 p.

Raymond Lemieux et Jean Montminy, *Le catholicisme québécois*, Sainte-Foy (Québec), Institut québécois de recherche sur la culture et Presses de l'Université Laval, coll. « Diagnostic », 2000, 141 p.

Richard Lougheed, Wesley Peach et Glenn Smith, *Histoire du protestantisme au Québec depuis 1960. Une analyse anthropologique, culturelle et historique*, Québec, Éditions La Clairière, 1999, 220 p.

Nive Voisine [éd.], *Histoire du catholicisme québécois*, Montréal, Boréal express, 3 vol. en 5 tomes : vol. 1, à venir ; vol. 2, *Les XVIIIᵉ et XIXᵉ siècles* : t. 1, Lucien Lemieux, *Les années difficiles. 1760-1839*, 1989 ; t. 2, Philippe Sylvain et Nive Voisine, *Réveil et consolidation. 1840-1898*, 1991 ; vol. 3 : *Le XXᵉ siècle* : t. 1, Jean Hamelin et Nicole Gagnon, *1898-1940*, 1984 ; t. 2, Jean Hamelin, *1940 à nos jours*, 1984.

Géographie

@ Atlas du Québec et de ses régions
http://www.atlasduquebec.qc.ca/

Serge Courville et Normand Séguin [éd.], *Atlas historique du Québec. Le territoire*, Sainte-Foy (Québec), Presses de l'Université Laval, 1997, 114 p.

Jean-Claude Robert, *Atlas historique de Montréal. Document cartographique*, Outremont et Montréal (Québec), Éditions Art Global et Libre Expression, 1994, 167 p.

Population et communautés

@ Bureau de la statistique du Québec
http://www.stat.gouv.qc.ca/
• Comprend plusieurs données statistiques sur la population québécoise.

[Association des démographes du Québec], *Cahiers québécois de démographie*, Montréal, Association des démographes du Québec, 1975-.

[Bureau de la statistique du Québec], *La situation démographique au Québec*, Québec, Les Publications du Québec, 1986-.

[Commission de toponymie du Québec], *Noms et lieux du Québec*, Sainte-Foy (Québec), Les Publications du Québec, 1996, 925 p.

[Conseil des affaires sociales], *Deux Québec dans un. Rapport sur le développement social et démographique*, Boucherville (Québec), Gaëtan Morin éditeur, 1989, 124 p.

[Institut de la statistique du Québec], *Portrait social du Québec. Données et analyses*, Québec, Institut de la statistique du Québec, 2001, 629 p.

Serge Courville, *Le Québec. Genèses et mutations du territoire. Synthèse de géographie historique*, Sainte-Foy (Québec), Presses de l'Université Laval, coll. « Géographie historique », 2000, 508 p.

Serge Courville et Normand Séguin [éd.], *Atlas historique du Québec. Population et territoire*, Sainte-Foy (Québec), Presses de l'Université Laval, 1996, 182 p.

Serge Courville et Normand Séguin [éd.], *Espace et culture/Space and Culture*, Sainte-Foy (Québec), Presses de l'Université Laval, coll. « Géographie historique », 1995, 404 p.

Gérard Duhaime [éd.], *Le Nord. Habitants et mutations*, Sainte-Foy (Québec), Presses de l'Université Laval, coll. « Atlas historique du Québec », 2001, 227 p.

Madeleine Gauthier et Johanne Bujold, *Les antécédents et les conséquences de la baisse de fécondité au Québec. 1960-1990. Une analyse des interdépendances*, Québec, Institut québécois de recherche sur la culture, 1993, 56 p.

Louis-Edmond Hamelin, *Nordicité canadienne*, Lasalle (Québec), Hurtubise HMH, coll. « Cahiers du Québec », 1980 [1975], 438 p. [Traduit en anglais sous] *Canadian Nordicity. It's Your North, Too*, Montréal, Harvest House, 1979, 373 p.

Louis-Edmond Hamelin, *Le rang d'habitat. Le réel et l'imaginaire*, Lasalle (Québec), Hurtubise HMH, coll. « Cahiers du Québec », 1993, 322 p.

Sophie-Laurence Lamontagne, *L'hiver dans la culture québécoise. XVII-XIXe siècles*, Institut québécois de recherche sur la culture, 1983, 194 p.

Jean-Claude Lasserre, *Le Saint-Laurent, grande porte de l'Amérique*, Lasalle (Québec), Hurtubise HMH, coll. « Cahiers du Québec », 1980, 753 p.

Gilles Marcotte et Pierre Nepveu [éd.], *Montréal imaginaire. Ville et littérature*, Saint-Laurent (Québec), Fides, 1992, 424 p.

Denise Pérusse, *Les pays littéraires du Québec. Guide des lieux d'écrivains*, Montréal, L'Hexagone et VLB éditeur, 1998, 381 p.

Études sur les peuples autochtones et inuit

@ Centre d'études nordiques de l'Université Laval
http://www.cen.ulaval.ca/index.html

@ Nation Innu/Innu Nation/Mamit Innuat
http://www.innu.ca/
  • Site de la nation montagnaise.

@ La piste amérindienne
http://www.autochtones.com/
  • Site portant sur les Amérindiens du Québec.

@ Portail des Autochtones au Canada
http://www.autochtonesaucanada.gc.ca/
  • Site officiel du gouvernement canadien sur la vie et le patrimoine des Premières Nations au Canada.

@ Programme Tuvaaluk
http://www.unites.uqam.ca/tuvaaluk/
  • Site sur la préhistoire du Nord du Québec et sur la culture inuite.

Marius Barbeau, *Huron and Wyandot Mythology. With an Appendix Containing Earlier Published Records*, Ottawa, Government Printing Bureau, coll. « Memoir », 1915, 437 p. [Traduit en français sous] *Mythologie huronne et wyandotte. Avec en annexe les textes publiés antérieurement*, Montréal, Presses de l'Université de Montréal, 1994, 439 p.

Alain Bissonnette [éd.], *Peuples autochtones de l'Amérique du Nord. De la réduction à la coexistence*, Sainte-Foy (Québec), Télé-Université, 1999, 610 p.

Diane Boudreau, *Histoire de la littérature amérindienne au Québec. Oralité et écriture. Essai*, Montréal, L'Hexagone, coll. « Essai », 1993, 201 p.

Louis Caron et David Morison, *Terre des Inuit* [cédérom], Édirom, Musée canadien des civilisations, 1997.

Louise Côté et coll., *L'Indien généreux. Ce que le monde doit aux Amériques*, Montréal et Sillery (Québec), Boréal et Septentrion, 1992, 287 p.

Richard Dominique et Jean-Guy Deschênes, *Cultures et sociétés autochtones du Québec. Bibliographie critique*, Québec, Institut québécois de recherche sur la culture, coll. « Instruments de travail », 1985, 221 p.

Gaétan Drolet et Marie-France Labrecque, *Les femmes amérindiennes au Québec. Guide annoté des sources d'information*, Sainte-Foy (Québec), Laboratoire de recherches anthropologiques, Département d'anthropologie, Université Laval, coll. « Outils pédagogiques », 1986, 100 p.

Renée Dupuis, *La question indienne au Canada*, Montréal, Boréal, 1991, 123 p.

Alain-G. Gagnon et Guy Rocher [éd.], *Regard sur la Convention de la Baie-James et du Nord québécois*, Montréal, Éditions Québec/Amérique, 2002, 302 p. [édition bilingue tête-bêche en français et en anglais ; existe aussi en édition bilingue tête-bêche en inuktitut et en cri].

François-Marc Gagnon, *Hommes effarables et bestes sauvages. Images du Nouveau-Monde d'après les voyages de Jacques Cartier*, Montréal, Boréal, 1986, 236 p.

Charlotte Guilbert, *Bibliographical Directory of Amerindian Authors in Québec*, Saint-Luc (Québec), Centre de la Recherche sur la littérature et les arts autochtones du Québec, 1993, 46 p. [en anglais].

Arthur Lamothe, *La conquête de l'Amérique. 1re et 2e partie*, produit par l'Office national du film du Canada, 1992, 160 min.

Jacques Maurais [éd.], *Les langues autochtones du Québec*, Québec, Publications du Québec, coll. « Dossiers CLF », 1992, 455 p.

Georges E. Sioui, *Pour une autohistoire amérindienne. Essai sur les fondements d'une morale sociale,* Sainte-Foy (Québec), Presses de l'Université Laval, 1999, 157 p. [Traduit en anglais sous] *For an Amerindian Autohistory. An Essay on the Foundation of a Social Ethic*, Montréal, McGill-Queen's University Press, coll. « McGill-Queen's Native and Northern Series », 1992, 125 p.

Gilles Thérien [éd.], *Les figures de l'Indien*, Montréal, Typo, 1995, 394 p.

Pierre Trudel [éd.], *Autochtones et Québécois. La rencontre des nationalismes. Actes du colloque tenu les 28 et 29 avril 1995 au Cégep du Vieux-Montréal, sous les auspices de la Société de Recherches amérindiennes au Québec, la Direction de l'éducation de la Commission des droits de la personne et la Ligue des droits et libertés*, Montréal, La Société, 1995, 230 p.

Marguerite Vincent et coll., *La nation huronne. Son histoire, sa culture, son esprit*, Sillery (Québec), Septentrion, 1995, 507 p.

Sylvie Vincent et Garry Bowers [éd.], *Baie James et Nord québécois. Dix ans après*, Montréal, Recherches Amérindiennes au Québec, 1988, 302 p.

Jim Wright, *La préhistoire du Québec*, Montréal, Fides, 1980, 138 p.

Études sur les communautés de langue anglaise

Gary Caldwell, *La question du Québec anglais,* Québec, Institut québécois de recherche sur la culture, coll. « Diagnostic », 1994, 122 p.

Gary Caldwell et Eric Waddell, *The English of Quebec. From Majority to Minority Status*, Québec, Institut québécois de recherche sur la culture, 1982, 464 p. [Traduit en français sous] *Les anglophones du Québec. De majoritaires à minoritaires*, Québec, Institut québécois de recherche sur la culture, 1982, 478 p.

Robert J. Grace, *The Irish in Québec. An Introduction to the Historiography*, Québec, Institut de recherche sur la culture, coll. « Instruments de travail », 1993, 265 p. [en anglais].

Josée Legault, *L'invention d'une minorité. Les Anglo-Québécois*, Montréal, Boréal, 1992, 282 p.

John Meisel, Guy Rocher et Arthur Isaac Silver, *Si je me souviens bien/As I recall. Regards sur l'histoire*, Montréal, Institut de recherche en politiques publiques, 1999, 491 p.

Sheila McLeod Arnopoulos et Dominique Clift, *Le fait anglais au Québec*, Montréal, Libre Expression, 1979, 277 p. [Traduit en anglais sous] *The English Fact in Quebec*, Montréal, McGill-Queen's University Press, 1984, 247 p.

Ronald Rudin, *The Forgotten Quebecers. A History of English-Speaking Quebec. 1758-1980*, Québec, Institut québécois de recherche sur la culture, 1985, 315 p. [en anglais].

Reed Scowen, *A Different Vision. The English in Quebec in the 1990s*, Don Mills (Ontario), Maxwell Macmillan Canada, 1991, 172 p. [en anglais].

Bruce Whiteman, *Lasting Impressions. A Short History of English Publishing in Québec*, Montréal, Véhicule Press, 1994, 98 p. [en anglais]

Études sur les migrations et les communautés culturelles

Juan Carlos Aguirre, *Artistes immigrants, société québécoise. Un bateau sur le fleuve*, Éditions du Centre international de documentation et d'information haïtienne, caraïbéenne et afro-canadienne, 1995, 189 p.

Felix Albert, *Immigrants Odyssey. A French-Canadian Habitant in New England. A Bilingual Edition of « Histoire d'un enfant pauvre »*, Onoro (Maine, États-Unis), University of Maine Press, 1991, 178 p.

Pierre Anctil et Gary Caldwell, *Juifs et réalités juives au Québec*, Québec, Institut québécois de recherche sur la culture, 1984, 371 p.

Julien Bauer, *Les minorités au Québec*, Montréal, Boréal, 1994, 125 p.

Neil Bissoondath, *Selling Illusions. The Cult of Multiculturalism in Canada*, Toronto, Penguin Books, 1994, 234 p. [Traduit en français sous] *Le marché aux illusion. La méprise du multiculturalisme*, Montréal, Boréal et Liber, 1995, 242 p.

Gary Caldwell, *Les études ethniques au Québec. Bilan et perspectives*, Québec, Institut québécois de recherche sur la culture, 1983, 106 p.

Daniel Chartier, *Dictionnaire des écrivains émigrés au Québec. 1800-1999*, Québec, Nota bene, 2003, 369 p.

Serge Courville, *Immigration, colonisation et propagande. Du rêve américain au rêve colonial*, Sainte-Foy (Québec), Éditions MultiMondes, 2002, 699 p.

[Conseil des communautés culturelles et de l'immigration], *Statistiques. Démographie, immigration et communautés culturelles au Québec depuis 1871*, Montréal, le Conseil, 1992-.

Lise Giroux, *Les personnes issues de l'immigration. Leurs pratiques médiatiques des arts et de la culture*, Québec, Ministère de la culture et des communications, Direction de la recherche statistique, coll. « Rapport d'étude », 1999, 63 p.

Denise Helly, *L'immigration pour quoi faire ?*, Québec, Institut québécois de la recherche sur la culture, 1992, 229 p.

Denise Helly, *Le Québec face à la pluralité culturelle. Un bilan documentaire des politiques*, Québec et Sainte-Foy (Québec), Institut québécois de recherche sur la culture et Presses de l'Université Laval, 1996, 491 p.

Micheline Labelle et Joseph L. Lévy, *Ethnicité et enjeux sociaux. Le Québec vu par les leaders des groupes ethnoculturels*, Montréal, Liber, 1995, 377 p.

Van Be Lam, *L'immigration et les communautés culturelles du Québec. 1968-1990*, Québec, Documentor, 1991, 142 p. ; *L'immigration et les communautés culturelles du Québec. 1990-1995*, Saint-Laurent (Québec), Éditions Sans Frontières, 1995, 198 p.

[Ministère des communautés culturelles et de l'immigration], *Répertoire des organismes des communautés culturelles du Québec*, Montréal, Le Service, 1981-.

Clément Moisan, *Ces étrangers du dedans. Une histoire de l'écriture migrante au Québec (1937-1997)*, Québec, Nota bene, coll. « Études », 2001, 363 p.

Janet M. Paterson, *Figures de l'autre dans le roman québécois*, Québec, Nota bene, coll. « Littérature(s) », 2004, 238 p.

Marie Poirier, *Les femmes immigrées au Québec. Bibliographie annotée*, Montréal, Direction des communications et Direction de la recherche, Ministère des communautés culturelles et de l'immigration, 1985, 51 p.

Pascale Pontoreau [éd.], *Artistes africains du Québec*, Paris, L'Harmattan, coll. « Africultures », 1999, 127 p.

Ira Robinson, Pierre Anctil et Mervin Butovsky [éd.], *An Everyday Miracle. Yiddish Culture in Montréal*, Montréal, Véhicule Press, coll. « Dossiers Québec », 1990, 169 p. [en anglais].

Jacques Rouillard, *Ah les États ! Les travailleurs canadiens-français dans l'industrie textile de la Nouvelle-Angleterre d'après le témoignage des derniers migrants*, Montréal, Boréal express, coll. « Histoire et sociétés », 1985, 155 p.

David Rome et al., *Les Juifs du Québec. Bibliographie rétrospective annotée*, Québec, Institut québécois de recherche sur la culture, coll. « Instruments de travail », 1981, 317 p.

Filippo Salvatore, *Le fascisme et les Italiens à Montréal. Une histoire orale. 1922-1945*, Montréal, Guernica, coll. « Voix », 1995, 302 p.

Lamberto Tassinari, *Utopies par le hublot*, Outremont (Québec), Carte Blanche, 1999, 153 p.

Eric Waddell [éd.], *Le dialogue avec les cultures minoritaires*, Sainte-Foy (Québec), Presses de l'Université Laval, coll. « Culture française d'Amérique », 1999, 244 p.

Dorothy W. Williams, *The Road to Now. A History of Blacks in Montréal*, Montréal, Véhicule Press, coll. « Dossiers du Québec », 1997, 235 p. [en anglais]

Études sur les femmes et le féminisme

@ Chronologie historique des femmes du Québec
http://pages.infinit.net/histoire/femindex.html

@ Institut de recherches et d'études féministes (IREF)
http://www.unites.uqam.ca/iref/

[Bibliothèque nationale du Québec], *Le droit de vote des femmes au Québec. Bibliographie sélective*, Montréal, La Bibliothèque, 1990, 192 p.

Jocelyne Denault, *Dans l'ombre des projecteurs. Les Québécoises et le cinéma*, Sainte-Foy (Québec), Presses de l'Université du Québec, coll. « Communication, culture et société », 1996, 245 p.

Chantal Doré, *Les études féministes. Quelques observations sur la documentation au tournant des années 1990*, Québec, Groupe de recherche multidisciplinaire féministe, Université Laval, coll. « Les cahiers de recherche du GREMF », 1996, 54 p.

Gaétan Drolet et Marie-France Labrecque, *Les femmes amérindiennes au Québec. Guide annoté des sources d'information*, Sainte-Foy (Québec), Département d'anthropologie, Université Laval, coll. « Outils pédagogiques », 1986, 100 p.

Micheline Dumont et Louise Toupin [éd.], *La pensée féministe au Québec. Anthologie. 1900-1985,* Montréal, Éditions du Remue-ménage, 2003, 750 p.

Micheline Dumont et coll., *L'histoire des femmes au Québec depuis quatre siècles*, Montréal, Éditions du Jour, 1992 [1982], 646 p. [Traduit en anglais sous] *Québec Women. A History*, Toronto, The Women's Press, 1987, 396 p.

Myriame El Yamani, *Médias et féminismes*, Paris et Montréal, l'Harmattan, coll. « Logiques sociales », 1998, 268 p.

Diane Lamoureux, *L'amère patrie. Féminisme et nationalisme dans le Québec contemporain*, Montréal, Éditions du Remue-ménage, 2001, 181 p.

Diane Lamoureux, Chantal Maillé et Micheline de Sève [éd.], *Malaises identitaires. Échanges féministes autour d'un Québec incertain*, Montréal, Éditions du Remue-ménage, coll. « Itinéraires féministes », 1999, 204 p.

Nicole Laurin et coll., *À la recherche d'un monde oublié. Les communautés religieuses de femmes au Québec de 1900 à 1970*, Montréal, Éditions du Jour, 1991, 424 p.

Marie Lavigne et Yolande Pinard [éd.], *Travailleuses et féministes. Les femmes dans la société québécoise*, Montréal, Boréal express, coll. « Études d'histoire du Québec », 1983, 430 p.

Denise Lemieux et Lucie Mercier, *La recherche sur les femmes au Québec. Bilan et bibliographie*, Québec, Institut québécois de la recherche sur la culture, coll. « Instruments de travail », 1982, 336 p.

Chantal Maillé, *Les Québécoises et la conquête du pouvoir politique. Enquête sur l'émergence d'une élite politique féminine au Québec*, Montréal, Éditions Saint-Martin, coll. « Femmes », 1990, 194 p.

Chantal Maillé et Chantal Savoie [éd.], « Le vingtième siècle québécois des femmes », *Globe. Revue internationale d'études québécoises*, vol. 3, n° 2, 2000, 232 p.

Simone Monet-Chartrand, *Pionnières québécoises et regroupements de femmes. 1970-1990*, Montréal, Éditions du Remue-Ménage, coll. « Mémoire de femme », 1997, 367 p.

Gabrielle Pascal [éd.], *Le roman québécois au féminin. 1980-1995*, Montréal, Triptyque, 1995, 193 p.

Marie Poirier, *Les femmes immigrées au Québec. Bibliographie annotée*, Montréal, Direction des communications et Direction de la recherche, Ministère des communautés culturelles et de l'immigration, 1985, 51 p.

Lori Saint-Martin [éd.], *L'autre Lecture. La critique au féminin et les textes québécois*, Montréal, XYZ, coll. « Documents », 1992-1994, 2 vol.

Lori Saint-Martin, *Contre-voix. Essais de critique au féminin,* Québec, Nuit blanche éditeur, coll. « Essais critiques », 1997, 294 p.

Patricia Smart, *Écrire dans la maison du père. L'émergence du féminisme dans la tradition littéraire du Québec. Essai,* Montréal, Éditions Québec/Amérique, coll. « Littérature d'Amérique », 1990, 347 p. [Traduit en anglais sous] *Writing in the Father's House. The Emergence of the Feminism in the Quebec Literary Tradition*, Toronto, University of Toronto Press, 1991, 300 p.

Études sur les communautés gaie et lesbienne

@ Archives gaies du Québec
   http://www.agq.qc.ca/
   • Comprend une bibliographie exhaustive sur l'homosexualité, au Québec et ailleurs.

Irène Demczuk et Frank William Remiggi [éd.], *Sortir de l'ombre. Histoire des communautés lesbienne et gaie de Montréal*, Montréal, VLB éditeur, coll. « Des hommes et des femmes en changement », 1998, 409 p.

Ross Higgins, *De la clandestinité à l'affirmation. Pour une histoire de la communauté gaie montréalaise*, Montréal, Comeau & Nadeau, 1999, 165 p.

3. ÉTUDES SUR LA CULTURE

[Association Québec dans le monde], *Art et culture au Québec. Répertoire descriptif,* Sainte-Foy (Québec), Québec dans le monde, 1992-.

Roland Arpin, *Territoires culturels*, Montréal, Bellarmin, coll. « L'essentiel », 2002, 296 p.

Andrée Fortin [éd.], *Produire la culture, produire l'identité ?*, Sainte-Foy (Québec), Presses de l'Université Laval, 2000, 264 p.

Robert Lahaise [éd.], *Québec 2000. Multiples visages d'une culture*, Montréal, Hurtubise HMH, coll. « Cahiers du Québec », 1999, 462 p.

Denise Lemieux [éd.], *Traité de la culture*, Québec, Éditions de l'IQRC, 2002, 1089 p.

Françoise Tétu de Labsade, *Le Québec. Un pays, une culture* [2e éd.], Montréal, Boréal, 2001, 575 p.

Architecture et urbanisme

@ ADHÉMAR Données sur Montréal, 1644-1704
http://cca.qc.ca/adhemar/
* Base de données du Groupe de recherche sur Montréal portant sur l'environnement bâti et la population à Montréal, de 1642 à 1805.

@ Centre canadien d'architecture (CCA)
http://cca.qc.ca/
* Site portant sur l'architecture canadienne. Plusieurs sites sont commentés.

@ Institut de recherche en histoire de l'architecture
http://www.irhanet.org/

@ Patrimoinequebec.com
http://www.patrimoinequebec.com/
- Site consacré, notamment, au patrimoine architectural de la ville de Québec.

@ Zone architecture
http://www.z-1.org/
- Le site offre plusieurs liens vers des expositions virtuelles d'architectes et de concepteurs québécois.

Jean-Pierre Augustin et Claude Sorbets [éd.], *Sites publics, lieux communs. Aperçus sur l'aménagement de places et de parcs au Québec*, Talence (France), Maison des sciences de l'homme d'Aquitaine, 2000, 231 p.

Michèle Benoît et Roger Gratton, *Pignon sur rue. Les quartiers de Montréal*, Montréal, Guérin, 1991, 393 p.

Claude Bergeron, *Architectures du XXe siècle au Québec*, Montréal et Québec, Éditions du Méridien et Musée de la civilisation, 1989, 271 p.

Marc-Henri Choko, *Les grandes places publiques de Montréal*, Montréal, Éditions du Méridien, 1987, 215 p.

Serge Courville [éd.], *Paroisses et municipalités de la région de Montréal au XIXe siècle. 1825-1861. Répertoire documentaire et cartographique*, Québec, Presses de l'Université du Québec, 1988, 350 p.

Robert Fortier [éd.], *Villes industrielles planifiées*, Montréal, Boréal et Centre canadien d'architecture, 1996, 320 p.

Andrée Fortin, Carole Després et Geneviève Vachon [éd.], *La banlieue revisitée*, Québec, Nota bene, 2002, 302 p.

Raymonde Gauthier, *La tradition en architecture québécoise. Le XXe siècle*, Montréal et Québec, Éditions du Méridien et Musée de la civilisation, 1989, 104 p.

Annick Germain [éd.], *L'aménagement urbain. Promesses et défis*, Québec, Institut québécois de recherche sur la culture, coll. « Questions de culture », 1991, 267 p.

Yves Laframboise, *Circuits pittoresques du Québec. Paysages, architecture, histoire*, Montréal, Éditions de l'Homme, 1999, 382 p.

Phyllis Lambert et Alan Stewart [éd.], *Opening the Gates of Eighteenth-century Montréal*, Montréal, Canadian Centre for Architecture, 1992, 93 p. [en anglais]

Michel Lessard et Gilles Vilandré, *La maison traditionnelle au Québec*, Montréal, Éditions de l'Homme, 1974, 493 p.

Jean-Claude Marsan, *Montréal en évolution. Historique du développement de l'architecture et de l'environnement urbain montréalais*, Laval (Québec), Éditions du Méridien, coll. « Architecture », 1994 [1974], 515 p. [Traduit en anglais sous] *Montréal in Evolution. Historical Analysis of the Development of Montréal's Architecture and Urban Environment*, Montréal, McGill-Queen's University Press, 1990, 456 p.

Paul-Louis Martin, *À la façon du temps présent. Trois siècles d'architecture populaire au Québec*, Sainte-Foy (Québec), Presses de l'Université Laval, coll. « Géographie historique », 1999, 378 p.

Luc Noppen et coll., *Québec monumental. 1890-1990*, Sillery et Montréal (Québec), Éditions du Septentrion et Ordre des architectes du Québec, 1990, 191 p.

Luc Noppen et coll., *Québec. Trois siècles d'architecture*, Montréal, Libre Expression, 1989, 440 p.

André Robitaille et coll., *Architectures. La culture dans l'espace*, Québec, Institut québécois de recherche sur la culture, coll. « Questions de culture », 1983, 210 p.

Paul Trépanier et Richard Dubé, *Montréal. Une aventure urbaine*, Sainte-Foy (Québec), Éditions GID, coll. « 100 ans noir sur blanc », 2000, 215 p.

Pierre Turgeon, *Les bâtisseurs du siècle*, Outremont (Québec), Lanctôt éditeur, 1996, 195 p.

Arts visuels et muséologie

@ Ikon Québec
http://www.ulaval.ca/ikon/HOME.HTML
  • Site consacré aux arts graphiques, au Québec et ailleurs.

@ Regroupement des artistes en arts visuels du Québec (RAAV)
http://www.raav.org/
  • Le site permet l'accès à une banque de données de plus de 600 fiches documentaires liées aux arts visuels au Québec.

Rose-Marie Arbour, *L'art qui nous est contemporain*, Montréal, Artextes, coll. « Prendre parole », 1999, 158 p.

Roland Arpin, *Musée de la civilisation. Concept et pratiques*, Québec et Saint-Nicolas (Québec), Musée de la civilisation et Éditions MultiMondes, 1992, 166 p. [Traduit en anglais sous] *Musée de la civilisation. Concept and Practices*, Québec, Musée de la Civilisation, 1992, 155 p.

Mario Béland [éd.], *La peinture au Québec. 1820-1850. Nouveaux regards, nouvelles perspectives*, Québec, Musée du Québec et Publications du Québec, 1991, 605 p.

Marie Carani, *Des lieux de mémoire. Identité et culture moderne au Québec. 1930-1960*, Ottawa, Presses de l'Université d'Ottawa, coll. « Actexpress », 1995, 239 p.

Marie Carani, *Jean Paul Lemieux*, Québec, Musée du Québec, 1992, 285 p. [Traduit en anglais sous] *Jean Paul Lemieux*, Québec, Musée du Québec, 1993, 285 p.

Guy Cogeval et Nathalie Bondil [éd.], *Le Musée des Beaux-Arts. Montréal,* Paris, Éditions de la Réunion des musées nationaux, 2001, 135 p.

Francine Couture [éd.], *Les arts visuels au Québec dans les années soixante*, Montréal, VLB éditeur, coll. « Études québécoises », 1993-1997, 2 vol.

André Croteau, *Les musées du Québec. 400 musées à visiter*, Saint-Laurent (Québec), Éditions du Trécarré, 1997, 272 p.

François-Marc Gagnon, *Chronique du mouvement automatiste québécois. 1941-1954*, Outremont (Québec), Lanctôt éditeur, 1998, 1023 p.

François-Marc Gagnon, *Paul-Émile Borduas*, Montréal, Musée des beaux-arts de Montréal, 1988, 480 p. [Traduit en anglais sous] *Paul-Émile Borduas*, Montréal, Montreal Museum of Fine Arts, 1988, 480 p.

Jean Hamelin, *Le Musée du Québec. Histoire d'une institution nationale*, Québec, le Musée, coll. « Cahiers de recherche », 1991, 39 p.

George F. MacDonald, *A Museum for the Global Village. The Canadian Museum of Civilization*, Hull (Québec), Canadian Museum of Civilization, 1989, 235 p. [Traduit en français sous] *Un musée pour le village global. Le Musée canadien des civilisations*, Hull (Québec), Musée canadien des civilisations, 1989, 251 p.

Michel Martin, *Alfred Pellan*, Québec, Publications du Québec, 1993, 317 p. [Traduit en anglais sous] *Alfred Pellan*, Québec, Publications du Québec, 1993, 258 p.

[Musée de la civilisation et Musée d'art contemporain de Montréal], *Déclics. Art et société. Le Québec des années 1960 et 1970*, Montréal, Fides, 1999, 256 p.

[Musée des beaux-arts de Montréal], *Jean-Paul Riopelle*, Montréal, Musée des beaux-arts de Montréal, 1991, 222 p. [Traduit en anglais sous] *Jean-Paul Riopelle*, Montréal, Montreal Museum of Fine Arts, 1991, 222 p.

Rosalind Pepall, *Construction d'un Musée des beaux-arts. Montréal, 1912/Building a Beaux-Arts Museum*, Montréal, Musée des beaux-arts de Montréal, 1986, 185 p.

Littérature

→ **Voir aussi cette section :**
Danse, théâtre et arts de la scène

@ Bd Québec
http://www.bdquebec.qc.ca/
  • Site sur la bande dessinée québécoise.

@ Communication-Jeunesse
http://www.communication-jeunesse.qc.ca
  • Site sur la littérature jeunesse au Québec et ailleurs.

@ Dictionnaire de la BD Alternative au Québec
http://www.geocities.com/Area51/Hollow/5445/fanzines.html

@ L'ILE
http://www.litterature.org/
  • Centre de documentation virtuel sur la littérature et les écrivains québécois. Biographies, bibliographie des œuvres et des critiques des principaux écrivains du Québec. Réalisé en collaboration avec la Bibliothèque nationale.

Dictionnaires, guides et bibliographies sur la littérature

Aurélien Boivin, *Le conte littéraire québécois au XIXᵉ siècle. Essai de bibliographie critique et analytique*, Montréal, Fides, 1975, 385 p.

Aurélien Boivin et coll., *Bibliographie analytique de la science-fiction et du fantastique québécois. 1960-1985*, Québec, Nuit blanche éditeur, coll. « Bibliographies », 1992, 243 p.

Daniel Chartier, *Dictionnaire des écrivains émigrés au Québec*, Québec, Nota bene, 2003, 369 p.

Charlotte Gilbert, *Bibliographical Directory of Amerindian Authors in Québec*, Saint-Luc (Québec), Centre de Recherche sur la littérature et les arts autochtones du Québec, 1993, 46 p. [en anglais].

Réginald Hamel et al., *Dictionnaire des auteurs de langue française en Amérique du Nord*, Montréal, Fides, 1989, 1364 p.

Mary Kandiuk, *French-Canadian Authors. A Bibliography of their Works and of English-Language Criticism*, Metuchen (New Jersey, États-Unis), Scarecrow Press, 1990, 222 p. [en anglais].

Robert Lahaise, *Le Québec. 1830-1939. Bibliographie thématique. Histoire et littérature*, LaSalle (Québec), Hurtubise HMH, 1990, 173 p.

Renée Legris et Pierre Pagé, *Dictionnaire des auteurs du radio-feuilleton québécois*, Montréal, Fides, coll. « Radiophonie et société québécoise », 1981, 200 p.

Françoise Lemire, *Histoire de la littérature pour la jeunesse (Québec et francophonie du Canada) ; Suivie d'un Dictionnaire des auteurs et des illustrateurs*, Orléans (Québec), David, 2000, 826 p.

Maurice Lemire [éd.], *Dictionnaire des œuvres littéraires du Québec*, Montréal, Fides, 1980-, 7 vol.

[Ministère de la culture et des communications], *Prix littéraires du Québec. Répertoire 1997*, Québec, Gouvernement du Québec, 1997, 185 p.

Sylvie Tellier, *Chronologie littéraire du Québec. 1760 à 1960*, Québec, Institut québécois de recherche sur la culture, coll. « Instruments de travail », 1982, 352 p.

Histoire littéraire

Jacques Allard, *Le roman du Québec. Histoire, perspective, lectures*, Montréal, Éditions Québec/Amérique, 2000, 446 p.

Bernard Andrès et Marc André Bernier [éd.], *Portrait des arts, des lettres et de l'éloquence au Québec. 1760-1840*, Québec, Les Presses de l'Université Laval, coll. « Les collections de la République des lettres », 2002, 509 p.

Réjean Beaudoin, *Le roman québécois*, Montréal, Boréal, coll. « Boréal express », 1991, 125 p.

Diane Boudreau, *Histoire de la littérature amérindienne du Québec. Oralité et écriture. Essai*, Montréal, L'Hexagone, coll. « Essai », 1993, 201 p.

Réginald Hamel [éd.], *Panorama de la littérature québécoise contemporaine*, Montréal, Guérin, 1997, 822 p.

Yvan Lamonde, *Je me souviens. La littérature personnelle au Québec. 1860-1980*, Québec, Institut québécois de recherche sur la culture, coll. « Instruments de travail », 1983, 278 p.

Françoise Lemire, *Histoire de la littérature pour la jeunesse (Québec et francophonie du Canada) ; Suivie d'un Dictionnaire des auteurs et des illustrateurs*, Orléans (Québec), David, 2000, 826 p.

Maurice Lemire, Denis Saint-Jacques et coll., *La vie littéraire au Québec*, Sainte-Foy (Québec), Presses de l'Université Laval, 4 vol. : vol. 1, *La voix française des nouveaux sujets britanniques. 1764-1805*, 1991, 498 p. ; vol. 2, *Le projet national des Canadiens. 1806-1839*, 1992, 586 p. ; vol. 3, « *Un peuple sans histoire ni littérature* ». *1840-1869*, 1996, 670 p. ; vol. 4, « *Je me souviens* ». *1870-1894*, 1999, 669 p.

Édith Madore, *La littérature pour la jeunesse au Québec*, Montréal, Boréal, coll. « Boréal express », 1994, 126 p.

Laurent Mailhot, *La littérature québécoise depuis ses origines. Essai*, Montréal, Typo, 1997, 445 p.

Jean Royer, *Introduction à la poésie québécoise. Les poètes et les œuvres des origines à nos jours*, Montréal, Bibliothèque québécoise (BQ), coll. « Littérature », 1989, 295 p.

Paul Wyczynski et coll. [éd.], Ottawa, Éditions de l'Université d'Ottawa, coll. « Archives des lettres canadiennes », 9 vol. : vol. 1, *Mouvement littéraire de Québec 1860. Bilan littéraire de l'année 1860*, 1961, 349 p. ; vol. 2, *L'école littéraire de Montréal*, 1972, 351 p. ; vol. 3, *Le roman canadien-français. Évolution, témoignages, bibliographie*, 1977, 514 p. ; vol. 4, *La poésie canadienne-française. Perspectives historiques et thématiques, profils de poètes, témoignages, bibliographie*, 1969, 701 p. ; vol. 5, *Le théâtre canadien-français. Évolution, témoignages, bibliographie*, 1976, 1005 p. ; vol. 6, *L'essai et la prose d'idées au Québec*, 1985, 921 p. ; vol. 7, *Le Nigog*, 1987, 388 p. ; vol. 8 *Le roman contemporain au Québec, 1960-1985*, 1992, 548 p. ; vol. 9, *La nouvelle au Québec*, 1996, 264 p.

Études et interprétations littéraires

Jacques Allard, *Traverses de la critique littéraire au Québec*, Montréal, Boréal, coll. « Papiers collés », 1991, 212 p.

Bernard Andrès, *Écrire le Québec. De la contrainte à la contrariété. Essai sur la constitution des lettres*, Montréal, XYZ, coll. « Études et documents », 1990, 225 p.

Réjean Beaudoin, *Naissance d'une littérature. Essai sur le messianisme et les débuts de la littérature canadienne-française. 1850-1890*, Montréal, Boréal, 1989, 209 p.

André Belleau, *Surprendre les voix. Essais*, Montréal, Boréal, 1986, 237 p.

André Belleau, *Le romancier fictif. Essai sur la représentation de l'écrivain dans le roman québécois*, Québec, Nota bene, coll. « Visées critiques », 1999 [1980], 229 p.

Jacques Blais, *De l'ordre et de l'aventure. La poésie au Québec, de 1934 à 1944*, Québec, Presses de l'Université Laval, coll. « Vie des lettres québécoises », 1975, 410 p.

André-Gilles Bourassa, *Surréalisme et littérature québécoise. Histoire d'une révolution culturelle. Essai*, Montréal, Les Herbes Rouges, coll. « Typo », 1986, 613 p. [Traduit en anglais sous] *Surrealism and Quebec Literature. History of a Cultural Revolution*, Toronto, University of Toronto Press, coll. « University of Toronto Romance Series », 1984, 374 p.

André Brochu, *L'instance critique. 1961-1973*, Montréal, Leméac, coll. « Indépendances », 1974, 376 p.

Micheline Cambron, *Une société, un récit. Discours culturel au Québec. 1967-1976. Essai,* Montréal, L'Hexagone, coll. « Essais littéraires », 1989, 201 p.

Daniel Chartier, *L'émergence des classiques. La réception de la littérature québécoise des années 1930,* Montréal, Fides, coll. « Nouvelles études québécoises », 2000, 307 p.

Jean-François Chassay, *L'ambiguïté américaine. Le roman québécois face aux États-Unis,* Montréal, XYZ éditeur, coll. « Théorie et littérature », 1995, 197 p.

Nicole Deschamps et coll., *Le mythe de Maria Chapdelaine,* Montréal, Presses de l'Université de Montréal, 1980, 263 p.

Georges Desmeules et Christiane Lahaie, *Les classiques québécois,* Québec, L'Instant même, coll. « Connaître », 1997, 109 p.

Robert Dion, *Le moment critique de la fiction. Les interprétations de la littérature que proposent les fictions québécoises contemporaines,* Québec, Nuit blanche, coll. « Essais critiques », 1997, 209 p.

Lise Gauvin, *Langagement. L'écrivain et la langue au Québec,* Montréal, Boréal, 2000, 254 p.

Rainier Grutman, *Des langues qui résonnent. L'hétérolinguisme au XIXe siècle québécois,* Saint-Laurent (Québec), Fides, coll. « Nouvelles études québécoises », 1997, 222 p.

Simon Harel, *Le voleur de parcours. Identité et cosmopolitanisme dans la littérature québécoise contemporaine,* Montréal, XYZ éditeur, coll. « Documents en format poche », 1999 [1989], 336 p.

Lucie Joubert [éd.], *Trajectoires au féminin dans la littérature québécoise. 1960-1990,* Québec, Nota bene, coll. « Littérature(s) », 2000, 286 p.

Josef Kwaterko, *Le roman québécois de 1960 à 1975. Idéologie et représentation littéraire,* Longueuil (Québec), Le Préambule, coll. « L'univers des discours », 1989, 268 p.

Michel Lord, *La logique de l'impossible. Aspects du discours fantastique québécois*, Québec, Nuit blanche éditeur, coll. « Études », 1995, 360 p.

Clément Moisan, *Ces étrangers du dedans. Une histoire de l'écriture migrante au Québec. 1937-1997*, Québec, Nota bene, coll. « Études », 2001, 363 p.

Clément Moisan, *Comparaison et raison. Essais sur l'histoire et l'institution des littératures canadienne et québécoise*, Montréal, Hurtubise HMH, coll. « Constantes », 1987, 180 p.

Laurent Mailhot, *Ouvrir le livre. Essais*, Montréal, L'Hexagone, coll. « Essais littéraires », 1992, 354 p.

Gilles Marcotte, *Littérature et circonstances. Essais*, Montréal, L'Hexagone, coll. « Essais littéraires », 1989, 350 p.

Gilles Marcotte, *Une littérature qui se fait. Essais critiques sur la littérature canadienne-française*, Montréal, Bibliothèque québécoise (BQ), coll. « Sciences humaines », 1994, 348 p.

Gilles Marcotte, *Le roman à l'imparfait. La « Révolution tranquille » du roman québécois. Essais*, Montréal, L'Hexagone, coll. « Typo », 1989, 257 p.

Gilles Marcotte et Pierre Nepveu [éd.], *Montréal imaginaire. Ville et littérature*, Saint-Laurent (Québec), Fides, 1992, 424 p.

Pierre Nepveu, *L'écologie du réel. Mort et naissance de la littérature québécoise contemporaine. Essais*, Montréal, Boréal, coll. « Papiers collés », 1988, 243 p.

Pierre Nepveu, *Intérieurs du Nouveau Monde. Essai sur les littératures du Québec et des Amériques*, Montréal, Boréal, coll. « Papiers collés », 1998, 378 p.

Gabrielle Pascale [éd.], *Le roman québécois au féminin. 1980-1995*, Montréal, Triptyque, 1995, 193 p.

Janet Mary Paterson, *Moments postmodernes dans le roman québécois*, Ottawa, Presses de l'Université d'Ottawa, 1993, 142 p. [Traduit en anglais sous] *Postmodernism and the Quebec Novel*, Toronto, University of Toronto Press, 1994, 167 p.

Jacques Pelletier, *Le poids de l'histoire. Littérature, idéologies, société du Québec moderne*, Québec, Nuit blanche éditeur, coll. « Essais critiques », 1995, 346 p.

Pierre Popovic, *La contradiction du poème. Poésie et discours social au Québec de 1948 à 1953*, Candiac (Québec), Éditions Balzac, coll. « L'univers du discours », 1992, 455 p.

Pierre Rajotte, *Le récit de voyage au XIXᵉ siècle. Aux frontières du littéraire*, Montréal, Triptyque, 1997, 282 p.

Lucie Robert, *L'institution du littéraire au Québec*, Québec, Presses de l'Université Laval, coll. « Lettres québécoises », 1989, 272 p.

Lori Saint-Martin [éd.], *L'autre lecture. La critique au féminin et les textes québécois*, Montréal, XYZ, coll. « Documents », 1992-1994, 2 vol.

Lori Saint-Martin, *Le nom de la mère. Mères, filles et écriture dans la littérature québécoise au féminin*, Québec, Nota bene, coll. « Essais critiques », 1999, 331 p.

Sherry Simon et al., *Fictions de l'identitaire au Québec*, Montréal, XYZ, coll. « Études et documents », 1991, 185 p.

Antoine Sirois, *Mythes et symboles dans la littérature québécoise*, Montréal, Triptyque, 1992, 154 p.

Patricia Smart, *Écrire dans la maison du père. L'émergence du féminisme dans la tradition littéraire du Québec. Essai*, Montréal, Éditions Québec/Amérique, coll. « Littérature d'Amérique », 1990, 347 p. [Traduit en anglais sous] *Writing in the Father's House. The Emergence of the Feminine in the Quebec Literary Tradition*, Toronto, University of Toronto Press, 1991, 300 p.

Études sur le livre et l'édition

@ Groupe de recherche sur l'édition littéraire au Québec (GRÉLQ)
http://www.usherbrooke.ca/dlc/grelq/

André Beaulieu, *La presse québécoise, des origines à nos jours. Index cumulatif. Tomes I à VII. 1764-1944*, Sainte-Foy (Québec), Presses de l'Université Laval, 1987, 504 p.

André Beaulieu et Jean Hamelin, *La presse québécoise des origines à nos jours*, Québec, Presses de l'Université Laval, 1973-1990, 10 vol.

Silvie Bernier, *Du texte à l'image. Le livre illustré au Québec*, Sainte-Foy (Québec), Presses de l'Université Laval, coll. « Vie des lettres québécoises », 1990, 335 p.

Jean de Bonville, *Les quotidiens montréalais de 1945 à 1985. Morphologie et contenus*, Québec, Institut québécois pour la recherche sur la culture, coll. « Dossiers de recherche », 1995, 223 p.

Robert Comeau et Luc Desrochers [éd.], *Le Devoir. Un journal indépendant. 1910-1995*, Sainte-Foy (Québec), Presses de l'Université du Québec, coll. « Les leaders du Québec contemporain », 1996, 368 p.

Myriame El Yamani, *Médias et féminismes. Minoritaires sans paroles*, Paris et Montréal, L'Harmattan, coll. « Logiques sociales », 1998, 268 p.

Claude Galarneau et Maurice Lemire [éd.], *Livre et lecture au Québec. 1800-1850*, Québec, Institut québécois de recherche sur la culture, 1988, 269 p.

Pierre Godin, *La lutte pour l'information. Histoire de la presse écrite au Québec*, Montréal, Éditions du Jour, coll. « Les Idées du jour », 1981, 317 p.

Gaétan Hardy et al., *L'industrie du livre*, Québec, Ministère des affaires culturelles, Direction de la recherche et de la statistique, 1993, 3 vol.

Yvan Lamonde et Gilles Gallichan [éd.], *L'histoire de la culture et de l'imprimé. Hommage à Claude Galarneau*, Sainte-Foy (Québec), Presses de l'Université Laval, 1996, 239 p.

Renée Legris et Pierre Pagé, *Dictionnaire des auteurs de radio-feuilleton québécois*, Montréal, Fides, coll. « Radiophonie et société québécoise », 1981, 200 p.

Renée Legris et Pierre Pagé, *Répertoire des dramatiques québécoises à la télévision. 1953-1977. Vingt-cinq ans de télévision à Radio-Canada. Téléthéâtres, feuilletons, dramatiques pour enfants*, Montréal, Fides, coll. « Archives québécoises de la radio et de la télévision », 1977, 252 p.

Jacques Michon [éd.], *Éditeurs transatlantiques. Études sur les Éditions de l'Arbre, Lucien Parizeau, Fernand Pilon, Serge Brousseau, Mangin, B.D. Simpson*, Montréal et Sherbrooke (Québec), Triptyque et Éditions Ex-Libris, coll. « Études sur l'édition », 1991, 244 p.

Jacques Michon [éd.], *L'édition du livre populaire. Études sur les Éditions Édouard Garand, de l'Étoile, Marquis, Granger frères*, Sherbrooke (Québec), Éditions Ex Libris, coll. « Études sur l'édition », 1988, 204 p.

Jacques Michon [éd.], *Histoire de l'édition au Québec au XXe siècle*, Montréal, Fides, 1999-.

Greg Marc Nielsen, *Le Canada de Radio-Canada. Sociologie critique et dialogisme culturel*, Toronto, Éditions du GREF, coll. « Théoria », 1994, 202 p.

Pierre Pagé et coll., *Répertoire des œuvres de la littérature radiophonique québécoise. 1930-1970. Le corpus radiophonique, jalons pour l'histoire, descriptions catalographiques, chronologie générale*, Montréal, Fides, coll. « Archives québécoises de la radio et de la télévision », 1975, 826 p.

Marc Raboy et Geneviève Grimard, *Les médias québécois. Presse, radio, télévision, inforoute* [2e éd.], Montréal, Gaëtan Morin éditeur, 2000, 409 p.

Denis Saint-Jacques et al., *Ces livres que vous avez aimés. Les best-sellers au Québec de 1970 à nos jours*, Québec, Nuit blanche éditeur, coll. « NB poche », 1997 [1994], 351 p.

Nicole Tremblay, *La recherche universitaire en communication au Québec. 1960-1986. Bibliographie des thèses et mémoires*, Québec, Réseau québécois d'information sur la communication, 1988, 222 p.

Bruce Whiteman, *Lasting Impressions. A Short Story of English Publishing in Québec*, Montréal, Véhicule Press, 1994, 98 p. [en anglais]

Danse, théâtre et arts de la scène

→ **Voir aussi la section précédente :**
Littérature

@ Centre des auteurs dramatiques
http://www.cead.qc.ca/

Betty Bednarski et Irène Oore [éd.], *Nouveaux regards sur le théâtre québécois*, Montréal et Halifax, XYZ et Dalhousie French Studies, coll. « Documents », 1997, 203 p.

Michel Bélair, *Le nouveau théâtre québécois*, Montréal, Leméac, coll. « Dossier », 1973, 205 p.

Monique Bérubé et Marcelle Hudon [éd.], *Parcours de l'imaginaire. Une rencontre avec des marionnettistes québécois*, Montréal, Association québécoise des marionnettistes, 1999, 71 p.

Mario Bouchard, *L'art de la scène. Passé-présent. Scénographie québécoise. 1940-1990*, Montréal, Association des professionnels des arts de la scène du Québec, 1991, 64 p.

André-G. Bourassa, *Les nuits de la « Main ». Cent ans de spectacles sur le boulevard Saint-Laurent. 1891-1991*, Montréal, VLB éditeur, coll. « Études québécoises », 1993, 361 p.

Annie Brisset, *Sociocritique de la traduction. Théâtre et altérité au Québec. 1968-1988*, Longueuil (Québec), Le Préambule, coll. « L'univers des discours », 1990, 347 p.

Lorraine Camerlain, *Cent ans de théâtre à Montréal. Photographies*, Montréal, Éditions Les Cahiers de théâtre jeu, 1988, 160 p.

Pierre Chartrand [éd.], *Guide de la danse et de la musique traditionnelles du Québec*, Drummondville (Québec), Mnémo, 1994, 251 p.

Francine Couture [éd.], *Les arts et les années 60. Architecture, arts visuels, chanson, cinéma, danse, design, littérature, musique, théâtre*, Montréal, Triptyque, 1991, 168 p.

Georges Desmeules et Christiane Lahaie, *Les personnages du théâtre québécois*, Québec, L'Instant même, coll. « Connaître », 2000, 131 p.

Josette Féral, *La culture contre l'art. Essai d'économie politique du théâtre*, Sillery (Québec), Presses de l'Université du Québec, 1990, 341 p.

Jean-Cléo Godin et Dominique Lafon, *Dramaturgies québécoises des années quatre-vingt. Michel Marc Bouchard, Normand Chaurette, René-Daniel Dubois, Marie Laberge*, Montréal, Leméac, coll. « Théâtre. Essai », 1999, 263 p.

Jean-Cléo Godin et Laurent Mailhot, *Théâtre québécois*, Montréal, Bibliothèque québécoise (BQ), coll. « Littérature », 1988, 2 vol.

Dominique Lafon [éd.], *Le théâtre québécois. 1975-1995*, Montréal, Fides, coll. « Archive des lettres canadiennes », 2001, 523 p.

Philippe Laframboise [éd.], *101 années de vedettariat au Québec*, Montréal et Outremont (Québec), Le Journal de Montréal et Éditions du Trécarré, 2000, 160 p.

Philippe Laframboise, *Fred Barry et la petite histoire du théâtre au Québec*, Montréal, Éditions Logiques, coll. « Je me souviens », 1996, 227 p.

Philippe Laframboise, *Un demi-siècle de showbiz au Québec*, Montréal, Éditions Logiques, coll. « Je me souviens », 1997, 189 p.

Micheline Legendre, *Marionnettes. Art et tradition*, Outremont (Québec), Leméac, coll. « Documents », 1986, 193 p.

Renée Legris et coll., *Le théâtre au Québec. 1825-1980. Repères et perspectives*, Montréal, VLB éditeur, 1988, 205 p.

Renée Legris et Pierre Pagé, *Répertoire des dramatiques québécoises à la télévision. 1952-1977. Vingt ans de télévision à Radio-Canada. Téléthéâtres, feuilletons, dramatiques pour enfants*, Montréal, Fides, coll. « Archives québécoises de la radio et de la télévision », 1977, 252 p.

Lucie-Marie Magnan et Christian Morin, *100 pièces du théâtre québécois qu'il faut lire et voir*, Québec, Nota bene, coll. « NB poche », 2002, 445 p.

Stéphanie Nutting, *Le tragique dans le théâtre québécois et canadien-français. 1950-1989*, Lewiston (New York) et Queenston (Ontario), E. Mellen Press, coll. « Canadian studies », 2000, 182 p.

Janusz Przychodzen, *Vie et mort du théâtre au Québec. Introduction à une théâtritude*, Paris et Montréal, L'Harmattan, 2001, 431 p.

Iro Tembeck, *La danse comme paysage. Sources, traditions, innovations*, Québec, Institut québécois de recherche sur la culture, coll. « Explorer la culture », 2001, 157 p.

Iro Tembeck, *Danser à Montréal. Germination d'une histoire chorégraphique*, Sillery (Québec), Presses de l'Université du Québec, 1991, 335 p. [Traduit en anglais sous] *Dancing in Montréal. Seeds of a Choreographic History*, Madison (Wisconsin, États-Unis), Society of Dance History Scholars, 1994, 146 p.

Véronque Vial et Hélène Dufresne [éd.], *Le Cirque du soleil*, Montréal, Productions du Cirque du soleil, 1993, 144 p.

Simone Voyer et Gynette Tremblay, *La danse traditionnelle et sa musique d'accompagnement*, Québec, Institut québécois de recherche sur la culture, coll. « Explorer la culture », 2001, 159 p.

Jonathan M. Weiss, *French-Canadian Theater*, Boston (Massachusetts, États-Unis), Twayne Publishers, coll. « Twayne's World Authors Series », 1986, 179 p. [en anglais]

Musique et chanson

@ Québec Info Musique
http://www.qim.com/
- Comprend une base de données sur les musiciens québécois.

Georges Aubé, *Chanson et politique au Québec. 1960-1980*, Montréal, Triptyque, 1990, 135 p.

Denis Bégin, André Gaulin et Richard Perrault, *Comprendre la chanson québécoise. Tour d'horizon, analyse de vingt-sept chansons célébrées, documentation*, Rimouski (Québec), GREME, 1993, 440 p.

Micheline Cambron, *Une société, un récit. Discours culturel au Québec. 1967-1976. Essai*, Montréal, L'Hexagone, coll. « Essais littéraires », 1989, 201 p.

Roger Chamberland et André Gaulin [éd.], *La chanson québécoise. De la Bolduc à aujourd'hui. Anthologie*, Québec, Nuit blanche éditeur, 1994, 593 p.

Pierre Chartrand [éd.], *Guide de la danse et de la musique traditionnelles du Québec*, Drummondville (Québec), Mnémo, 1994, 251 p.

Sylvie Genest [éd.], *Magie de la musique traditionnelle*, Québec, Cap-aux-Diamants, 2001, 66 p.

Robert Giroux et coll., *Le guide de la chanson québécoise*, Montréal, Triptyque, 1996, 225 p.

Daniel Guérard, *La belle époque des boîtes à chansons*, Montréal, Stanké, 1996, 262 p.

Helmut Kallmann et coll., *Encyclopedia of Music in Canada*, Toronto, University of Toronto Press, 1981, 1076 p. [Traduit en français sous] *Encyclopédie de la musique au Canada*, Montréal, Fides, 1983, 1142 p.

Gabriel Labbé, *Musiciens traditionnels du Québec. 1920-1993*, Montréal, VLB éditeur, coll. « Chansons et monologues », 1995, 268 p.

Gabriel Labbé, *Les pionniers du disque folklorique québécois. 1920-1950*, Montréal, Éditions de l'Aurore, coll. « Connaissance des pays québécois. Patrimoine », 1977, 216 p.

Louise Laplante, Montréal, Centre de musique canadienne au Québec, coll. « Compositeurs au Québec », 14 vol. : vol. 1, *André Prévost*, 1975, 19 p. ; vol. 2, *Bruce Mather*, 1974, 15 p. ; vol. 3, *Claude Champagne*, 1979, 39 p. ; vol. 4, *François Morel*, 1974, 15 p. ; vol. 5, *Gilles Tremblay*, 1974, 15 p. ; vol. 6, *Guillaume Couture*, 1982, 29 p. ; vol. 7, *Jacques Hétu*, 1978, 15 p. ; vol. 8, *Jean Papineau-Couture*, 1974, 26 p. ; vol. 9, *Micheline Coulombe Saint-Marcoux*, 1986, 84 p. ; vol. 10, *Micheline Coulombe Saint-Marcoux*, 1975, 15 p. ; vol. 11, *Otto Joachim*, 1980, 18 p. ; vol. 12, *Pierre Mercure*, 1976, 31 p. ; vol. 13, *Roger Matton*, 1975, 15 p. ; vol. 14, *Serge Garant*, 1975, 19 p.

Gilles Potvin, *L'OSM. Les cinquante premières années/OSM. The First Fifty Years*, Montréal, Stanké, 1984, 199 p.

[Les Rendez-vous du Cinéma québécois], *Discographie du cinéma québécois. 1960-1990*, Montréal, Association des cinémas parallèles du Québec, 1991, 29 p.

Robert Thérien et Isabelle D'Amours, *Dictionnaire de la musique populaire au Québec. 1955-1992*, Québec, Institut québécois de recherche sur la culture, 1992, 580 p.

Kathleen M. Toomey et Stephen C. Willis, *Musicians in Canada. A Bio-bibliographical Finding*, Ottawa, Canadian Association of Music Libraries, 1961, 185 p. [Traduit en français sous] *Musiciens au Canada. Index bio-bibliographique*, Ottawa, Association canadienne des bibliothèques musicales, coll. « Publications », 1981, 185 p.

Odette Vincent, *La vie musicale au Québec. Art lyrique, musique classique et contemporaine*, Sainte-Foy (Québec), Institut québécois de recherche sur la culture, coll. « Explorer la culture », 2000, 159 p.

Cinéma et arts médiatiques

@ Régie du cinéma du Québec
http://www.rcq.qc.ca
  • Comprend un répertoire complet des visas accordés aux films présentés en salle, par VHS et par DVD au Québec.

@ Office national du film du Canada (ONF)
http://www.onf.ca/
  • Comprend un répertoire des films produits par l'Office.

@ Québec audiovisuel
http://www.quebec.audiovisuel.com/
  • Comprend un répertoire des artistes du milieu du cinéma, de même qu'un catalogue des films québécois, avec résumé et fiche technique.

Gilles Carle et Werner Nold, *Cinéma, cinéma*, produit par l'Office national du film du Canada, 1985, 71 min.

Michel Coulombe et Marcel Jean [éd.], *Dictionnaire du cinéma québécois* [3e éd.], Montréal, Boréal, 1999, 721 p.

Jocelyne Denault, *Dans l'ombre des projecteurs. Les Québécoises et le cinéma*, Sainte-Foy (Québec), Presses de l'Université du Québec, coll. « Communication, culture et société », 1996, 245 p.

Jean-Pierre Desaulniers et Marie-Charlotte De Koninck [éd.], *De* La Famille Plouffe *à* La petite vie, Montréal et Québec, Fides et Musée de la civilisation, coll. « Images de sociétés », 1996, 199 p.

André Gladu, *La conquête du grand écran. Le cinéma québécois. 1896-1996*, produit par Nanouk films, 1996, 107 min.

Marcel Jean, *Le cinéma québécois*, Montréal, Boréal, coll. « Boréal express », 1991, 116 p.

Germain Lacasse, *L'historiographie. Les débuts du spectacle cinématographique au Québec*, Montréal, Cinémathèque québécoise et Musée du cinéma, 1985, 60 p.

Germain Lacasse et Pierre Véronneau [éd.], *Histoire des scopes. Le cinéma muet au Québec*, Montréal, Cinémathèque québécoise et Musée du cinéma, 1998, 104 p.

Yves Lever, *Les 100 films québécois qu'il faut voir*, Québec, Nuit blanche éditeur, coll. « Cahiers du Centre de recherche en littérature québécoise de l'Université Laval », 1995, 283 p.

Yves Lever, *Histoire générale du cinéma au Québec*, Montréal, Boréal, 1995, 635 p.

Bill Marshall, *Quebec National Cinema*, Montréal, McGill-Queen's University Press, 2001, 371 p. [en anglais].

Gilles Marsolais, *L'aventure du cinéma direct revisitée. Histoire, esthétique, méthodes, tendances, textes des cinéastes, repères chronologiques, glossaire, index* [Nouvelle édition], Laval (Québec), Les 400 coups, coll. « Cinéma », 1997, 351 p.

Micheline Morisset et D. John Turner, *Index des films canadiens de long métrage. 1913-1985/ Canadian Feature Film Index. 1913-1985*, Ottawa, Archives nationales du film, de la télévision et de l'enregistrement sonore, 1987, 816 p.

Michèle Nevert, *La petite vie, ou les entrailles d'un peuple*, Montréal, XYZ éditeur, coll. « Documents », 2000, 199 p.

[Office national du film du Canada], *Catalogue de films et vidéos*, Montréal, l'Office, 1984/85- [aussi disponible sur le site web de l'Office national du film au : http://www.onf.ca].

[Les Rendez-vous du Cinéma québécois], *Discographie du cinéma québécois. 1960-1990*, Montréal, Association des cinémas parallèles du Québec, 1991, 29 p.

Heinz Weinmann, *Cinéma de l'imaginaire québécois. De* La petite Aurore *à* Jésus de Montréal, Montréal, L'Hexagone, coll. « Essai », 1990, 270 p.

Métiers d'art et culture traditionnelle

@ Association québécoise de loisirs folkloriques
http://www.quebecfolklore.qc.ca/
- Présentation générale de la culture folklorique au Québec.

@ Conseil des métiers d'art du Québec
http://www.metiers-d-art.qc.ca/
- Le site propose une vue d'ensemble des métiers d'art au Québec.

@ Histoire du temps des sucres au Québec
http://www.erabliere-lac-beauport.qc.ca/histoire.htm

@ Traditions du Québec
http://membres.lycos.fr/yolie/index.htm
- Site sur les principales traditions folkloriques québécoises.

François Brault, *Les arts sacrés au Québec*, série produite en 1982 par l'Office national du film du Canada, 24 films de 28 min chacun : *Les anges dans l'art au Québec ; L'architecture religieuse en Canada (1640-1790) ; La broderie d'art chez les Ursulines (c1640-c1880) ; Calvaires et croix de chemin ; Les chemins de croix au Québec ; Le cimetière paroissial au Québec ; Dom Bellot, architecte (1876-1943) ; Les églises protestantes au Québec ; François Baillairgé, peintre, sculpteur et architecte (1759-1830) ; Louis-Amable Quévillon, sculpteur et ornemaniste (1749-1823) ; Louis Jobin, sculpteur (1845-1928) ; Memento te. Stèles et croix de cimetière au Québec ; Napoléon Bourassa (1827-1926) et la décoration d'églises ; L'orfèvrerie ancienne. Trésor des fabriques du Québec ; Ozias Leduc, peintre-décorateur d'églises (1864-1955) ; La peinture en Nouvelle-France ; La peinture votive au Québec ; Presbytère ancien du Québec I. Au temps des curés habitants ; Presbytère ancien du Québec II. Le curé, la mode, le pouvoir ; La sculpture ancienne au Québec. L'atelier des Levasseur (1680-1794) ; La statuaire de cire ; Thomas Baillairgé, architecte (1791-1859) ; Un trésor de la peinture sacrée au Québec : la collection des abbés Desjardins ; Victor Bourgeau, architecte (1809-1888).*

ÉTUDES

SUR LA CULTURE

Jean Du Berger et Simone Dubois-Ouellet, *Pratiques culturelles traditionnelles*, Sainte-Foy (Québec), CÉLAT, Université Laval, coll. « Rapports et mémoires de recherche du CÉLAT », 1989, 238 p.

Jean-Claude Dupont [éd.], *Mélanges en l'honneur de Luc Lacourcière. Folklore français d'Amérique*, Montréal, Leméac, 1978, 485 p.

Jean-Claude Dupont et Jacques Mathieu [éd.], *Héritage de la francophonie canadienne. Traditions orales,* Sainte-Foy (Québec), Presses de l'Université Laval, 1986, 269 p.

Pascale Galipeau, Paul Carpentier et coll., *Les paradis du monde. L'art populaire du Québec*, Hull (Québec), Musée canadien des civilisations, coll. « Mercure », 1995, 239 p.

Gabriel Labbé, *Musiciens traditionnels du Québec. 1920-1993*, Montréal, VLB éditeur, coll. « Chansons et monologues », 1995, 268 p.

Gabriel Labbé, *Les pionniers du disque folklorique québécois. 1920-1950*, Montréal, Éditions de l'Aurore, coll. « Connaissance des pays québécois », 1977, 216 p.

Michel Lessard, *Objets anciens du Québec*, Montréal, Éditions de l'Homme, 1994, 2 vol. : vol. 1, *La vie domestique* ; vol. 2, *Antiquités du Québec. Vie sociale et culturelle.*

Michel Lessard, Hugette Marquis et Cyril Simard, *L'art traditionnel au Québec. Trois siècles d'ornements populaires*, Montréal, Éditions de l'Homme, 1975, 463 p.

Jean Palardy, *Les meubles anciens du Canada français*, Montréal, Éditions Pierre Tisseyre, 1992, 411 p. [Traduit en anglais sous] *The Early Furniture of French Canada*, Toronto, Macmillan of Canada, 1971, 411 p.

Brigitte Purkhardt, *La Chasse-galerie, de la légende au mythe. La symbolique du vol magique dans les récits québécois de chasse-galerie*, Montréal, XYZ, coll. « Théorie et littérature », 1992, 207 p.

Robert-Lionel Séguin, *La danse traditionnelle au Québec*, Sillery (Québec), Presses de l'Université du Québec, 1986, 184 p.

Jean Simard, *Les arts sacrés au Québec*, Boucherville (Québec), Éditions de Mortagne, 1989, 319 p.

3ᵉ PARTIE
LE BOTTIN CULTUREL DU QUÉBEC

1. FINANCEMENT

Pour les artistes

Bourses et subventions

CENTRE DES ARTS SAIDYE-BRONFMAN
5170, chemin de la Côte-Sainte-Catherine
Montréal (Québec) H3W 1M7
téléphone : (514) 739-2301, télécopieur : (514) 739-9340
courriel : info@saidyebronfman.org
http://www.saidyebronfman.org
• Programme artistique multidisciplinaire de l'École des Beaux-arts.

CONSEIL DES ARTS DE MONTRÉAL
3450, rue Saint-Urbain
Montréal (Québec) H2X 2N5
téléphone : (514) 280-3790/3580
http://www.artsmontreal.com
• Subventions aux organismes culturels et de création artistique.

CONSEIL DES ARTS DU CANADA (CAC)
350, rue Albert
Ottawa (Ontario) K1P 5V8
téléphone : 1 800 263-5588 ou (613) 566-4365/4366
télécopieur : (613) 566-4414
http://www.conseildesarts.ca

- Bourses de création en arts médiatiques, en théâtre, en musique, en danse, et en lettres et édition.
- Bourses de voyages aux artistes professionnels, accordées en tout temps, dans tous les domaines artistiques.
- Rencontres littéraires avec des écrivains.
- Subventions à la traduction, en théâtre, et en lettres et édition.
- Subventions à la traduction en langues étrangères, en théâtre, et en lettres et édition.

Programme Killam
téléphone : (613) 566-4414, poste 5041, télécopieur : (613) 566-4416
courriel : killam@conseildesarts.ca
http://www.canadacouncil.ca/prix/killam/default.asp

- Bourses de recherche Killam.

CONSEIL DES ARTS ET DES LETTRES DU QUÉBEC (CALQ)
500, place d'Armes, 15e étage
Montréal (Québec) H2Y 2W2
téléphone : 1 800 608-3350 ou (514) 864-3350
télécopieur : (514) 864-4160
http://www.calq.gouv.qc.ca

Bureau de Québec :
79, boul. René-Lévesque Est, 3e étage
Québec (Québec) G1R 5N5

téléphone : 1 800 897-1707 ou (418) 643-1707
télécopieur : (418) 643-4558
- Principal organisme subventionnaire en création artistique et littéraire pour le Québec.
- Bourses de création en arts médiatiques, en théâtre, en lettres et édition, en musique et en danse.
- Bourses de voyages pour les artistes professionnels dans tous les domaines artistiques.
- Bourses de recherche dans tous les domaines artistiques.

FONDATION DANIEL-LANGLOIS POUR L'ART, LA SCIENCE ET LA TECHNOLOGIE
3530, boul. Saint-Laurent, bureau 402
Montréal (Québec) H2X 2V1
téléphone : (514) 987-7177, télécopieur : (514) 987-7492
courriel : info@fondation-langlois.org
http://www.fondation-langlois.org
- Organisation privée philanthropique qui offre des bourses de développement, de recherche et de création dans les domaines artistiques, scientifiques et multimédiatiques.
- Programme de résidence et de commande d'œuvres d'art.
- Programme d'exposition, de diffusion et de performance.
- Programme pour les organismes de pays en émergence.
- Programme d'acquisition et de conservation.
- Programme de bourses pour les individus, les artistes et les scientifiques.

FONDATION DE LA FAMILLE SAMUEL ET SAIDYE BRONFMAN
1170, rue Peel
Montréal (Québec) H3B 4P2
téléphone : (514) 878-5270, télécopieur : (514) 878-5293
courriel : info@fondationbronfman.org
http://www.fondationbronfman.org
- Bourses visant à favoriser les initiatives et l'esprit d'entreprise à travers des projets et des programmes à caractères social, culturel et éducatif.

FONDATION McLEAN
2, avenue Saint-Clair Ouest, bureau 1008
Toronto (Ontario) M4V 1L5
téléphone : (416) 964-6802, télécopieur : (416) 964-2804
http://www.mcleanfoundation.on.ca/
- Programmes d'aide aux arts et à la culture, à la conservation, à la musique et au théâtre, et subventions accordées aux organismes à caractère culturel et social possédant un numéro de charité.

FONDATION MUSICACTION
432, rue Sainte-Hélène
Montréal (Québec) H2Y 2K7
téléphone : 1 800 861-5561 ou (514) 861-8444
télécopieur : (514) 861-4423
courriel : fondation@musicaction.ca
http://www.musicaction.ca
- Gérance de fonds gouvernementaux et privés destinés à l'aide à l'enregistrement sonore francophone.

FONDS CANADIEN DU FILM ET DE LA VIDÉO INDÉPENDANTS
666, avenue Kirkwood, bureau 203
Ottawa (Ontario) K1Z 5X9
téléphone : 1 888 386-5555 ou (613) 729-1900
télécopieur : (613) 729-4610
courriel : info@cifvf.ca
http://www.cifvf.ca
- Programme de subventions au cinéma et à la vidéo.

FONDS CANADIEN DE TÉLÉVISION
111, rue Queen Est, 5e étage
Toronto (Ontario) M5C 1S2
téléphone : 1 877 975-0766, télécopieur : (416) 214-4420
courriel : ctf@canadiantelevisionfund.ca
http://www.fondscanadiendetele.ca
- Fonds de production télévisuelle.

LE FONDS HAROLD-GREENBERG
2100, rue Sainte-Catherine Ouest, bureau 900
Montréal (Québec) H3H 2T3
téléphone : (514) 939-5094, télécopieur : (514) 939-1515
http://www.astralmedia.com/fr/Fund/default.aspx
- Fonds privé pour la production cinématographique et l'organisation d'événements spéciaux.

FONDS INDÉPENDANT DE PRODUCTION
4200, boul. Saint-Laurent
Mont-Royal (Québec) H2W 2R2
téléphone : (514) 845-4334, télécopieur : (514) 845-5498
courriel : fip@ipf.ca
http://www.ipf.ca
- Fonds privé destiné à la production de séries télévisées.

OFFICE NATIONAL DU FILM DU CANADA (ONF)
Édifice Norman-McLaren
3155, chemin de la Côte-de-Liesse
Saint-Laurent (Québec) H4N 2N4
téléphone : 1 800 267-7710 ou (514) 283-9000
http://www.onf.ca/
- Production et coproduction de films.
- Programmes d'aide à la production indépendante.
- Studios spécialisés (studio des femmes, animation, documentaire).

SOCIÉTÉ DE DÉVELOPPEMENT DES ENTREPRISES CULTURELLES (SODEC)
215, rue Saint-Jacques, bureau 800
Montréal (Québec) H2Y 1M6
téléphone : 1 800 363-0401 ou (514) 841-2200
télécopieur : (514) 841-8606
courriel : info@sodec.gouv.qc.ca
http://www.sodec.gouv.qc.ca/

Bureau de Québec :
36 1/2, rue Saint-Pierre
Québec (Québec) G1K 3Z6
téléphone : (418) 643-2581, télécopieur : (418) 643-8918
- Programmes de financement aux entreprises sous forme de prêts, de subventions et de crédits d'impôt, en arts d'interprétation, en arts visuels, en cinéma et en production télévisuelle
(développement, scénarisation, production, diffusion, promotion, jeunes créateurs), aux
domaines du disque et du spectacle de variétés, du livre et de l'édition spécialisée, aux
médias écrits, au multimédia, en muséologie et patrimoine immobilier, et en radio,
télédiffusion et télédistribution.

- Programmes d'aide sous forme de subventions, aux événements nationaux et internationaux, aux librairies agréées, aux associations et regroupements, aux diffuseurs spécialisés en chanson.
- Projets innovateurs de concertation et de coopération en diffusion des arts de la scène, conjointement avec le Ministère de la Culture et des Communications et le Conseil des arts et des lettres du Québec.
- Programme de soutien à l'exportation et au rayonnement culturel.

TÉLÉFILM CANADA
360, rue Saint-Jacques, bureau 700
Montréal (Québec) H2Y 4A9
téléphone : 1 800 567-0890 ou (514) 283-6363
télécopieur : (514) 283-8212
courriel : info@telefilm.qc.ca
http://www.telefilm.gc.ca

Bureau de Toronto :
474, Bathurst Street, bureau 100
Toronto (Ontario) M5T 2S6
téléphone : 1 800 463-4607 ou (416) 973-6436
télécopieur : (416) 973-8606

Bureau de Paris :
5, rue de Constantine
75007 Paris
France
téléphone : +33 (0) 14418-3530, télécopieur : +33 (0) 14705-7278

- Programmes de financement aux entreprises, sous forme de prêts, de subventions et de crédits d'impôt, en cinéma et en production télévisuelle (développement, scénarisation, production, diffusion, promotion), en télédiffusion et en télédistribution.
- Programmes d'aide, sous forme de subventions, aux événements nationaux et internationaux.
- Programme de soutien au rayonnement culturel.

Prix d'excellence

→ **Voir aussi :**
[Ministère de la Culture et des Communications], *Prix littéraires du Québec. Répertoire 1997*, Québec, Gouvernement du Québec, 1997, 185 p.

CONSEIL DES ARTS DU CANADA
350, rue Albert
Ottawa (Ontario) K1P 5V8
téléphone : 1 800 263-5588 ou (613) 566-4414 télécopieur : (613) 566-4390
http://www.conseildesarts.ca

- Les Prix Molson du Conseil des arts du Canada, d'une valeur de 50 000 $, sont décernés annuellement à des personnalités ayant marqué le monde des arts et des sciences humaines.
- Les Prix littéraires du Gouverneur général, d'une valeur de 10 000 $, récompensent annuellement les meilleurs ouvrages de langue française et de langue anglaise dans les catégories suivantes : romans et nouvelles, études et essais, poésie, théâtre, traduction, littérature pour la jeunesse (texte et illustration).
- Autres prix : Prix commémoratif Izaak-Walton-Killam, Prix Glenn-Gould, Prix John-G.-Diefenbaker.

PRIX DU QUÉBEC
Ministère de la Culture et des Communications
225, Grande Allée Est
Bloc B, 2e étage
Québec (Québec) G1R 5G5
téléphone : (418) 380-2363 poste 7220/7229
télécopieur : (418) 380-2364
http://www.prixduquebec.gouv.qc.ca

Bureau de Montréal :
770, rue Sherbrooke Ouest
Montréal (Québec) H3A 1G1
téléphone : (514) 982-3010, télécopieur : (514) 873-6279

- Plus hautes distinctions décernées par le Québec.
- Prix annuels remis à dix personnalités des domaines de la culture et de la science, ayant contribué à l'essor et au rayonnement de la société québécoise.
- Prix culturels : le prix Georges-Émile-Lapalme (qualité de la langue française), le prix Gérard-Morisset (patrimoine), le prix Denise-Pelletier (arts d'interprétation), le prix Paul-Émile-Borduas (arts visuels), le prix Albert-Tessier (cinéma), le prix Athanase-David (littérature).

Pour les chercheurs

Bourses et subventions

→ **Voir aussi :**
- *Répertoire des sources de financement en études canadiennes*, Ottawa, Patrimoine canadien, 1996, 351 p.
- Consulter aussi les répertoires de bourses édités par les grandes universités.

→ **Voir aussi :**
La section « Bourses et subventions pour les artistes »
La section « Bourses et subventions pour les chercheurs étrangers »

AGENCE CANADIENNE DE DÉVELOPPEMENT INTERNATIONAL (ACDI)
200, promenade du Portage
Gatineau (Québec) K1A 0G4
téléphone : 1 800 230-6349 ou (819) 997-5006
télécopieur : (819) 953-6088
courriel : info@acdi-cida.gc.ca
http://www.acdi-cida.gc.ca/index.htm
- Programme canadien de bourses offertes aux étudiants issus des pays en développement membres de la Francophonie (programme administré par le ministère de l'Éducation du Québec).

ASSOCIATION D'ÉTUDES CANADIENNES (AÉC)
a/s Université du Québec à Montréal
Case postale 8888, succursale Centre-ville
Montréal (Québec) H3C 3P8
téléphone : (514) 987-7784, télécopieur : (514) 987-8210
courriel : general@acs-aec.ca
http://www.acs-aec.ca
• Programmes d'aide en études canadiennes.

ASSOCIATION FRANCOPHONE POUR LE SAVOIR (ACFAS)
425, rue De La Gauchetière Est
Montréal (Québec) H2L 2M7
téléphone : (514) 849-0045, télécopieur : (514) 849-5558
courriel : prix@acfas.ca
http://www.acfas.ca
• Bourses d'excellence de maîtrise, en sciences humaines et sociales, toutes disciplines confondues.

CENTRE DE COOPÉRATION INTERUNIVERSITAIRE FRANCO-QUÉBÉCOIS (CCIFQ)
Université Denis Diderot (Paris VII)
96, boul. Raspail 3e étage
75006 Paris cedex 05
France
téléphone : +33 (0) 14284-5080, télécopieur : +33 (0) 14439-3608
courriel : touroude@paris7.jussieu.fr
http://www.sigu7.jussieu.fr/quebec/
• Bourses et subventions pour des échanges universitaires franco-québécois.

CONSEIL DE RECHERCHE EN SCIENCES HUMAINES DU CANADA (CRSH)
350, rue Albert
Case postale 1610
Ottawa (Ontario) K1P 6G4
téléphone : (613) 992-0691, télécopieur : (613) 992-1787
courriel : webgrant@crsh.ca
http://www.crsh.ca/

- Principal organisme subventionnaire pour la recherche universitaire en sciences humaines.
- Bourses et subventions destinées à encourager l'avancement de la recherche dans le domaine des sciences humaines, attribuées sous diverses formes : programmes de subventions de recherche et de subventions stratégiques, bourses doctorales et postdoctorales pour la formation des chercheurs, programmes de coopération scientifique internationale, d'édition savante, de conférences et d'autres activités liées à la recherche.
- Subventions de voyage pour colloques internationaux.

CONSEIL DES ARTS DU CANADA
350, rue Albert
Ottawa (Ontario) K1P 5V8
téléphone : 1 800 263-5588 ou (613) 566-4365/4366
télécopieur : (613) 566-4390
http://www.conseildesarts.ca

- Bourses de voyages, accordées en tout temps, dans tous les domaines artistiques, aux artistes professionnels.
- Rencontres littéraires avec des écrivains.
- Subventions à la traduction, en théâtre, et en lettres et édition.
- Subventions à la traduction en langues étrangères, en théâtre, et en lettres et édition.

Programme Killam
téléphone : (613) 566-4414, poste 5041, télécopieur : (613) 566-4416
courriel : killam@conseildesarts.ca
http://www.conseildesarts.ca/prix/killam/default.asp
• Bourses de recherche Killam en sciences humaines et sociales.

CONSEIL INTERNATIONAL D'ÉTUDES CANADIENNES
325, rue Dalhousie, bureau 800
Ottawa (Ontario) K1N 7G2
téléphone : (613) 789-7834, télécopieur : (613) 789-7830
courriel : contact@iccs-ciec.ca
http://www.iccs-ciec.ca
• Bourses de recherche du programme de complément de spécialisation destinées aux professeurs étrangers désirant parfaire leurs connaissances en études canadiennes.
• Bourses de recherche en études canadiennes offertes aux universitaires souhaitant publier un ouvrage sur le sujet.
• Bourses aux étudiants gradués en études canadiennes, visant à encourager la recherche en sciences humaines et sociales, ainsi qu'en arts et lettres.

FÉDÉRATION CANADIENNE DES SCIENCES HUMAINES ET SOCIALES (FCSHS)
151, rue Slater, bureau 415
Ottawa (Ontario) K1P 5H3
téléphone : (613) 238-6112, télécopieur : (613) 238-6114
courriel : fedcan@fedcan.ca
http://www.fedcan.ca
• Administration d'un programme d'aide à l'édition savante.

FONDATION DE L'ACFAS
425, rue de La Gauchetière Est
Montréal (Québec) H2L 2M7
téléphone : (514) 849-0045, télécopieur : (514) 849-5558
courriel : fondation@acfas.ca
http://www.acfas.ca
- Bourses de recherche pour toutes les disciplines.
- Bourses d'études.

FONDATION DESJARDINS
1, Complexe Desjardins
Case postale 7, succursale Desjardins
Montréal (Québec) H5B 1B2
téléphone : 1 800 443-8611 ou (514) 281-7171
télécopieur : (514) 281-2391
http://www.desjardins.com/fondation
- Bourses d'études à tous les niveaux universitaires et pour toutes les disciplines.
- Subventions de recherche.

FONDATION DU PRÊT D'HONNEUR
Société Saint-Jean-Baptiste de Montréal
82, rue Sherbrooke Ouest
Montréal (Québec) H2X 1X3
téléphone : (514) 843-8851, télécopieur : 844-6369
courriel : ssjb@ca.org
http://www.ssjb.com
- Bourses d'études à tous les niveaux universitaires et pour toutes les disciplines.
- Bourses postdoctorales.

FONDS QUÉBÉCOIS DE RECHERCHE SUR LA SOCIÉTÉ ET LA CULTURE (FQRSC)
140, avenue Grande-Allée Est, bureau 450
Québec (Québec) G1R 5M8
téléphone : (418) 643-8560, télécopieur : (418) 643-1451
courriel : info@fqrsc.gouv.qc.ca
http://www.fqrsc.gouv.qc.ca
- Bourses d'excellence de maîtrise, de doctorat et de postdoctorat, bourses d'études et de perfectionnement dans les arts, bourses de réintégration à la recherche, bourses Québec-Ontario, Québec-Acadie, et à l'intention des francophones de l'Ouest canadien.
- Subventions de recherche.

INSTITUT CANADIEN DE RECHERCHE SUR LES FEMMES (ICREF)
151, rue Slater, bureau 408
Ottawa (Ontario) K1P 5H3
téléphone : (613) 563-0681, télécopieur : (613) 563-0682
courriel : info@criaw-icref.ca
http://www.criaw-icref.ca
- Le Fonds commémoratif Marta-Danylewycz vise à encourager la recherche sur les femmes d'un point de vue féministe.
- Subventions de recherche accordées à des projets favorisant l'amélioration des conditions de vie des femmes.

MINISTÈRE DE LA CULTURE ET DES COMMUNICATIONS
Gouvernement du Québec
Direction des programmes
225, avenue Grande-Allée Est
Bloc B, 3e étage
Québec (Québec) G1R 5G5
téléphone : (418) 380-2300, télécopieur : (418) 380-2364
courriel : dc@mcc.gouv.qc.ca
http://www.mcc.gouv.qc.ca
- Programmes divers de soutien à la recherche et de diffusion de la culture.

→ **Voir aussi :**
CONSEIL DES ARTS ET DES LETTRES DU QUÉBEC (CALQ)

MINISTÈRE DE L'ÉDUCATION DU QUÉBEC
Gouvernement du Québec
Édifice Marie-Guyart
1035, rue De La Chevrotière, 28e étage
Québec (Québec) G1R 5A5
téléphone : (418) 643-7095, télécopieur : (418) 646-6561
courriel : cim.rens@meq.gouv.qc.ca
http://www.meq.gouv.qc.ca
• Programme universel de prêts et bourses pour les étudiants québécois.

MINISTÈRE DES AFFAIRES ÉTRANGÈRES ET DU COMMERCE INTERNATIONAL
Gouvernement du Canada
Édifice Lester B. Pearson
125, promenade Sussex
Tour C, 2e étage
Ottawa (Ontario) K1A 0G2
http://www.dfait-maeci.gc.ca

Administration centrale
téléphone : 1 800 267-8376, télécopieur : (613) 996-9709

Direction générale des relations culturelles internationales
téléphone : (613) 996-1345, télécopieur : (613) 992-5965

• Bourses et subventions du programme d'aide des arts de la scène, des arts visuels et de la littérature, pour la promotion de la culture canadienne à l'étranger.
• Tournées internationales d'écrivains.
• Dons annuels de livres aux universités et institutions étrangères.

- Écrivains en résidence : bourses de transport offertes à des écrivains invités à séjourner et à travailler dans des universités étrangères.
- Visite au Canada : subventions visant à financer la venue de critiques, de metteurs en scène et d'imprésarios lors de manifestations culturelles au Canada.
- Traités de réciprocité : accords entre le Canada et plusieurs pays visant à encourager les échanges culturels et les voyages d'études.

MINISTÈRE DES RELATIONS INTERNATIONALES
Gouvernement du Québec
Édifice Hector-Fabre
525, boul. René-Lévesque Est, 4e étage
Québec (Québec) G1R 5R9
téléphone : (418) 649-2345, télécopieur : (418) 649-2656
courriel : communications@mri.gouv.qc.ca
http://www.mri.gouv.qc.ca

Bureau de Montréal :
Centre du commerce mondial
380, rue Saint-Antoine Ouest, 4e étage
Montréal (Québec) H2Y 3X7
téléphone : (514) 499-2180, télécopieur : (514) 873-7257

- Programme de bourses d'exemption des frais de scolarité pour les étudiants étrangers.
- Bourses d'excellence et de stages de courte durée destinées aux universitaires étrangers désirant poursuivre des études au Québec.
- Soutien financier aux études québécoises à l'étranger.

PATRIMOINE CANADIEN
Édifice Jules-Léger
15, rue Eddy 12e étage
Gatineau (Québec) K1A 0M5
téléphone : (819) 997-0055 ou 1 866 811-0055, télécopieur : (819) 994-1267

Complexe Guy-Favreau
200, boul. René-Lévesque Ouest
Tour ouest, 6e étage
Montréal (Québec) H2Z 1X4
téléphone : 1 877 222-2397 ou (514) 283-2332
télécopieur : (819) 953-9228
http://www.pch.gc.ca

- Offre plusieurs programmes d'aide, tant à l'édition, à la musique, aux musées, au cinéma, à la radiodiffusion qu'au théâtre, à la danse et aux études canadiennes.
- Programmes d'aide et subventions de recherche aux études ethniques.
- Programmes d'aide aux conférenciers invités et à l'organisation de conférences sur les études ethniques.

Prix d'excellence

ASSOCIATION DES LITTÉRATURES CANADIENNE ET QUÉBÉCOISE (ALCQ)
Université Concordia
Département d'études françaises
1455, boul. De Maisonneuve Ouest
Montréal (Québec) H4B 1R6
courriel : ors@vax2.concordia.ca

- Les Prix Gabrielle-Roy sont attribués annuellement à deux ouvrages de recherche critique, l'un en français et l'autre en anglais.

ASSOCIATION D'ÉTUDES CANADIENNES (AÉC)
a/s Université du Québec à Montréal
Case postale 8888, succursale Centre-ville
Montréal (Québec) H3C 3P8
téléphone : (514) 987-7784, télécopieur : (514) 987-3481
courriel : general@acs-aec.ca
http://www.acs-aec.ca
- Les certificats de mérite de l'AÉC soulignent le travail de chercheurs ayant contribué au développement d'études multidisciplinaires ou comparées sur le Canada.

ASSOCIATION FRANCOPHONE POUR LE SAVOIR (ACFAS)
425, rue De La Gauchetière Est
Montréal (Québec) H2L 2M7
téléphone : (514) 849-0045, télécopieur : (514) 849-5558
courriel : prix@acfas.ca
http://www.acfas.ca/prix/
- Plusieurs prix, d'un montant de 2 500 $, soulignant des contributions exceptionnelles en recherche, sont attribués à des chercheurs et des universitaires, dans le domaine des sciences humaines et sociales, incluant le Prix André-Laurendeau, le Prix Marcel-Vincent et le Prix Jacques-Rousseau.

CENTRE DE RECHERCHE EN HISTOIRE DE L'AMÉRIQUE FRANÇAISE
261, avenue Bloomfield
Outremont (Québec) H2V 3R6
téléphone : (514) 278-2232, télécopieur : (514) 271-6369
courriel : ihaf@ihaf.qc.ca
http://www.cam.org/~ihaf/
- Le Prix Lionel-Groulx, d'un montant de 3 000 $, est décerné annuellement à l'auteur du meilleur livre traitant de l'histoire de l'Amérique française.
- Le Prix Guy-Frégault, d'un montant de 750 $, récompense annuellement le meilleur article publié dans la *Revue d'histoire de l'Amérique française.*
- Le Prix Michel-Brunet, d'un montant de 1 000 $, est décerné au meilleur ouvrage (livre ou article) sur l'histoire de l'Amérique française par un auteur québécois de moins de 35 ans.

PRIX DU QUÉBEC
Ministère de la Culture et des Communications
225, Grande Allée Est
Bloc B, 2ᵉ étage
Québec (Québec) G1R 5G5
téléphone : (418) 380-2363, poste 7220/7229
télécopieur : (418) 380-2364
http://www.prixduquebec.gouv.qc.ca

Bureau de Montréal :
770, rue Sherbrooke Ouest
Montréal (Québec) H3A 1G1
téléphone : (514) 982-3010, télécopieur : (514) 873-6279
• Prix les plus prestigieux accordés au Québec, remis à dix personnalités des domaines de la culture et des sciences ayant contribué à l'essor et au rayonnement de la société québécoise.

Pour les chercheurs étrangers

→ **Voir aussi :**
La section « Bourses et subventions pour les artistes »
La section « Bourses et subventions pour les chercheurs »

Bourses et subventions

AGENCE CANADIENNE DE DÉVELOPPEMENT INTERNATIONAL (ACDI)
200, promenade du Portage
Gatineau (Québec) K1A 0G4
téléphone : (819) 997-5006, télécopieur : (819) 953-6088
courriel : info@acdi-cida.gc.ca
http://www.acdi-cida.gc.ca/index.htm
- Programme de bourses offertes aux étudiants issus des pays en développement membres de la Francophonie.

BIBLIOTHÈQUE NATIONALE DU QUÉBEC
Direction de la recherche et de l'édition
2275, rue Holt
Montréal (Québec) H2G 3H1
téléphone : (514) 873-2881
courriel : info.recherche@bnquebec.ca
http://www.bnquebec.ca
- Programme de bourses aux chercheurs étrangers pour réaliser un séjour de recherche à la Bibliothèque nationale.

BOURSE GASTON-MIRON
Association internationale des études québécoises
Place Royale
32, rue Notre-Dame
Québec (Québec) G1K 8A5
téléphone : (418) 528-7560, télécopieur : (418) 528-7558
courriel : accueil@aieq.qc.ca
http://www.aieq.qc.ca
• Bourse d'excellence destinée à un chercheur étranger qui étudie la littérature québécoise et qui désire venir au Québec parfaire ses connaissances sur un sujet littéraire.

CENTRE DE COOPÉRATION INTERUNIVERSITAIRE FRANCO-QUÉBÉCOIS (CCIFQ)
Université Denis Diderot – Paris VII
96, boul. Raspail, 3e étage
75006 Paris cedex 05
France
téléphone : +33 (0) 14284-5080, télécopieur : +33 (0) 14439-3608
courriel : touroude@paris7.jussieu.fr
http://www.sigu7.jussieu.fr/quebec/
• Bourses et subventions destinées à l'organisation de colloques franco-québécois.

CONSEIL INTERNATIONAL D'ÉTUDES CANADIENNES
325, rue Dalhousie, bureau 800
Ottawa (Ontario) K1N 7G2
téléphone : (613) 789-7834, télécopieur : (613) 789-7830
courriel : contact@iccs-ciec.ca
http://www.iccs-ciec.ca

- Bourses de recherche du programme de complément de spécialisation destinées aux professeurs étrangers désirant parfaire leurs connaissances en études canadiennes.
- Bourses de recherche en études canadiennes offertes aux universitaires souhaitant publier un ouvrage.
- Bourses aux étudiants gradués en études canadiennes, visant à encourager la recherche en sciences humaines et sociales, ainsi qu'en arts et lettres.

MINISTÈRE DES AFFAIRES ÉTRANGÈRES ET DU COMMERCE INTERNATIONAL DU CANADA
Direction générale des relations culturelles internationales
Édifice Lester B. Pearson
125, promenade Sussex
Tour C, 2e étage
Ottawa (Ontario) K1A 0G2
téléphone : (613) 996-1345, télécopieur : (613) 992-5965
http://www.dfait-maeci.gc.ca

- Bourses et subventions du programme d'aide des arts de la scène, des arts visuels et de la littérature, pour la promotion de la culture canadienne à l'étranger.
- Tournées internationales d'écrivains.
- Dons annuels de livres aux universités et institutions étrangères.
- Écrivains en résidence : bourses de transport offertes à des écrivains invités à séjourner et à travailler dans des universités étrangères.
- Visite au Canada : subventions visant à financer la venue de critiques, de metteurs en scène et d'imprésarios lors de manifestations culturelles au Canada.
- Traités de réciprocité : accords entre le Canada et plusieurs pays visant à encourager les échanges culturels et les voyages d'études.

MINISTÈRE DES RELATIONS INTERNATIONALES
Gouvernement du Québec
Édifice Hector-Fabre
525, boul. René-Lévesque Est, 4ᵉ étage
Québec (Québec) G1R 5R9
téléphone : (418) 649-2345, télécopieur : (418) 649-2656
courriel : communications@mri.gouv.qc.ca
http://www.mri.gouv.qc.ca

Bureau de Montréal :
Centre du commerce mondial
380, rue Saint-Antoine Ouest, 4ᵉ étage
Montréal (Québec) H2Y 3X7
téléphone : (514) 499-2180, télécopieur : (514) 873-7257
- Programme de bourses d'exemption des frais de scolarité pour les étudiants étrangers.
- Bourses d'excellence et de stages de courte durée destinées aux universitaires étrangers désirant poursuivre des études au Québec.

PATRIMOINE CANADIEN
Édifice Jules-Léger
15, rue Eddy, 12ᵉ étage
Gatineau (Québec) K1A 0M5
téléphone : (819) 997-0055, télécopieur : (819) 994-1267
http://www.pch.gc.ca/
- Plusieurs programmes d'aide, tant à l'édition, à la musique, aux musées, au cinéma, à la radiodiffusion qu'au théâtre et à la danse.

Complexe Guy-Favreau
200, boul. René-Lévesque Ouest
Tour ouest, 6e étage
Montréal (Québec) H2Z 1X4
téléphone : 1 877 222-2397 ou (514) 283-2332
télécopieur : (819) 953-9228
http://www.pch.gc.ca

- Programmes d'aide et subventions de recherche aux études ethniques.
- Programmes d'aide aux conférenciers invités et à l'organisation de conférences sur les études ethniques.

2. DIFFUSION

→ **Voir aussi :**
La section « Organismes culturels de relations extérieures »

Arts de la scène

→ **Voir aussi :**
La section « Cirque »
La section « Danse »
La section « Humour »
La section « Musique et chanson »
La section « Théâtre »

ASSOCIATION DES PROFESSIONNELS DES ARTS DE LA SCÈNE DU QUÉBEC (APASQ)
4874, rue de Brébeuf
Montréal (Québec) H2J 3L5
téléphone : 1 877 523-4221 ou (514) 523-4221
télécopieur : (514) 523-4418
courriel : info@apasq.org
http://www.apasq.org/

- Association professionnelle qui regroupe et représente des concepteurs de décors, de costumes, d'éclairages, de son, de marionnettes, d'accessoires ; des assistants metteurs en scène ; des régisseurs ; des directeurs techniques et de production.

UNION DES ARTISTES (UDA)
3433, rue Stanley
Montréal (Québec) H3A 1S2
téléphone : (514) 288-6682, télécopieur : (514) 288-7150
http://www.uniondesartistes.com
* Syndicat qui représente les artistes de la scène, du disque et du cinéma œuvrant surtout en français au Québec et ailleurs au Canada.

Arts visuels, musées et centres culturels

Lieux de diffusion

→ **Voir aussi :**
Le site web de la
SOCIÉTÉ DES MUSÉES QUÉBÉCOIS
au : http://www.smq.qc.ca
pour une liste complète des musées.

CENTRE CANADIEN D'ARCHITECTURE (CCA)
1920, rue Baile
Montréal (Québec) H3H 2S6
téléphone : (514) 939-7026, télécopieur : (514) 939-7020
courriel : suzanne@cca.qc.ca
http://www.cca.qc.ca
* Centre international de recherche et musée de l'architecture.

CENTRE COMMÉMORATIF DE L'HOLOCAUSTE À MONTRÉAL
Édifice Cummings
5151, chemin de la Côte-Sainte-Catherine
Montréal (Québec) H3W 1M6
téléphone : (514) 345-2605, télécopieur : (514) 344-2651
http://www.mhmc.ca/

CENTRE INTERNATIONAL D'ART CONTEMPORAIN DE MONTRÉAL
405, rue Sherbrooke Est, bureau 505
Montréal (Québec) H2L 1J9
téléphone : (514) 288-0811, télécopieur : (514) 288-5021
courriel : courrier@ciac.ca
http://www.ciac.ca
• Lieu de diffusion pour les artistes professionnels du Québec et de l'étranger.

L'INSTITUT CANADIEN DE QUÉBEC
350, rue Saint-Joseph Est
Québec (Québec) G1K 3B2
téléphone : (418) 529-0924, télécopieur : (418) 529-1588
courriel : courrier@icqbdq.qc.ca
http://www.icqbdq.qc.ca
• Fondé en 1848, l'Institut a pour mandat de promouvoir la culture francophone. Il administre aussi les bibliothèques publiques de la Ville de Québec.

MAISON DE LA CULTURE DE GATINEAU
855, boul. de la Gappe
Gatineau (Québec) J8T 8H9
téléphone : (819) 243-2500, télécopieur : (819) 243-2527
courriel : culture@ville.gatineau.qc.ca
http://www.ville.gatineau.qc.ca/mcg

MAISONS DE LA CULTURE DE LA VILLE DE MONTRÉAL
Service de la culture de la Ville de Montréal
Réseau des Maisons de la culture
5650, rue d'Iberville, 5e étage
Montréal (Québec) H2G 3E4
téléphone : (514) 872-1156/2237
http://www.ville.montreal.qc.ca/maisons/maisons.htm

MUSÉE DANIEL-WEETALUKTUK
Inukjuak (Québec) J0M 1M0
téléphone : (819) 254-8277
courriel : sauniq@videotron.ca
- Ouvert en 1992 et construit en forme d'igloo, le Musée présente des œuvres d'art inuites contemporaines et plus de 200 objets archéologiques et historiques témoignant des origines des Inuits du Nunavik et de leur culture.

MUSÉE CANADIEN DES CIVILISATIONS
100, rue Laurier
Case postale 3100, succursale B
Gatineau (Québec) J8X 4H2
téléphone : (819) 776-7000, télécopieur : (819) 776-8300
courriel : web@civilization.ca
http://www.civilization.ca

MUSÉE D'ART CONTEMPORAIN DE MONTRÉAL
185, rue Sainte-Catherine Ouest
Montréal (Québec) H2X 1Z8
téléphone : (514) 847-6226/6201, télécopieur : (514) 847-6292
courriel : macm@quebectel.com
http://www.macm.org
- Fondé en 1964, le Musée est une société d'État dont le mandat consiste à faire connaître, promouvoir et conserver l'art contemporain québécois tout en assurant une présence de l'art d'ailleurs.

MUSÉE DE LA CIVILISATION
85, rue Dalhousie
Case postale 155, succursale B
Québec (Québec) G1K 7A6
téléphone : 1 866 710-8031 ou (418) 643-2158
télécopieur : (418) 646-9705
courriel : mcq@mcq.org
http://www.mcq.org
- Inauguré en 1988, le Musée est une institution d'État qui souhaite jeter un regard neuf, attentif et dynamique sur l'expérience humaine dans son ensemble, sur les civilisations d'ailleurs, tout en demeurant fortement enraciné dans la réalité québécoise.

MUSÉE QUÉBÉCOIS DE CULTURE POPULAIRE
200, rue Laviolette
Trois-Rivières (Québec) G9A 6L5
téléphone : (819) 372-0406, télécopieur : (819) 372-9907
courriel : info@culturepop.qc.ca
http://www.culturepop.qc.ca/
- Le Musée se définit comme un musée de société qui met en valeur toutes les cultures populaires dans ce qu'elles ont de diversité et de pluralité.

MUSÉE DES BEAUX-ARTS DE MONTRÉAL
1379-1380, rue Sherbrooke Ouest
Montréal (Québec) H3G 1J5
téléphone : (514) 285-1600, télécopieur : (514) 844-6042
courriel : mbamrcip@globetrotter.qc.ca
http://www.mbam.qc.ca
• Fondé en 1860, le Musée est l'un des plus importants du québec.

MUSÉE DES BEAUX-ARTS DU CANADA
380, promenade Sussex
Case postale 427, succursale A
Ottawa (Ontario) K1N 9N4
téléphone : 1 800 319-2787 ou (613) 990-1985
télécopieur : (613) 993-4385
courriel : info@beaux-arts.ca
http://www.musee.beaux-arts.ca
• Société d'État fédérale vouée à la préservation du patrimoine des arts visuels.

MUSÉE DU CHÂTEAU RAMEZAY
280, rue Notre-Dame Est
Montréal (Québec) H2Y 1C5
téléphone : (514) 861-3708, télécopieur : 861-8317
courriel : info@chateauramezay.qc.ca
http://www.chateauramezay.qc.ca/
• Musée historique.

MUSÉE DU FORT
10, rue Sainte-Anne
Québec (Québec) G1R 3X1
téléphone : (418) 692-2175, télécopieur : (418) 692-4161
http://www.museocapitale.qc.ca/015.htm

MUSÉE McCORD D'HISTOIRE CANADIENNE
690, rue Sherbrooke Ouest
Montréal (Québec) H3A 1E9
téléphone : (514) 398-7100, télécopieur : (514) 398-5045
courriel : info@mccord.lan.mcgill.ca
http://www.musee-mccord.qc.ca
• Musée historique.

MUSÉE NATIONAL DES BEAUX-ARTS DU QUÉBEC
1, avenue Wolfe-Montcalm
Parc des Champs-de-bataille
Québec (Québec) G1R 5H3
téléphone : 1 866 220-2150 ou (418) 643-2150
télécopieur : (418) 646-3330
courriel : webmestre@mnba.qc.ca
http://www.mnba.qc.ca
• Fondé en 1933, le Musée est une institution d'État qui a pour mandat de faire connaître, de promouvoir et de préserver l'art québécois de toutes les périodes.

MUSÉE VIRTUEL DE LA NOUVELLE-FRANCE
100, rue Laurier
Case postale 3100, succursale B
Gatineau (Québec) J8X 4H2
téléphone : (819) 776-7000, télécopieur : (819) 776- 8300
courriel : mvnf@civilisations.ca
http://www.mvnf.civilisations.ca

POINTE-À-CALLIÈRE, MUSÉE D'ARCHÉOLOGIE ET D'HISTOIRE DE MONTRÉAL
350, place Royale
Montréal (Québec) H2Y 3Y5
téléphone : (514) 872-9150, télécopieur : (514) 872-9151
courriel : info@musee-pointe-a-calliere.qc.ca
http://www.pacmusee.qc.ca
• Musée archéologique qui a pour mission de conserver et de mettre en valeur le patrimoine archéologique et historique de Montréal.

PHONOTHÈQUE QUÉBÉCOISE
335, boul. de Maisonneuve Est
Montréal (Québec) H2X 1K1
téléphone : (514) 282-0703, télécopieur : (514) 282-0019
courriel : phono@globetrotter.net
http://www.phonotheque.org/
• Organisme voué à la sauvegarde et à la diffusion du patrimoine sonore québécois.

Associations et organismes

ASSOCIATION DES ARTS GRAPHIQUES DU QUÉBEC
644, boul. Curé-Poirier Ouest, bureau 100
Longueuil (Québec) J4J 2H9
téléphone : 1 800 607-7446 ou (450) 670-9311
télécopieur : (450) 670-8762
courriel : jlizotte@aagq.qc.ca
http://www.aagq.qc.ca
• Association vouée à la promotion de l'industrie des arts graphiques.

ASSOCIATION DES ILLUSTRATEURS ET ILLUSTRATRICES DU QUÉBEC
1024, boul. Saint-Joseph Est, bureau 2
Montréal (Québec) H2J 1L1
téléphone : (514) 522-2040, télécopieur : (514) 521-0297
courriel : info@aiiq.qc.ca
http://www.aiiq.qc.ca
- Association qui vise à promouvoir le travail des artisans de l'illustration québécoise.

CONFÉRENCE CANADIENNE DES ARTS
130, rue Albert, bureau 804
Ottawa (Ontario) K1P 5G4
téléphone : (613) 238-3561, télécopieur : (613) 238-4849
courriel : info@ccarts.ca
http://www.ccarts.ca/fre/home_f.htm
- Fondée en 1945, la Conférence s'efforce de sensibiliser les gouvernements et le grand public à l'importance des arts et des industries culturelles au sein de la société.

CONSEIL DE LA SCULPTURE DU QUÉBEC
460, rue Sainte-Catherine Ouest, bureau 607
Montréal (Québec) H3B 1A7
téléphone : (514) 879-1962, télécopieur : (514) 879-1982
courriel : csq@cam.org
http://www.conseildelasculpture.ca/
- Regroupement d'artistes professionnels de la sculpture, de l'installation et du travail de l'espace en trois dimensions.

LA GUILDE GRAPHIQUE
9, rue Saint-Paul Ouest
Montréal (Québec) H2Y 1Y6
téléphone : (514) 844-3438, télécopieur : (514) 844-3430
courriel : guildegraphique@jonctioninter.net
http://www.guildegraphique.com/FRGUIL.HTM
• Lieu de création et d'exposition des arts graphiques.

REGROUPEMENT DES ARTISTES EN ARTS VISUELS DU QUÉBEC
460, rue Sainte-Catherine Ouest, bureau 913
Montréal (Québec) H3B 1A7
téléphone : (514) 866-7101, télécopieur : (514) 866-9906
courriel : raav@raav.org
http://www.raav.org
• Fondé en 1989, le Regroupement est l'association mandatée par la Loi sur le statut de l'artiste pour représenter l'ensemble des artistes professionnels ayant une démarche de création en arts visuels.

REGROUPEMENT DES CENTRES D'ARTISTES AUTOGÉRÉS DU QUÉBEC
3995, rue Berri, bureau 100
Montréal (Québec) H2L 4H2
téléphone : (514) 842-3984, télécopieur : (514) 987-1862
courriel : info@rcaaq.org
http://www.rcaaq.org/

SOCIÉTÉ DES MUSÉES QUÉBÉCOIS
Université du Québec à Montréal
209, rue Sainte-Catherine Est
5e étage, bureau V5205
Montréal (Québec) H2X 1L2
téléphone : (514) 987-3264, télécopieur : (514) 987-3379
courriel : info@smq.uqam.ca
réseau Info-Musée : infomusee@globetrotter.qc.ca
http://www.smq.qc.ca
- Fondée en 1958, la Société représente plus de 200 institutions muséales et 600 membres individuels répartis sur l'ensemble du territoire québécois.

Cinéma, télévision et arts médiatiques

→ **Voir aussi :**
La section « Médias, multimédia et internet »

Lieux de diffusion

CINÉMATHÈQUE QUÉBÉCOISE/MUSÉE DU CINÉMA
335, boul. de Maisonneuve Est
Montréal (Québec) H2X 1K1
téléphone : (514) 842-9763, télécopieur : 842-1816
courriel : info@cinematheque.qc.ca
http://www.cinematheque.qc.ca
- La Cinémathèque québécoise a le mandat de conserver, de documenter et de mettre en valeur le patrimoine cinématographique et télévisuel national et international.

CINÉROBOTHÈQUE
Office national du film du Canada à Montréal
1564, rue Saint-Denis
Montréal (Québec) H2X 3K2
téléphone : (514) 283-9000 ou 1 800 267-7710
http://www.onf.ca
• Accès à toute la collection des films de l'Office.

LE CARROUSEL INTERNATIONAL DU FILM DE RIMOUSKI
92, 2e Rue Ouest
Rimouski (Québec) G5L 8B3
téléphone : (418) 722-0103, télécopieur : (418) 724-9504
courriel : cifr@carrousel.qc.ca
http://www.carrousel.qc.ca
• Festival de films pour la jeunesse.

FESTIVAL DES FILMS DU MONDE (FFM)
1432, rue de Bleury
Montréal (Québec) H3A 2J1
téléphone : (514) 848-3883, télécopieur : (514) 848-3886
courriel : info@ffm-montreal.org
http://www.ffm-montreal.org

FESTIVAL DU CINÉMA INTERNATIONAL EN ABITIBI-TÉMISCAMINGUE
215, avenue Mercier
Rouyn-Noranda (Québec) J9X 5W8
téléphone : (819) 762-6212, télécopieur : (819) 762-6762
courriel : festivalducinema@lino.com
http://www.lino.com/festivalducinema

FESTIVAL INTERNATIONAL DU NOUVEAU CINÉMA
ET DES NOUVEAUX MÉDIAS DE MONTRÉAL
3536, boul. Saint-Laurent
Montréal (Québec) H2X 2V1
téléphone : (514) 847-3536
courriel : info@fcmm.com
http://www.fcmm.com/

FESTIVAL INTERNATIONAL DU FILM SUR L'ART
640, rue Saint-Paul Ouest, bureau 406
Montréal (Québec) H3C 1L9
téléphone : (514) 874-1637, télécopieur : (514) 874-9929
courriel : fifa@maniacom.com
http://www.artfifa.com

RENDEZ-VOUS DU CINÉMA QUÉBÉCOIS
1000A, rue Fullum, bureau 105
Montréal (Québec) H2K 3L7
téléphone : (514) 526-9635, télécopieur : (514) 526-1955
courriel : info@rvcq.com
http://www.rvcq.com/
• Rétrospective annuelle des films documentaires et de fiction du cinéma québécois.

Radios

COGECO RADIO-TÉLÉVISION
1630, 6ᵉ Rue, bureau 100
Trois-Rivières (Québec) G8Y 5B8
téléphone : 1 866 384-4837 ou (450) 664-4646
télécopieur : (450) 664-1777
http://www.cogeco.com
• Société de télévision et de radio privée.

RADIOMÉDIA
1411, rue Peel, bureau 400
Montréal (Québec) H3A 3L5
téléphone : (514) 845-5151, télécopieur : (514) 845-2229
http://www.ckac.com/
• Société de radio privée.

RADIOMUTUEL
1717, boul. René-Lévesque Est, bureau 120
Montréal (Québec) H2L 4T9
téléphone : (514) 529-3229, télécopieur : (514) 529-9308
http://www.radioenergie.com
• Société de radio privée.

SOCIÉTÉ RADIO-CANADA
1400, boul. René-Lévesque Est
Montréal (Québec) H2L 2M2
téléphone : (514) 597-6000
courriel : auditoire@radio-canada.ca
http://radio-canada.ca
• Société fédérale de radio et de télévision publiques.

Télévisions

ARTV
1400, boul. René-Lévesque, bureau A-53-1
Montréal (Québec) H2L 2M2
téléphone : (514) 597-3636, télécopieur : (514) 597-3633
courriel : auditoire@artv.ca
http://www.artv.ca/
• Chaîne spécialisée dans les émissions sur l'art et le cinéma de répertoire.

CANADIAN BROADCASTING CORPORATION (CBC)
1400, boul. René-Lévesque Est
Montréal (Québec) H2L 2M2
téléphone : (514) 597-6000
http://www.cbc.ca
• Société fédérale de radio et de télévision publiques de langue anglaise.

CANAL D
Astral Media
2100, rue Sainte-Catherine Ouest, bureau 700
Montréal (Québec) H3H 2T3
téléphone : (514) 939-5000, télécopieur : (514) 939-1515
http://www.canald.com
• Chaîne spécialisée dans les émissions documentaires.

LE CANAL NOUVELLES (LCN)
Groupe TVA
Case postale 170, succursale C
Montréal (Québec) H2L 4P6
téléphone : 1 877 304-8828 ou (514) 790-0461
http://www.tva.ca
• Société de télévision privée d'information de langue française.

CFCF-12
1205, avenue Papineau
Montréal (Québec) H2K 4R2
téléphone : (514) 273-6311, télécopieur : (514) 276-9399
courriel : contact12@ctv.ca
http://www.cfcf12.ca
- Société de télévision privée de langue anglaise.

GLOBAL TELEVISION NETWORK
1600, boul. de Maisonneuve Est, 9ᵉ étage
Montréal (Québec) H2L 4P2
téléphone : (514) 590-4050
courriel : globalnews.que@globaltv.ca
http://www.canwestglobal.com
- Société de télévision privée de langue anglaise.

MUSIQUEPLUS/MUSIMAX
355, rue Sainte-Catherine Ouest
Montréal (Québec) H3B 1A5
téléphone : (514) 284-7587, télécopieur : (514) 284-1889
http://www.musiqueplus.com
http://www.musimax.com/
- Chaînes musicales.

LE RÉSEAU DE L'INFORMATION (RDI)
1400, boul. René-Lévesque Est, bureau C-86-1
Montréal (Québec) H2L 2M2
téléphone : (514) 597-7734, télécopieur : (514) 597-5977
http://radio-canada.ca/rdi/
- Société fédérale de télévision publique d'information de langue française.

RÉSEAU TVA
1600, boul. De Maisonneuve Est
Montréal (Québec) H2L 4P2
téléphone : (514) 526-9251
http://www.tva.ca
- Société de télévision privée de langue française.

SOCIÉTÉ RADIO-CANADA (SRC)
1400, boul. René-Lévesque Est
Montréal (Québec) H2L 2M2
téléphone : 1 866 306-4636 ou (514) 597-6000
courriel : auditoire@radio-canada.ca
http://www.radio-canada.ca
- Société fédérale de radio et de télévision publiques.

SOCIÉTÉ DE TÉLÉDIFFUSION DU QUÉBEC (TÉLÉ-QUÉBEC)
1000, rue Fullum
Montréal (Québec) H2K 3L7
téléphone : 1 800 361-4362 ou (514) 521-2424
télécopieur : (514) 873-7464
courriel : info@telequebec.qc.ca
http://www.telequebec.qc.ca
- Société québécoise de télévision publique.

TÉLÉVISION QUATRE-SAISONS (TQS)
612, rue Saint-Jacques, bureau 100
Montréal (Québec) H3C 5R1
téléphone : (514) 390-6035, télécopieur : (514) 390-0759
courriel : tvpublic@tqs-mtl.com
http://www.tqs.ca
- Société de télévision privée de langue française.

TV5
1755, boul. René-Lévesque Est, bureau 101
Montréal (Québec) H2K 4P6
bur. : (514) 522-5322, télécopieur : (514) 522-6572
courriel : tv5-quecan@tv5.org
http://www.tv5.ca
- Société de télévision internationale de langue française.

Associations, organismes et fonds

ACADÉMIE CANADIENNE DU CINÉMA ET DE LA TÉLÉVISION – SECTION QUÉBEC
225, rue Roy Est, bureau 106
Montréal (Québec) H2W 1M5
téléphone : (514) 849-7448, télécopieur : (514) 849-5069
courriel : academie@biz.videotron.ca
http://www.academy.ca/academy/Regions/Quebec
- L'Académie contribue à préserver, à protéger et à mettre en valeur la créativité, l'innovation et l'originalité des métiers du cinéma et de la télévision.

ALLIANCE DE LA VIDÉO ET DU CINÉMA INDÉPENDANT
4550, rue Garnier
Montréal (Québec) H2J 3S7
téléphone : (514) 522-8240, télécopieur : (514) 522-8011
courriel : ifva@cam.org
http://www.cam.org/~ifva/
- L'Alliance est un réseau de producteurs, de distributeurs et de diffuseurs de films, de vidéos et de nouveaux médias indépendants qui regroupe 80 organismes d'artistes autogérés.

ALLIANCE DES ARTISTES CANADIENS DU CINÉMA,
DE LA TÉLÉVISION ET DE LA RADIO (ACTRA) – Montréal
1450, rue City Councillors, bureau 530
Montréal (Québec) H3A 2E6
téléphone : (514) 844-3318, télécopieur : (514) 844-2068
courriel : montreal@actra.ca
http://www.actramontreal.ca/
- Association professionnelle canadienne des artistes et des artisans du cinéma, de la télévision et de la radio.

ASSOCIATION DES PRODUCTEURS DE FILM ET DE TÉLÉVISION DU QUÉBEC
1450, rue City Councillors, bureau 1030
Montréal (Québec) H3A 2E6
téléphone : (514) 397-8600, télécopieur : (514) 392-0232
courriel : info@apftq.qc.ca
http://www.quebec.audiovisuel.com/fran/core/apft.asp
- L'Association regroupe une centaine de maisons de production spécialisées dans le long métrage, la télévision, le documentaire, les variétés, le film publicitaire et l'animation.

ASSOCIATION DES PROFESSIONNELS DE LA VIDÉO DU QUÉBEC
533, rue Ontario Est, bureau 420
Montréal (Québec) H2L 1N8
téléphone : 1 888 647-0681 ou (514) 844-2113, télécopieur : (514) 844-3540
courriel : apvqqc@qc.aira.com
http://www.apvq.qc.ca
- L'Association des professionnels de la vidéo du Québec a pour but l'étude et l'avancement des intérêts sociaux, professionnels, économiques et politiques de ses membres.

ASSOCIATION DES RÉALISATEURS ET RÉALISATRICES DU QUÉBEC
3480, rue Saint-Denis
Montréal (Québec) H2X 3L3
téléphone : (514) 842-7373, télécopieur : (514) 842-6789
courriel : realiser@arrq.qc.ca
http://www.arrq.qc.ca
- Fondée en 1973, l'Association regroupe les réalisateurs et les réalisatrices pigistes qui travaillent dans les domaines du cinéma et de la télévision.

ASSOCIATION QUÉBÉCOISE DES AUTEURS DRAMATIQUES
187, rue Sainte-Catherine Est, 3e étage
Montréal (Québec) H2V 1K8
téléphone : (514) 596-3705, télécopieur : (514) 596-2953
courriel : info@aqad.qc.ca
http://www.aqad.qc.ca
- L'Association est un syndicat professionnel dont le mandat est de défendre les droits et les intérêts moraux, sociaux, économiques et professionnels des auteurs dramatiques, des librettistes, des adaptateurs et des traducteurs.

BUREAU DU CINÉMA ET DE LA TÉLÉVISION DE MONTRÉAL
303, rue Notre-Dame Est, niveau 2
Montréal (Québec) H2Y 3Y8
téléphone : (514) 872-2883, télécopieur : (514) 872-3409
courriel : film_tv@ville.montreal.qc.ca
http://www.montrealfilm.com

CENTRE DU FILM POUR L'ENFANCE ET LA JEUNESSE
3774, rue Saint-Denis, bureau 200
Montréal (Québec) H2W 2M1
téléphone : (514) 284-9388, télécopieur : (514) 284-0168
courriel : cifej@microtec.net
http://www.cifej.com

CONSEIL QUÉBÉCOIS DES ARTS MÉDIATIQUES
4550, rue Garnier, 2e étage
Montréal (Québec) H2J 3S7
téléphone : (514) 527-5116, télécopieur : (514) 522-8011
courriel : info@cqam.org
http://www.cqam.org
- Le Conseil est un regroupement professionnel qui représente et défend les créateurs indépendants en arts médiatiques, et les associations, les centres d'accès et les collectifs en arts médiatiques.

FONDS CANADIEN DU FILM ET DE LA VIDÉO INDÉPENDANTS
666, avenue Kirkwood, bureau 203
Ottawa (Ontario) K1Z 5X9
téléphone : (613) 729-1900, télécopieur : (613) 729-4610
courriel : info@cifvf.ca
http://www.cifvf.ca
- Organisme qui finance la production cinématographique et vidéographique.

FONDS CANADIEN DE TÉLÉVISION
407, rue McGill, bureau 811
Montréal (Québec) H2Y 2G3
téléphone : 1 877 975-0766, télécopieur : (514) 499-2846
courriel : ctf@canadiantelevisionfund.ca
http://www.fondscanadiendetele.ca
• Fonds de production télévisuelle.

FONDS INDÉPENDANT DE PRODUCTION
1255, boul. Laird, bureau 275
Mont-Royal (Québec) H3P 2T1
téléphone : (514) 737-9969, télécopieur : (514) 737-9008
courriel : fip@inforamp.net
http://www.ipf.ca
• Fonds privé destiné à la production de séries télévisées.

LE FONDS HAROLD-GREENBERG
2100, rue Sainte-Catherine Ouest, bureau 900
Montréal (Québec) H3H 2T3
téléphone : (514) 939-5094, télécopieur : (514) 939-1515
http://www.astralmedia.com/fr/Fund/default.aspx
• Fonds privé pour la production cinématographique et pour l'organisation d'événements spéciaux.

INSTITUT CANADIEN DU FILM
2, avenue Daly
Ottawa (Ontario) K1N 6E2
téléphone : (613) 232-6727, télécopieur : (613) 232-6315
courriel : mcsorley@magma.ca
http://www.cfi-icf.ca/cfi_2.html
• L'Institut a pour mandat d'encourager et de promouvoir la production, la diffusion, l'étude, l'appréciation et l'utilisation d'images en mouvement à des fins culturelles et éducatives au Canada et à l'étranger.

OFFICE NATIONAL DU FILM DU CANADA (ONF)
Édifice Norman-McLaren
3155, chemin de la Côte-de-Liesse
Saint-Laurent (Québec) H4N 2N4
téléphone : (514) 283-9000
http://www.onf.ca
- Production et coproduction de films.
- Programmes d'aide à la production indépendante.
- Studios spécialisés (studio des femmes, animation, documentaire).

RÉGIE DU CINÉMA DU QUÉBEC
455, rue Sainte-Hélène
Montréal (Québec) H2Y 2L3
téléphone : 1 800 463-2463 ou (514) 873-2371
télécopieur : (514) 873-2142
courriel : regieducinema@rcq.qc.ca
http://www.rcq.gouv.qc.ca
- La Régie est l'organisme public qui exerce, en vertu de la Loi sur le cinéma, un mandat de surveillance et de contrôle sur la diffusion des œuvres cinématographiques au Québec.

SOCIÉTÉ DE DÉVELOPPEMENT DES ENTREPRISES CULTURELLES (SODEC)
215, rue Saint-Jacques, bureau 800
Montréal (Québec) H2Y 1M6
téléphone : 1 800 363-0401 ou (514) 841-2200, télécopieur : (514) 841-8606
courriel : info@sodec.gouv.qc.ca
http://www.sodec.gouv.qc.ca

Bureau de Québec :
$36^{1/2}$, rue Saint-Pierre
Québec (Québec) G1K 3Z6
téléphone : (418) 643-2581, télécopieur : (418) 643-8918

- Programmes de financement aux entreprises, sous forme de prêts, de subventions et de crédits d'impôt, en arts d'interprétation, en arts visuels, en cinéma et en production télévisuelle (développement, scénarisation, production, diffusion, promotion, jeunes créateurs), au domaine du disque et du spectacle de variétés, au domaine du livre et de l'édition spécialisée, aux médias écrits, au multimédia, en muséologie et patrimoine immobilier, en radio, télédiffusion et télédistribution.
- Programmes d'aide, sous forme de subventions, aux événements nationaux et internationaux, aux librairies agréées, aux associations et regroupements, aux diffuseurs spécialisés en chanson.
- Projets innovateurs de concertation et de coopération en diffusion des arts de la scène, conjointement avec le Ministère de la Culture et des Communications et le Conseil des arts et des lettres du Québec.
- Programmes de soutien à l'exportation et au rayonnement culturel.

SOCIÉTÉ DES AUTEURS, RECHERCHISTES, DOCUMENTALISTES ET COMPOSITEURS (SARDeC)
1229, rue Panet
Montréal (Québec) H2L 2Y6
téléphone : (514) 526-9196, télécopieur : (514) 526-4124
courriel : information@sartec.qc.ca
http://www.sartec.qc.ca
- Fondée en 1949 par les auteurs de la radio, la Société est le syndicat professionnel qui représente les auteurs de langue française dans le secteur du film.

TÉLÉFILM CANADA
360, rue Saint-Jacques, bureau 700
Montréal (Québec) H2Y 4A9
téléphone : 1 800 567-0890 ou (514) 283-6363
télécopieur : (514) 283-8212
courriel : info@telefilm.qc.ca
http://www.telefilm.gc.ca

Bureau de Paris :
5, rue de Constantine
75007 Paris
France
téléphone : +33 (0) 14418-3530, télécopieur : +33 (0) 14705-7278
- Programmes de financement aux entreprises, sous forme de prêts, de subventions et de crédits d'impôt, en cinéma et en production télévisuelle (développement, scénarisation, production, diffusion, promotion), en télédiffusion et en télédistribution.
- Programmes d'aide, sous forme de subventions, aux événements nationaux et internationaux.
- Programme de soutien au rayonnement culturel.

UNION DES ARTISTES
3433, rue Stanley
Montréal (Québec) H3A 1S2
téléphone : (514) 288-6682, télécopieur : (514) 288-7150
http://www.uniondesartistes.com
- Syndicat qui représente les artistes de la scène, du disque et du cinéma œuvrant surtout en français au Québec et ailleurs au Canada.

Cirque

CIRQUE DU SOLEIL
8400, 2ᵉ Avenue
Montréal (Québec) H1Z 4M6
téléphone : (514) 722-2324, télécopieur : (514) 522-8433
courriel : contact@cirquedusoleil.com
http://www.cirquedusoleil.com

CIRQUE ÉLOÏZE
4230, rue Hogan
Montréal (Québec) H2H 2N3
téléphone : (514) 596-3838, télécopieur : (514) 596-3938
courriel : eloize@cirque-eloize.com
http://www.cirque-eloize.com/

ÉCOLE NATIONALE DE CIRQUE
417, rue Berri
Montréal (Québec) H2Y 3E1
téléphone : (514) 982-0859, télécopieur : (514) 982-6025
courriel : info@enc.qc.ca
http://www.enc.qc.ca

Cultures amérindiennes et inuite

Lieux de diffusion

PRÉSENCE AUTOCHTONE
Société pour la diffusion de la culture autochtone
6865, rue Christophe-Colomb, bureau 102
Montréal (Québec) H2S 2H3
téléphone : (514) 278-4040, télécopieur : (514) 278-4224
courriel : tev@nativelynx.qc.ca
http://www.nativelynx.qc.ca/
• Événement annuel consacré aux cultures autochtones.

MUSÉE AMÉRINDIEN DE MASHTEUIATSH
1787, rue Amishk
Mashteuiatsh (Québec) G0W 2H0
téléphone : (418) 275-4842 ou 1-888-875-4842, télécopieur : (418) 275-7494
courriel : museilnu@destination.ca

TAQRAMIUT NIPINGAT
185, avenue Dorval, bureau 501
Dorval (Québec) H9S 5J9
téléphone : (514) 631-1394, télécopieur : (514) 631-6258
http://www.taqramiut.qc.ca/

Bureau de Salluit
téléphone : (819) 255-8822
• Réseau de radio et de télévision du Nunavik ; le mandat du réseau est de promouvoir et d'encourager la langue inuktitut, la culture contemporaine et les traditions inuites.

TERRES EN VUE
Société pour la diffusion de la culture autochtone
6865, rue Christophe-Colomb, bureau 102
Montréal (Québec) H2S 2H3
téléphone : (514) 278-4040, télécopieur : (514) 278-4224
courriel : tev@nativelynx.qc.ca
http://www.nativelynx.qc.ca
- Revue sur les cultures autochtones.

Associations et organismes

FONDATION McLEAN
2, avenue Saint-Clair Ouest, bureau 1008
Toronto (Ontario) M4V 1L5
téléphone : (416) 964-6802, télécopieur : (416) 964-2804
http://www.mcleanfoundation.on.ca/
- Programmes d'aide, entre autres aux peuples autochtones.

INSTITUT CULTUREL AVATAQ – BUREAU DE MONTRÉAL
6700, avenue du Parc, bureau 400
Montréal (Québec) H2V 4H9
téléphone : (514) 274-1166 ou 1 800 361-5029, télécopieur : (514) 274-6759
courriel : avataq@avataq.qc.cq
http://www.avataq.qc.ca
- Organisme qui planifie des projets de recherche, d'archéologie et de conservation, qui publie une revue culturelle et qui gère un centre de documentation sur la culture inuite.

MINISTÈRE DU PATRIMOINE CANADIEN
Direction des citoyens autochtones
25, rue Eddy
Gatineau (Québec) K1A 0M5
téléphone : 1 866 811-0055 ou (819) 997-0055
télécopieur : (819) 953-2673
http://www.pch.gc.ca
• Programme de promotion des femmes autochtones.
• Programme d'accès des Autochtones du Nord à la radiotélédiffusion.

Danse

Lieux de diffusion et troupes de danse

L'AGORA DE LA DANSE
840, rue Cherrier Est
Montréal (Québec) H2L 1H4
téléphone : (514) 525-7575, télécopieur : (514)525-6632
courriel : info@agoradanse.com
http://www.agoradanse.com

LES BALLETS JAZZ DE MONTRÉAL
3450, rue Saint-Urbain, 4e étage
Montréal (Québec) H2X 2N5
téléphone : (514) 982-6771, télécopieur : (514) 982-9145
courriel : info@balletsdemontreal.com
http://www.balletsdemontreal.com

COMPAGNIE MARIE CHOUINARD
3981, boul. Saint-Laurent, bureau 715
Montréal (Québec) H1W 3L5
téléphone : (514) 843-9036, télécopieur : (514) 843-7616
courriel : info@mariechouinard.com
http://www.mariechouinard.com

LES GRANDS BALLETS CANADIENS DE MONTRÉAL
4816, rue Rivard
Montréal (Québec) H2J 2N6
téléphone : (514) 849-8681, télécopieur : (514) 849-0098
http://www.grandsballets.qc.ca

LA LA LA HUMAN STEPS
5655, avenue du Parc, bureau 206
Montréal (Québec) H2V 4H2
téléphone : (514) 277-9090, télécopieur : (514) 277-0862
courriel : info@lalalahumansteps.com
http://www.lalalahumansteps.com

Ô VERTIGO DANSE
4455, rue de Rouen
Montréal (Québec) H1V 1H1
téléphone : (514) 251-9177, télécopieur : (514) 251-7358
courriel : info@overtigo.com
http://www.overtigo.com

LA ROTONDE. CENTRE CHORÉGRAPHIQUE CONTEMPORAIN DE QUÉBEC
310, boul. Langelier, bureau 214
Québec (Québec) G1K 5N3
téléphone : (418) 649-5013, télécopieur : (418) 649-4702
courriel : info@larotonde.qc.ca
http://www.larotonde.qc.ca

Associations et organismes

REGROUPEMENT QUÉBÉCOIS DE LA DANSE
3575, boul. Saint-laurent, bureau 418
Montréal (Québec) H2X 2T7
téléphone : (514) 849-4003, télécopieur : (514) 849-3288
courriel : info@quebecdanse.org
http://www.quebecdanse.org
• Regroupe les artistes professionnels de la danse, ainsi que les organismes et compagnies qui
  les rassemblent.

Humour

ÉCOLE NATIONALE DE L'HUMOUR
3575, boul. Saint-Laurent, bureau 310
Montréal (Québec) H2X 2T7
téléphone : (514) 849-7876, télécopieur : (514) 849-3307
courriel : humour@enh.qc.ca
http://www.enh.qc.ca

FESTIVAL JUSTE POUR RIRE / JUST FOR LAUGHS FESTIVAL
2101, boul. Saint-Laurent
Montréal (Québec) H2X 2T5
téléphone : 1 888 244-3155 ou (514) 845-3155
courriel : info@hahaha.com
http://www.hahaha.com
- Événement annuel international consacré à l'humour.

Interculturel

→ **Voir aussi :**
Barry Lazar et Tamsin Douglas, *Le guide du Montréal ethnique*, Montréal, XYZ, 1994, 365 p.
Daniel Chartier, *Dictionnaire des écrivains émigrés au Québec, 1800-1999*, Québec, Nota bene, 2003, 367 p.

Lieux de diffusion

→ **Voir aussi :**
Les Médias ethniques du Québec, Québec, Ministère de la culture et des communications, 1994, 85 p.

A VOZ DE PORTUGAL
4117-A, boul. Saint-Laurent
Montréal (Québec) H2W 1Y7
téléphone : (514) 844-0388, télécopieur : (514) 844-6283
courriel : journal@avozdeportugal.com
http ://www.avozdeportugal.com
- Publication hebdomadaire s'adressant à la communauté portugaise.

BIBLIOTHÈQUE POLONAISE
3479, rue Peel
Montréal (Québec) H3A 1W7
téléphone : (514) 398-6978, télécopieur : (514) 398-8184
courriel : cxsw@musica.mcgill.ca
http://www.biblioteka.info/

BIBLIOTHÈQUE PUBLIQUE JUIVE
1, square Cummings
Montréal (Québec) H3W 1M6
téléphone : (514) 345-2627, télécopieur : (514) 345-6477
http://www.jewishpubliclibrary.org

CANADIAN JEWISH NEWS
1500, Don Mills Road, bureau 205
North York (Ontario) M3B 3K4
téléphone : (416) 391-1836, télécopieur : (416) 391-0829
courriel : info@cjnews.com
http://www.cjnews.com/
- Publication s'adressant à la communauté juive anglophone.

CENTRE COMMUNAUTAIRE ARMÉNIEN
3401, rue Olivar-Asselin
Montréal (Québec) H4J 1L5
téléphone : (514) 331-4880, télécopieur : (514) 332-4870

CENTRE DES ARTS SAIDYE-BRONFMAN
5170, chemin de la Côte-Sainte-Catherine
Montréal (Québec) H3W 1M7
téléphone : (514) 739-2301, télécopieur : (514) 739-9340
courriel : info@thesaidye.org
http://www.saidyebronfman.org/
• Centre culturel et artistique de la communauté juive, incluant une galerie d'art, deux troupes
  de théâtre et une école des beaux-arts.

CORRIERE ITALIANO
6900, rue Saint-Denis
Montréal (Québec) H2S 2S2
téléphone : (514) 279-4536, télécopieur : (514) 279-3900
courriel : corriereital@videotron.ca
• Publication s'adressant à la communauté italienne.

INSTITUT GŒTHE
418, rue Sherbrooke Est
Montréal (Québec) H2L 1J6
téléphone : (514) 499-0159, télécopieur : (514) 499-0905
http://www.goethe.de/uk/mon
• Centre de diffusion de la culture allemande, incluant une librairie, une salle de cinéma et des
  espaces d'exposition.

ISTITUTO ITALIANO DI CULTURA
1200, avenue du Docteur-Penfield
Montréal (Québec) H3A 1A9
téléphone : (514) 849-3473
courriel : ici@italcultur-qc.org
http://www.italcultur-qc.org
• Centre culturel italien.

LA PAROLE MÉTÈQUE
5005, chemin de la Côte-Sainte-Catherine, bureau 14
Montréal (Québec) H3W 1M5
téléphone : (514) 737-2666, télécopieur : (514) 737-2666
• Publication trimestrielle traitant de la condition des femmes, notamment celles des communautés culturelles.

LA REVUE DU MONDE ARABE
1111, rue Saint-Urbain, bureau 109
Montréal (Québec) H2Z 1Y6
téléphone : (514) 397-9595, télécopieur : (514) 397-6801

MONDIAL DES CULTURES DE DRUMMONDVILLE
405, rue Saint-Jean
Drummondville (Québec) J2B 5L7
téléphone : (819) 472-1184, télécopieur : (819) 474-6585
courriel : info@mondialdescultures.com
http://www.mondialdescultures.com
• Festival international consacré au patrimoine et aux traditions.

NUITS D'AFRIQUE
4362, boul. Saint-Laurent
Montréal (Québec) H2W 1Z5
téléphone : (514) 499-9239, télécopieur : (514) 499-9215
courriel : nuitafric@sprint.ca
http://www.festivalnuitsdafrique.com/
• Festival consacré à la culture africaine.

TRIBUNE JUIVE
5005, chemin de la Côte-Sainte-Catherine, bureau 14
Montréal (Québec) H3W 1M5
téléphone : (514) 737-2666, télécopieur : (514) 737-2666

UNION FRANÇAISE
529, avenue Viger Est
Montréal (Québec) H2L 2N9
téléphone : (514) 845-5195, télécopieur : (514) 987-9989
http://www.unionfrancaise.ca/
• Centre communautaire culturel et salle de spectacle.

LA VOIX SÉPHARADE
4735, chemin de la Côte-Sainte-Catherine
Montréal (Québec) H3W 1M1
téléphone : (514) 733-4998, télécopieur : (514) 733-3158

VUES D'AFRIQUE
67, rue Sainte-Catherine Ouest
5e étage, bureau 500
Montréal (Québec) H2X 1Z7
téléphone : (514) 284-3322, télécopieur : (514) 845-0631
courriel : info@vuesdafrique.org
http://www.vuesdafrique.org
- Événement annuel consacré aux cinémas africains et créoles.

Associations et organismes

AGENCE QUÉBEC WALLONIE-BRUXELLES POUR LA JEUNESSE
300, rue du Saint-Sacrement, bureau 320
Montréal (Québec) H2Y 1X4
téléphone : (514) 864-6028, télécopieur : (514) 873-1538
courriel : lagence@aqwbj.org
http://www.aqwbj.org

ASSOCIATION DE LA PRESSE ETHNIQUE DU QUÉBEC
6900, rue Saint-Denis
Montréal (Québec) H2S 2S2
téléphone : (514) 279-4536, télécopieur : (514) 279-3900

BUREAU INTERCULTUREL DE MONTRÉAL
275, rue Notre-Dame Est, 4e étage
Montréal (Québec) H2Y 1C6
téléphone : (514) 872-6133, télécopieur : (514) 872-1527
http://interculturel.ville.montreal.qc.ca

CENTRE HAÏTIEN D'ORGANISATION COMMUNAUTAIRE
ET DE PROMOTION DE LA CULTURE
155, rue Villeray Ouest, bureau 1
Montréal (Québec) H2R 1G4
téléphone : (514) 273-5515

COMMUNAUTÉ HELLÉNIQUE DE MONTRÉAL
5777, rue Wilderton
Montréal (Québec) H3S 2V7
téléphone : (514) 738-2421, télécopieur : (514) 738-5466

COMMUNAUTÉ SÉPHARADE UNIFIÉE DU QUÉBEC
1, carré Cummings, bureau 216
Montréal (Québec) H3W 1M6
téléphone : (514) 733-4998, télécopieur : (514) 733-3158
courriel : info@csq.qc.ca
http://www.csuq.org

COMMUNAUTÉ VIETNAMIENNE
6655, chemin de la Côte-des-Neiges, bureau 405
Montréal (Québec) H3S 3B4
téléphone : (514) 340-9630, télécopieur : (514) 340-1926
courriel : cdvietnam@hotmail.com
http://www.vietnam.qc.ca

CONGRÈS JUIF CANADIEN – RÉGION DU QUÉBEC
1, carré Cummings
Montréal (Québec) H3W 1M6
téléphone : (514) 345-6411, télécopieur : (514) 345-6412
courriel : cjc-quebec@cjc.ca
http://www.cjc.ca

CONSEIL DES RELATIONS INTERCULTURELLES
500, boul. René-Lévesque Ouest, bureau 10.04
Montréal (Québec) H2Z 1W7
téléphone : (514) 873-8501, télécopieur : (514) 873-3469
courriel : info@conseilinterculturel.gouv.qc.ca
http://www.conseilinterculturel.gouv.qc.ca
• Le Conseil est un organisme d'État permanent et autonome de consultation et de recherche sur l'interculturel.

INSTITUT INTERCULTUREL DE MONTRÉAL
4917, rue Saint-Urbain
Montréal (Québec) H2T 2W1
téléphone : (514) 288-7229, télécopieur : (514) 844-6800
courriel : info@iim.qc.ca
http://www.iim.qc.ca
• Organisme ayant pour objectif la recherche et l'action pour des alternatives interculturelles, dans une approche qui fait appel à plusieurs disciplines scientifiques et aux savoirs populaires.

MINISTÈRE DES RELATIONS AVEC LES CITOYENS ET DE L'IMMIGRATION
Gouvernement du Québec
Centre de documentation
360, rue McGill
Montréal (Québec) H2Y 2E9
téléphone : (514) 873-3263, télécopieur : (514) 864-2468
http://www.mrci.gouv.qc.ca

Littérature

→ **Voir aussi :**
La section « Théâtre »
Le chapitre « Revues culturelles et de sciences humaines »

Maisons d'édition

→ **Voir aussi :**
Le site web de
l'ASSOCIATION NATIONALE DES ÉDITEURS DE LIVRES
au : http://www.anel.qc.ca
• Le site répertorie la plupart des éditeurs québécois.

ART GLOBAL
384, avenue Laurier Ouest
Outremont (Québec) H2V 2K7
téléphone : (514) 272-6111, télécopieur : (514) 272-8609
courriel : kermoyan@edirom.com
• Livres d'art et littérature générale.

BORÉAL
4447, rue Saint-Denis
Montréal (Québec) H2J 2L2
téléphone : (514) 287-7401, télécopieur : (514) 287-7664
courriel : boreal@editionsboreal.qc.ca
http://www.editionsboreal.qc.ca
• L'un des principaux éditeurs du Québec. Publie des romans, des recueils de nouvelles et des essais.

LA COURTE ÉCHELLE
5243, boul. Saint-Laurent
Montréal (Québec) H2T 1S4
téléphone : (514) 274-2004, télécopieur : (514) 270-4160
courriel : info@courteechelle.com
http://www.courteechelle.com/
• Principal éditeur de littérature pour la jeunesse.

ÉCRITS DES FORGES
Case postale 335
1497, boul. Laviolette
Trois-Rivières (Québec) G9A 5G4
téléphone : (819) 379-9813, télécopieur : (819) 376-0774
courriel : ecrits.desforges@aiqnet.com
http://www.ecritsdesforges.com
• Éditeur de poésie.

ÉDITIONS DE L'HOMME
→ **Voir :**
GROUPE SOGIDÈS

ÉDITIONS DU JOUR
→ **Voir :**
GROUPE SOGIDÈS

FIDES
165, rue Deslauriers
Saint-Laurent (Québec) H4N 2S4
téléphone : (514) 745-4290, télécopieur : (514) 745-4299
courriel : editions@fides.qc.ca
http://www.fides.qc.ca
- Sciences humaines, littérature, ouvrages de référence, littérature pour la jeunesse ; *Le Diction-naire des œuvres littéraires du Québec* ; collection de poche de la Bibliothèque québécoise (BQ), en collaboration avec Leméac et Hurtubise HMH.

GROUPE SOGIDÈS
ÉDITIONS DE L'HOMME, ÉDITIONS DU JOUR, UTILIS
955, rue Amherst
Montréal (Québec) H2L 3K4
téléphone : 1 800 361-4806 ou (514) 523-1182, télécopieur : (514) 597-0370
courriel : edhomme@sogides.com
http://www.editions.org
- Ouvrages de référence, littérature, beaux livres.

GROUPE VILLE-MARIE LITTÉRATURE
L'HEXAGONE, QUINZE ÉDITEUR, VLB ÉDITEUR
1010, rue de La Gauchetière Est
Montréal (Québec) H2L 2N5
téléphone : (514) 523-1182, télécopieur : (514) 282-7530
courriel : vlm@sogides.com
http://www.edtypo.com
http://www.edhexagone.com
http://www.edvlb.com
- L'un des plus grands groupe d'édition, qui publie des romans, des recueils de nouvelles, de la poésie, du théâtre, des essais et des documents.

LES HERBES ROUGES
3575, boul. Saint-Laurent, bureau 304
Montréal (Québec) H2X 2T7
téléphone : (514) 845-4039, télécopieur : (514) 845-3629
- Théâtre, essais, poésie.

HÉRITAGE
300, rue Arran
Saint-Lambert (Québec) J4R 1K5
téléphone : (514) 875-0327, télécopieur : (450) 672-1481
courriel : heritage@mlink.net
- Littérature pour la jeunesse.

L'HEXAGONE
→ **Voir :**
GROUPE VILLE-MARIE LITTÉRATURE

HURTUBISE HMH
1815, avenue de Lorimier
Montréal (Québec) H2K 3W6
téléphone : (514) 523-1523, télécopieur : (514) 523-9969
courriel : hurtubisehmh@hurtubisehmh.com
http://www.hurtubisehmh.com
- Littérature générale, romans, essais, nouvelles, littérature pour la jeunesse.

LEMÉAC
4609, rue d'Iberville
Montréal (Québec) H2H 2L9
téléphone : (514) 524-5558, télécopieur : (514) 524-3145
courriel : lemeac@lemeac.qc.ca
- Théâtre, romans, essais, littérature pour la jeunesse, histoire.

LE NOROÎT
6694, rue Papineau
Montréal (Québec) H2G 2X2
téléphone : (514) 682-3535, télécopieur : (514) 723-6660
courriel : lenoroit@lenoroit.com
http://www.lenoroit.com
• Poésie.

LIBRE EXPRESSION
7, chemin Bates
Outremont (Québec) H2V 1A6
téléphone : (514) 849-5259, télécopieur : (514) 849-1388
• Littérature générale, livres d'art, ouvrages de référence, histoire et sciences humaines.

NOTA BENE
1230, boul. René-Lévesque Ouest
Québec (Québec) G1S 1W2
téléphone : (418) 682-3535, télécopieur : (418) 656-7701
courriel : nbe@videotron.ca
http://www.notabene.ca
• Arts, lettres, sciences humaines et sociales.

NOUVELLES ÉDITIONS DE L'ARC
173, rue Sanguinet
Repentigny (Québec) J5Y 1T4
téléphone : (450) 582-3381, télécopieur : (450) 582-6863
courriel : jsi@total.net
• Poésie, chanson, littérature pour la jeunesse.

PRESSES DE L'UNIVERSITÉ DE MONTRÉAL
Université de Montréal
Case postale 6128, succursale Centre-ville
Montréal (Québec) H3C 3J7
téléphone : (514) 343-6933, télécopieur : (514) 343-2232
courriel : pum@umontreal.ca
http://www.pum.umontreal.ca

PRESSES DE L'UNIVERSITÉ DU QUÉBEC
Université du Québec
2875, boul. Laurier, bureau 450
Sainte-Foy (Québec) G1V 2M3
téléphone : (418) 657-4399, télécopieur : (418) 657-2096
courriel : puq@puq.uqebec.ca
http://www.puq.uquebec.ca

PRESSES DE L'UNIVERSITÉ LAVAL
Pavillon Maurice-Pollack, bureau 3103
Université Laval
Québec (Québec) G1K 7P4
téléphone : (418) 656-2803, télécopieur : (418) 656-3305
courriel : presses@pul.ulaval.ca
http://www.ulaval.ca/pul

LES PUBLICATIONS DU QUÉBEC
1500-D, rue Jean-Talon Nord, 1er étage
Sainte-Foy (Québec) G1N 2E5
téléphone : 1 800 463-2100 ou (418) 643-5150
télécopieur : (418) 643-6177
http://publicationsduquebec.gouv.qc.ca
- Éditeur officiel du Québec. Publie aussi des ouvrages sur la langue, la culture, l'histoire de l'art et l'histoire générale.

QUÉBEC/AMÉRIQUE
329, rue de la Commune Ouest, 3e étage
Montréal (Québec) H2Y 2E1
téléphone : (514) 499-3000, télécopieur : (514) 499-3010
courriel : reception@quebec-amerique.com
http://www.quebec-amerique.com
- Romans, essais, ouvrages de référence, littérature pour la jeunesse.

QUINZE ÉDITEUR
→ Voir :
GROUPE VILLE-MARIE LITTÉRATURE

REMUE-MÉNAGE
110, rue Sainte-Thérèse, bureau 501
Montréal (Québec) H2Y 1E6
téléphone : (514) 876-0097, télécopieur : (514) 876-7951
courriel : info@editions-remuemenage.qc.ca
http://www.editions-remuemenage.qc.ca/
- Romans, poésie, théâtre, essais. Place privilégiée à la parole des femmes.

TRIPTYQUE
2200, rue Marie-Anne Est
Montréal (Québec) H2H 1N1
téléphone : (514) 597-1666, télécopieur : (514) 597-1666
courriel : tripty@generation.net
http://www.generation.net/tripty
• Poésie, récits, romans, critique littéraire et culturelle.

VLB ÉDITEUR
→ **Voir :**
GROUPE VILLE-MARIE LITTÉRATURE

XYZ ÉDITEUR
1781, rue Saint-Hubert
Montréal (Québec) H2L 3Z1
téléphone : (514) 525-2170, télécopieur : (514) 525-7537
courriel : info@xyzedit.qc.ca
http://www.xyzedit.qc.ca/
• Romans, nouvelles, essais.

Associations d'éditeurs et de libraires

ASSOCIATION DES ÉDITEURS ANGLOPHONES DU QUÉBEC
1200, rue Atwater, bureau 3
Montréal (Québec) H3Z 1X4
téléphone : (514) 932-5633, télécopieur : (514) 932-5456
courriel : aeaq@cam.org

ASSOCIATION DES LIBRAIRES DU QUÉBEC
1001, boul. De Maisonneuve Est, bureau 580
Montréal (Québec) H2L 4P9
téléphone : (514) 526-3349, télécopieur : (514) 526-3340
courriel : info@alq.qc.ca
http://www.alq.qc.ca

ASSOCIATION NATIONALE DES ÉDITEURS DE LIVRES
2514, boul. Rosemont
Montréal (Québec) H1Y 1K4
téléphone : (514) 273-8130, télécopieur : (514) 273-9657
courriel : info@anel.qc.ca
http://www.anel.qc.ca/fr/

SOCIÉTÉ DE DÉVELOPPEMENT DES PÉRIODIQUES CULTURELS QUÉBÉCOIS (SODEP)
460, rue Sainte-Catherine Ouest, bureau 716
Montréal (Québec) H3B 1A7
téléphone : (514) 398-8669, télécopieur : (514) 397-6887
courriel : info@sodep.qc.ca
http://www.sodep.qc.ca
• Fondée en 1978, la Société vise à promouvoir les revues culturelles et littéraires du Québec.

Festivals de littérature

FESTIVAL INTERNATIONAL DE LA POÉSIE
Case postale 335
Trois-Rivières (Québec) G9A 5G4
téléphone : (819) 379-9813, télécopieur : (819) 376-0774
courriel : info@fiptr.com
http://www.fiptr.com/

FESTIVAL INTERNATIONAL DE LA LITTÉRATURE
Union des écrivaines et écrivains québécois
3492, avenue Laval
Montréal (Québec) H2X 3C8
téléphone : 1 888 849-8540, poste 20 ou (514) 849-8540, télécopieur : (514) 849-6239
courriel : ecrivez@uneq.qc.ca
http://www.uneq.qc.ca/festival/

FESTIVAL MÉTROPOLIS BLEU
1650, avenue Lincoln, bureau 3
Montréal (Québec) H3H 1H1
téléphone : (514) 937-2538, télécopieur : (514) 987-1148
courriel : info@blue-met-bleu.com
http://mbleu.pmvp.ca/

Bibliothèques et centres de documentation

→ **Voir aussi :**
La section « Arts visuels, musées et centres culturels »

ARCHIVES NATIONALES DU CANADA
395, rue Wellington
Ottawa (Ontario) K1A 0N3
téléphone : 1 866 578-7777 ou (613) 995-5138
télécopieur : (613) 995-6274
http://www.archives.ca
• Acquisition et description de documents des institutions fédérales et de documents privés
  d'importance patrimoniale.

ARCHIVES NATIONALES DU QUÉBEC
1210, avenue du Séminaire
Case postale 10450
Sainte-Foy (Québec) G1V 4N1
téléphone : (418) 644-3906, télécopieur : (418) 646-0868
http://www.anq.gouv.qc.ca

Archives audiovisuelles
téléphone : (418) 643-9889, télécopieur : (418) 646-0868

Archives photographiques et iconographiques
téléphone : (418) 643-6070, télécopieur : (418) 646-0868

Bureau de Montréal :
535, avenue Viger Est
Montréal (Québec) H2L 2P3
téléphone : (514) 873-6000, télécopieur : (514) 873-2980

Archives audiovisuelles, photographiques et iconographiques
téléphone : (514) 873-5136, télécopieur : (514) 873-2980

BIBLIOTHÈQUE DE LA VILLE DE MONTRÉAL
Bibliothèque centrale
1210, rue Sherbrooke Est
Montréal (Québec) H2L 1L9
téléphone : (514) 872-5923, télécopieur : (514) 872-1626
http://www.ville.montreal.qc.ca/biblio

BIBLIOTHÈQUE NATIONALE DU CANADA
395, rue Wellington
Ottawa (Ontario) K1A 0N4
téléphone : 1 877 896-9481 ou (613) 995-9481/7969
télécopieur : (613) 943-1112
courriel : reference@nlc-bnc.ca
http://www.nlc-bnc.ca

BIBLIOTHÈQUE NATIONALE DU QUÉBEC
Dépôt légal
2275, rue Holt
Montréal (Québec) H2G 3H1
téléphone : (514) 873-1100, télécopieur : (514) 873-9312
courriel : info@bnquebec.ca
http://www.bnquebec.ca

Collections générales
1700, rue Saint-Denis
Montréal (Québec) H2X 3K6
téléphone : (514) 873-1100, télécopieur : (514) 873-9312

Collections spéciales et archives privées
2275, rue Holt
Montréal (Québec) H2G 3H1
téléphone : (514) 873-1100, télécopieur : (514) 873-9312

Revues, journaux et publications gouvernementales
4499, avenue de l'Esplanade
Montréal (Québec) H2W 1T2
téléphone : (514) 873-1100, télécopieur : (514) 873-9312
- La Bibliothèque est responsable du dépôt légal pour tout document lié au Québec ou publié au Québec.

CENTRE CANADIEN D'ARCHITECTURE (CCA)
1920, rue Baile
Montréal (Québec) H3H 2S6
téléphone : (514) 939-7026, télécopieur : (514) 939-7020
http://cca.qc.ca

CENTRE DE RECHERCHE EN CIVILISATION CANADIENNE-FRANÇAISE (CRCCF)
Université d'Ottawa
Pavillon Lamoureux, bureau 271
145, rue Jean-Jacques-Lussier
Case postale 450, succursale A
Ottawa (Ontario) K1N 6N5
téléphone : (613) 562-5877, télécopieur : (613) 562-5143
courriel : crccf@uottawa.ca
http://www.uottawa.ca/academic/crccf/
• Groupe de recherche pluridisciplinaire voué à la promotion de la recherche sur le Québec
  et le Canada français passé et présent, dans les domaines des sciences humaines et sociales.

CENTRE DE RECHERCHE INTERUNIVERSITAIRE
SUR LA LITTÉRATURE ET LA CULTURE QUÉBÉCOISES (CRILCQ)
http://www.crilcq.org
• Issu de la fusion du Centre de recherche en littérature québécoise (CRELIQ) et du Centre
  d'études québécoises (CÉTUQ), le CRILCQ réunit une quarantaine de chercheurs qui étudient la littérature et la culture du Québec. Le Centre est réparti en trois sites : l'Université
  Laval, l'Université de Montréal et l'Université du Québec à Montréal.

Université Laval
Faculté des lettres
Pavillon Charles-De Koninck
Québec (Québec) G1K 7P4
téléphone : (418) 656-5373, télécopieur : (418) 656-7701
courriel : crilcq@crilcq.ulaval.ca

Université de Montréal
Département d'études françaises
Case postale 6128, succursale Centre-ville
Montréal (Québec) H3C 3J7
téléphone : (514) 343-7369, télécopieur : (514) 343-2256
courriel : crilcq@umontreal.ca

Université du Québec à Montréal
Département d'études littéraires
Case postale 8888, succursale Centre-ville
Montréal (Québec) H3C 3P8
téléphone : (514) 987-3000, poste 2237, télécopieur : (514) 987-8218
courriel : crilcq@uqam.ca

CENTRE D'ÉTUDES AMÉRINDIENNES
Université du Québec à Chicoutimi
555, rue de l'Université
Chicoutimi (Québec) G7H 2B1
téléphone : (418) 545-5011, poste 5086 ou 2323, télécopieur : (418) 545-5012
http://www.uqac.ca/cea/
• Recherches historiques et archéologiques, linguistiques et psychosociales sur les Amérindiens.

CINÉMATHÈQUE QUÉBÉCOISE
335, boul. de Maisonneuve Est
Montréal (Québec) H2X 1K1
téléphone : (514) 842-9763, télécopieur : (514) 842-1816
courriel : info@cinematheque.qc.ca
http://www.cinematheque.qc.ca
• La Cinémathèque a le mandat de conserver, documenter et mettre en valeur le patrimoine cinématographique et télévisuel national et international.

GRANDE BIBLIOTHÈQUE DU QUÉBEC
Édifice Alcide-Chaussée
85, rue Sherbrooke Est, 1er étage
Montréal (Québec) H2X 1E3
téléphone : (514) 873-3114, télécopieur : (514) 873-4304
http://www.bnquebec.ca
• La Grande Bibliothèque verra le jour en 2005.

HÉRITAGE MONTRÉAL
100, rue Sherbrooke Est, bureau 0500
Montréal (Québec) H2X 1C3
téléphone : (514) 286-2662, télécopieur : (514) 286-1661
courriel : contact@heritagemontreal.qc.ca
http://www.heritagemontreal.qc.ca
• Organisme indépendant d'étude, de promotion et de défense du patrimoine architectural.

INSTITUT D'HISTOIRE DE L'AMÉRIQUE FRANÇAISE
261, avenue Bloomfield
Outremont (Québec) H2V 3R6
téléphone : (514) 278-2232, télécopieur : (514) 271-6369
courriel : ihaf@ihaf.qc.ca
http://www.cam.org/~ihaf/

LABORATOIRE INTERNATIONAL D'ÉTUDE MULTIDISCIPLINAIRE COMPARÉE
DES REPRÉSENTATIONS DU NORD
Université du Québec à Montréal
Département d'études littéraires
Case postale 8888, succursale Centre-ville
Montréal (Québec) H3C 3P8
téléphone : (514) 987-3000, poste 4926, télécopieur : (514) 987-8218
courriel : imaginairedunord@uqam.ca
http://imaginairedunord.uqam.ca
- Laboratoire d'étude des représentations du Nord (Québec, Scandinavie, Finlande, Nunavik, Nunavut, Groenland) issues de la littérature, du cinéma et des arts visuels.

OFFICE QUÉBÉCOIS DE LA LANGUE FRANÇAISE
125, rue Sherbrooke Ouest
Montréal (Québec) H2X 1X4
téléphone : 1 888 873-6202 ou (514) 873-6565
télécopieur : (514) 873-3488
courriel : info@oqlf.gouv.qc.ca
http://www.olf.gouv.qc.ca
- Recherches en sociolinguistique, en démolinguistique et en sociologie de la langue.

Associations et organismes

ACADÉMIE DES LETTRES DU QUÉBEC
4070, rue Saint-Hubert
Montréal (Québec) H2L 4A8
téléphone : (514) 525-1808, télécopieur : (514) 525-9945

ASSOCIATION DES BIBLIOTHÉCAIRES DU QUÉBEC
Case postale 1095
Pointe-Claire (Québec) H9S 4H9
téléphone : (514) 421-7541, télécopieur : (514) 421-7541
courriel : abqla@abqla.qc.ca
http://www.abqla.qc.ca/abqlaf.html

ASSOCIATION DES ÉCRIVAINS QUÉBÉCOIS POUR LA JEUNESSE
637, rue Olympia
Deux-Montagnes (Québec) J7R 6E6
téléphone : (450) 623-0481, télécopieur : (450) 623-2609
courriel : aeqj@iquebec.com
http://iquebec.ifrance.com/aeqj
- Fondée en 1992, l'Association a pour mandat de promouvoir la littérature pour la jeunesse.

QUEBEC WRITERS FEDERATION
1200, rue Atwater, bureau 3
Montréal (Québec) H3Z 1X4
téléphone : (514) 933-0878, télécopieur : (514) 934-2485
courriel : qspell@total.net
http://www.qwf.org/
- Fondée en 1998, la Fédération rassemble les auteurs québécois de langue anglaise.

UNION DES ÉCRIVAINES ET ÉCRIVAINS QUÉBÉCOIS (UNEQ)
3492, avenue Laval
Montréal (Québec) H2X 3C8
téléphone : 1 888 849-8540, poste 20 ou (514) 849-8540, télécopieur : (514) 849-6239
courriel : ecrivez@uneq.qc.ca
http://www.uneq.qc.ca
- Fondée en 1977, l'Union est un syndicat professionnel qui travaille à la promotion et à la diffusion de la littérature québécoise, au Québec et à l'étranger, de même qu'à la défense des droits socio-économiques des écrivains.

Médias, multimédia et internet

→ **Voir aussi :**
La section « Cinéma, télévision et arts médiatiques »

Lieux de diffusion

CANOË
http://www.canoe.qc.ca
• Portail internet sur la culture et la société québécoises.

LA TOILE DU QUÉBEC
http://www.toile.qc.ca
• Moteur de recherche des sites sur la culture et la société québécoises.

Journaux

COMMUNICATIONS VOIR (VOIR et HOUR)
355, rue Sainte-Catherine Ouest, 7e étage
Montréal (Québec) H3B 1A5
téléphone : (514) 848-0805, télécopieur : (514) 848-9004
courriel : info@voir.ca
http://www.voir.ca et http://www.hour.ca
• Hebdomadaires culturels de langues française (VOIR) et anglaise (HOUR).

LE DEVOIR
2050, rue de Bleury, 9e étage
Montréal (Québec) H3A 3M9
téléphone : (514) 985-3399, télécopieur : (514) 985-3390
courriel : devoir@cam.org
http://www.ledevoir.com
• Seul quotidien indépendant du Québec.

LE DROIT
47, rue Clarence, bureau 222
Case postale 8860, succursale T
Ottawa (Ontario) K1G 3J9
téléphone : (613) 562-0111, télécopieur : (613) 562-7539
courriel : ledroit@ledroit.com
http://www.cyberpresse.ca/ledroit
• Journal quotidien de langue française de la région outaouaise.

THE GAZETTE
1010, rue Sainte-Catherine Ouest, bureau 200
Montréal (Québec) H3B 5L1
téléphone : (514) 987-2222, télécopieur : (514) 987-2399
courriel : webmaster@thegazette.southam.ca
http://www.montrealgazette.com
• Journal quotidien de langue anglaise de la région montréalaise.

THE GLOBE AND MAIL
2000, rue Peel, bureau 650
Montréal (Québec) H3A 2W5
téléphone : (514) 982-3065, télécopieur : (514) 845-5815
http://www.globeandmail.com
• Journal quotidien de langue anglaise du Canada.

LE JOURNAL DE MONTRÉAL
4545, rue Frontenac
Montréal (Québec) H2H 2R7
téléphone : (514) 521-4545, télécopieur : (514) 521-4416
courriel : transmission@journalmtl.com
http://www.journaldemontreal.com
• Journal quotidien populaire de langue française.

LE LIBRAIRE
Journal de la librairie indépendante
286, rue Saint-Joseph est
Québec (Québec) G1K 3A9
téléphone : (418) 692-5421, télécopieur : (418) 692-1021
courriel : hsimard@lelibraire.org
http://www.lelibraire.org
• Ce journal, distribué gratuitement dans une cinquantaine de librairies indépendantes du
  Québec ainsi que dans une centaine de lieux culturels sur l'ensemble du territoire québécois,
  paraît six fois par année. Il traite essentiellement de l'actualité littéraire tant québécoise
  qu'étrangère de langue française.

MIRROR/ICI
465, rue McGill, 3e étage
Montréal (Québec) H2Y 4B4
téléphone : (514) 393-1010, télécopieur : (514) 393-3173
courriel : letters@mtl-mirror.ca
http://www.montrealmirror.com
• Hebdomadaires culturels de langues française (ICI) et anglaise (MIRROR).

LA PRESSE
7, rue Saint-Jacques
Montréal (Québec) H2Y 1K9
téléphone : (514) 285-7070, télécopieur : (514) 285-6808
courriel : general@lapresse.ca
http://www.cyberpresse.ca
• Journal quotidien de langue française de la région montréalaise.

LE SOLEIL
925, chemin Saint-Louis
Case postale 1547, succursale Terminus
Québec (Québec) G1K 7J6
téléphone : (418) 686-3233, télécopieur : (418) 686-3374
courriel : redaction@lesoleil
http://www.lesoleil.com
• Journal quotidien de langue française de la région de Québec.

Associations et organismes

ASSOCIATION DES JOURNALISTES INDÉPENDANTS DU QUÉBEC
1601, rue de Lorimier
Montréal (Québec) H2K 4M5
téléphone : (514) 529-3105
courriel : ajiq@cam.org
http://www.ajiq.qc.ca

CENTRE DE PROMOTION DU LOGICIEL QUÉBÉCOIS
407, boul. Saint-Laurent, bureau 600
Montréal (Québec) H2Y 2Y5
téléphone : (514) 874-2667, télécopieur : (514) 874-1568
courriel : info@interlogiq.ca
http://www.cplq.org
• Aide et soutien aux producteurs de logiciels.

CENTRE DE RECHERCHE INFORMATIQUE DE MONTRÉAL
550, rue Sherbrooke Ouest, bureau 100
Montréal (Québec) H3A 1B9
téléphone : (514) 840-1234, télécopieur : (514) 840-1244
courriel : info@crim.ca
http://www.crim.ca
• Recherche en transfert de connaissances et formation en technologies de l'information.

CENTRE DE VEILLE SUR LES MÉDIAS
Université Laval
Faculté des arts
Québec (Québec) G1K 7P4
téléphone : (418) 656-3235, télécopieur : (418) 656-7807
courriel : cem@com.ulaval.ca
http://www.cem.ulaval.ca
• Rapports de recherche, analyses comparatives, études, réseau de contacts, organisation de colloques, de séminaires et d'ateliers, revue de presse sur les nouvelles technologies de diffusion.

CONSEIL DE LA RADIODIFFUSION ET DES TÉLÉCOMMUNICATIONS CANADIENNES (CRTC)
405, boul. de Maisonneuve Est, bureau B2300
Montréal (Québec) H2L 4J5
téléphone : 1 877 249-2782 ou (514) 283-6607

courriel : info@crtc.gc.ca
http://www.crtc.gc.ca
- Le Conseil est un organisme du gouvernement fédéral chargé de réglementer les réseaux de radiodiffusion et de télécommunications.

FÉDÉRATION PROFESSIONNELLE DES JOURNALISTES DU QUÉBEC
1012, avenue du Mont-Royal Est, bureau 105
Montréal (Québec) H2J 1X6
téléphone : (514) 522-6142, télécopieur : (514) 522-6071
courriel : info@fpjq.org
http://www.fpjq.org
- Fondée en 1969, la Fédération compte aujourd'hui environ 1 700 membres dans les médias écrits et électroniques, ce qui en fait la plus importante association de journalistes au Québec.

MINISTÈRE DE LA CULTURE ET DES COMMUNICATIONS
Gouvernement du Québec
Direction des arts, des médias et des technologies de l'information
Direction des programmes
225, avenue Grande-Allée Est
Bloc A, 1er étage
Québec (Québec) G1R 5G5
téléphone : (418) 6380-2310, télécopieur : (418) 480-2311
http://www.mcc.gouv.qc.ca/minister/

Direction de l'inforoute et des communications
225, avenue Grande-Allée Est
Bloc C, 4e étage
Québec (Québec) G1R 5G5
téléphone : (418) 380-2376, télécopieur : (418) 380-2382
http://www.autoroute.gouv.qc.ca

QUI FAIT QUOI
1276, rue Amherst
Montréal (Québec) H2L 3K8
téléphone : (514) 842-5333, télécopieur : (514) 842-6717
courriel : info@qfq.com
http://www.qfq.com
- Guide quotidien, mensuel et annuel des agents de l'industrie culturelle québécoise.

NUMÉRICQ
335, boul. de Maisonneuve Est, bureau 300
Montréal (Québec) H2X 1K1
téléphone : (514) 848-7177 ou 1 866 848-7177, télécopieur : (514) 848-7133
courriel : alliance@numeriqc.ca
http://www.numeriqc.ca
- Regroupement de l'Association des producteurs en multimédia du Québec, du Consortium multimédia et du Forum des inforoutes et du multimédia.

SOCIÉTÉ DES ARTS TECHNOLOGIQUES (SAT)
1195, boul. Saint-Laurent
Case postale 1083, succursale Desjardins
Montréal (Québec) H5B 1C2
téléphone : (514) 844-2033, télécopieur : (514) 982-6093
courriel : sat@sat.qc.ca
http://www.sat.qc.ca/
- Centre transdisciplinaire de création et de diffusion voué au développement et à la conservation de la culture numérique.

SOCIÉTÉ DE DÉVELOPPEMENT DES PÉRIODIQUES CULTURELS QUÉBÉCOIS (SODEP)
460, rue Sainte-Catherine Ouest, bureau 716
Montréal (Québec) H3B 1A7
téléphone : (514) 398-8669, télécopieur : (514) 397-6887
courriel : info@sodep.qc.ca
http://www.sodep.qc.ca
- Fondée en 1978, la Société vise à promouvoir les revues culturelles et littéraires du Québec.

Métiers d'art et culture traditionnelle

Lieux de diffusion

MUSÉE QUÉBÉCOIS DE CULTURE POPULAIRE
2750, boul. Des Forges
Case postale 1420
Trois-Rivières (Québec) G9A 5L2
téléphone : (819) 372-0406, télécopieur : (819) 372-9907
courriel : info@culturepop.qc.ca
http://www.culturepop.qc.ca/
- Le Musée se définit comme un musée de société qui met en valeur toutes les cultures populaires dans ce qu'elles ont de diversité et de pluralité.

SALON DES MÉTIERS D'ART DU QUÉBEC
Conseil des métiers d'art du Québec
350, rue Saint-Paul Est, bureau 400
Montréal (Québec) H2Y 1H2
téléphone : (514) 861-2787, télécopieur : (514) 861-9191
courriel : cmaq@metiers-d-art.qc.ca
http://www.salondesmetiersdart.com

Associations et organismes

CONSEIL DES MÉTIERS D'ART DU QUÉBEC
Marché Bonsecours
350, rue Saint-Paul Est, bureau 400
Montréal (Québec) H2Y 1H2
téléphone : (514) 861-2767, télécopieur : (514) 861-9191
courriel : cmaq@metiers-d-art.qc.ca
http://www.metiers-d-art.qc.ca/
• Le Conseil est reconnu par la Loi sur le statut de l'artiste comme l'organisme national chargé d'assurer la défense des droits des artisans créateurs.

Musique et chanson

Lieux de diffusion

COUPS DE CŒUR FRANCOPHONE
4492, rue Ontario Est, bureau B
Montréal (Québec) H1V 1K7
téléphone : (514) 253-3024, télécopieur : (514) 253-8031
courriel : coupdecoeur@cam.org
http://www.coupdecoeur.qc.ca
• Festival consacré à la chanson francophone.

FESTIVAL D'ÉTÉ DE QUÉBEC
226, rue Saint-Joseph
Québec (Québec) G1K 3A9
téléphone : 1 888 992-5200 ou (418) 692-4540, télécopieur : (418) 523-0194
courriel : infofestival@infofestival.com
http://www.infofestival.com
• Festival consacré aux spectacles musicaux et aux chansonniers.

FESTIVAL DE MUSIQUE DE CHAMBRE DE MONTRÉAL
Case postale 594, succursale Victoria
Montréal (Québec) H3Z 2Y6
téléphone : (514) 489-7444, télécopieur : (514) 489-7711
courriel : festivalmontreal@videotron.ca
http://www.festivalmontreal.org

FESTIVAL INTERNATIONAL DE JAZZ DE MONTRÉAL
822, rue Sherbrooke Est
Montréal (Québec) H2L 1K4
téléphone : (514) 525-7732, télécopieur : (514) 525-8033
courriel : commentaires_jazz@equipespectra.ca
http://www.montrealjazzfest.com

FESTIVAL INTERNATIONAL DE LA CHANSON DE GRANBY
135, rue Principale, bureau 31
Granby (Québec) J2G 2V1
téléphone : 1 888 375-3424 ou (450) 375-7555
télécopieur : (450) 375-1359
courriel : chanson@ficg.qc.ca
http://www.ficg.qc.ca
• Concours annuel destiné aux interprètes et aux auteurs-compositeurs-interprètes.

FESTIVAL INTERNATIONAL DE LANAUDIÈRE
1500, boul. Base-de-Roc
Joliette (Québec) J6E 3Z1
téléphone : (450) 759-7636, télécopieur : (450) 759-3082
courriel : festival@lanaudiere.org
http://www.lanaudiere.org
• Événement annuel consacré à la musique classique.

FESTIVAL INTERNATIONAL DE MUSIQUE ACTUELLE DE VICTORIAVILLE
Productions Plateforme
Case postale 460
Victoriaville (Québec) G6P 6T3
téléphone : (819) 752-7912, télécopieur : (514) 758-4370
courriel : info@fimav.qc.ca
http://www.fimav.qc.ca

FRANCOFOLIES DE MONTRÉAL
822, rue Sherbrooke Est
Montréal (Québec) H2L 1K4
téléphone : (514) 525-7732, télécopieur : (514) 525-8033
courriel : toutsurlesfrancos@equipespectra.ca
http://www.francofolies.com
• Événement annuel international consacré à la chanson francophone.

Orchestres et opéra

ORCHESTRE DE CHAMBRE I MUSICI DE MONTRÉAL
934, rue Sainte-Catherine Est, bureau 240
Montréal (Québec) H2L 2E9
téléphone : (514) 982-6037, télécopieur : (514) 982-6074
courriel : info@imusici.com
http://www.imusici.com

L'OPÉRA DE MONTRÉAL
260, boul. de Maisonneuve Ouest
Montréal (Québec) H2X 1Y9
téléphone : (514) 985-2222, télécopieur : (514) 985-2219
courriel : info@operademontreal.com
http://www.operademontreal.com

ORCHESTRE MÉTROPOLITAIN DU GRAND MONTRÉAL
505, rue Sherbrooke Est, bureau 202
Montréal (Québec) H2L 4N3
téléphone : (514) 598-0870, télécopieur : (514) 598-1703
courriel : musique@orchestremetropolitain.com
http://www.orchestremetropolitain.com

ORCHESTRE SYMPHONIQUE DE MONTRÉAL (OSM)
260, boul. de Maisonneuve Ouest
Montréal (Québec) H2X 1Y9
téléphone : (514) 842-3402, télécopieur : (514) 842-0728
courriel : general@osm.ca
http://www.osm.ca

ORCHESTRE SYMPHONIQUE DE QUÉBEC (OSQ)
130, Grande-Allée Ouest
Québec (Québec) G1R 2G7
téléphone : (418) 643-8486, télécopieur : (418) 646-9665
courriel : info@osq.org
http://www.osq.qc.ca

SOCIÉTÉ DE MUSIQUE CONTEMPORAINE DU QUÉBEC
Centre Pierre-Péladeau
300, boul. de Maisonneuve Est
Montréal (Québec) H2X 3X6
téléphone : (514) 843-9305, télécopieur : (514) 843-3167
courriel : smcq@smcq.qc.ca
http://www.smcq.qc.ca

Associations et organismes

ASSOCIATION DU DISQUE ET DE L'INDUSTRIE DU SPECTACLE DU QUÉBEC (ADISQ)
6420, boul. Saint-Laurent
Montréal (Québec) H2S 2R7
téléphone : (514) 842-5147, télécopieur : (514) 842-7762
courriel : info@adisq.com
http://www.adisq.com
- Organisme intéressé aux politiques de l'industrie du disque, du spectacle et de la vidéo, au financement de cette industrie, à la défense des droits des producteurs et à la réglementation de la radiodiffusion.

CONSEIL FRANCOPHONE DE LA CHANSON
1550, boul. Saint-Joseph Est
Montréal (Québec) H2J 1M7
téléphone : (514) 525-0200, télécopieur : (514) 598-8353
courriel : chanson@rideau-inc.qc.ca
http://www.chanson.ca
- Organisation internationale non gouvernementale dont la mission consiste à promouvoir la chanson et les musiques de l'espace francophone.

CONSEIL QUÉBÉCOIS DE LA MUSIQUE
1908, rue Panet, bureau 302
Montréal (Québec) H2L 3A2
téléphone : 1 800 999-1310 ou (514) 524-1310
télécopieur : (514) 524-2219
courriel : adm@cqm.qc.ca
http://www.cqm.qc.ca
- Organisme sans but lucratif qui regroupe les organismes et les individus professionnels œuvrant dans le domaine de la musique dite de concert.

GUILDE DES MUSICIENS DU QUÉBEC
2021, rue Union, bureau 800
Montréal (Québec) H3A 2S9
téléphone : 1 800 363-6688 ou (514) 842-2866
télécopieur : (514) 842-0917
courriel : info@guildedesmusiciens.com
http://www.guildedesmusiciens.com
• Syndicat professionnel dont la mission est de défendre et de promouvoir les intérêts économiques, sociaux, moraux et professionnels des musiciens pigistes.

JEUNESSES MUSICALES DU CANADA
305, avenue du Mont-Royal Est
Montréal (Québec) H2T 1P8
téléphone : (514) 845-4108, télécopieur : (514) 845-8241
courriel : info@jeunessesmusicales.ca
http://www.jeunessesmusicales.com

REGROUPEMENT DES ARTISTES DE JAZZ DU QUÉBEC
5665, 6e Avenue
Montréal (Québec) H1Y 2R1
téléphone : (514) 728-5670, télécopieur : (514) 728-1190
courriel : info@bernardprimeau.com

SOCIÉTÉ PROFESSIONNELLE DES AUTEURS ET DES COMPOSITEURS DU QUÉBEC
759, place Victoria, bureau 221
Montréal (Québec) H2Y 2J7
téléphone : (514) 845-3739, télécopieur : (514) 845-1903
courriel : info@spacq.qc.ca
http://www.spacq.qc.ca
• Organisme qui représente les auteurs et les compositeurs du Québec.

Théâtre

Lieux de diffusion et troupes de théâtre

BLACK THEATRE WORKSHOP
1827, rue Sainte-Catherine Ouest, bureau 2
Montréal (Québec) H3H 1M2
téléphone : (514) 932-1104, télécopieur : (514) 932-6311
courriel : info@blacktheatreworkshop.ca
http://www.blacktheatreworkshop.ca/
• Exploration de la culture théâtrale de la communauté noire.

CARBONE 14
1345, avenue Lalonde
Montréal (Québec) H2L 5A9
téléphone : (514) 521-4198, télécopieur : (514) 521-3681
courriel : info@usine-c.com
http://www.usine-c.com/carbone14.html
• Recherche et création en danse-théâtre, tournées internationales.

CARREFOUR INTERNATIONAL DE THÉÂTRE DE QUÉBEC
369, rue de la Couronne, bureau 400
Québec (Québec) G1R 6A9
téléphone : (418) 692-3131, télécopieur : (418) 692-5638
courriel : adm@carrefourtheatre.qc.ca
http://www.carrefourtheatre.qc.ca
• Festival annuel consacré au théâtre.

LE CARROUSEL
2017, rue Parthenais
Montréal (Québec) H2K 3T1
téléphone : (514) 529-6309, télécopieur : (514) 529-6952
courriel : theatre@lecarrousel.net
http://www.lecarrousel.net/
• Compagnie de théâtre jeune public.

CENTAUR THEATRE COMPANY
453, rue Saint-François-Xavier
Montréal (Québec) H2Y 2T1
téléphone : (514) 288-1229, télécopieur : (514) 288-8575
http://www.centaurtheatre.com
• Salle de théâtre de répertoire, classique et contemporain, de langue anglaise.

CENTRE SAIDYE-BRONFMAN POUR LES ARTS
5170, chemin de la Côte-Sainte-Catherine
Montréal (Québec) H3W 1M7
téléphone : (514) 739-2301, télécopieur : (514) 739-9340
courriel : info@saidyebronfman.org
http://www.saidyebronfman.org
• Salle de théâtre classique et contemporain ; aussi, deux productions annuelles en yiddish.

LA COMPAGNIE JEAN DUCEPPE
1400, rue Saint-Urbain
Montréal (Québec) H2X 2M5
téléphone : (514) 842-8194, télécopieur : (514) 842-1548
courriel : info@duceppe.com
http://www.duceppe.com
• Salle et troupe de théâtre.

LES DEUX MONDES
7285, rue Chabot
Montréal (Québec) H2E 2K7
téléphone : (514) 593-4417, télécopieur : (514) 593-6329
courriel : info@lesdeuxmondes.com
http://www.lesdeuxmondes.com
- Création théâtrale, tournées internationales.

ESPACE GO
4890, boul. Saint-Laurent
Montréal (Québec) H2T 1R5
téléphone : (514) 845-5455, télécopieur : (514) 845-9864
courriel : info@espacego.com
http://www.espacego.com
- Salle de théâtre.

FESTIVAL DE THÉÂTRE DES AMÉRIQUES
307, rue Sainte-Catherine Ouest
Case postale 507, succursale Desjardins
Montréal (Québec) H5B 1B6
téléphone : (514) 842-0704, télécopieur : (514) 842-3795
courriel : info@fta.qc.ca
http://www.fta.qc.ca
- Festival annuel réunissant différentes troupes de théâtre à travers le monde, et qui présente des spectacles en français, en anglais et en espagnol.

GROUPE DE LA VEILLÉE
1371, rue Ontario Est
Montréal (Québec) H2L 1S2
téléphone : (514) 526-7288, télécopieur : (514) 526-9493
courriel : veillee@cam.org
http://www.laveillee.qc.ca
- Salle de spectacle et troupe de théâtre.

LIGUE NATIONALE D'IMPROVISATION (LNI)
Case postale 1077, succursale C
Montréal (Québec) H2L 4V3
téléphone : (514) 528-5430, télécopieur : (514) 528-5881
courriel : lni@qc.aira.com
http://www.lni.ca

LA MAISON THÉÂTRE
245, rue Ontario Est
Montréal (Québec) H2X 3Y6
téléphone : (514) 288-7211, télécopieur : (514) 288-5724
courriel : info@maisontheatre.qc.ca
http://www.maisontheatre.qc.ca/
- Salle de théâtre jeune public.

LES MARIONNETTES DU BOUT DU MONDE
1540, rue Martel
Sainte-Foy (Québec) G2E 4B1
téléphone : (418) 871-8249, télécopieur : (418) 871-8249
courriel : theatre@marionnettes.ca
http://www.marionnettes.ca/
- Théâtre ambulant.

NOUVEAU THÉÂTRE EXPÉRIMENTAL
1945, rue Fullum
Montréal (Québec) H2K 3N3
téléphone : (514) 521-4199, télécopieur : (514) 521-8434
courriel : theatre@nte.qc.ca
http://www.nte.qc.ca

OMNIBUS
3673, rue Saint-Dominique
Montréal (Québec) H2X 2X8
téléphone : (514) 843-3009, télécopieur : (514) 843-8457
http://www.mimeomnibus.qc.ca
• Mime corporel.

PLAYWRIGHTS' WORKSHOP MONTRÉAL
Case postale 604, succursale Place d'Armes
Montréal (Québec) H2Y 3H8
téléphone : (514) 843-3685, télécopieur : (514) 843-9384
courriel : info@playwrightsworkshop.org
http://www.playwrightsworkshop.org
• Centre qui promeut le développement de créations théâtrales contemporaines en anglais.

TEESRI DUNIYA THEATRE
4324, boul. Saint-Laurent
Montréal (Québec) H2W 1Z3
téléphone : (514) 848-0238, télécopieur : (514) 848-0267
courriel : tduniya@aei.ca
http://www.teesriduniyatheatre.com/
• Troupe de théâtre de langue anglaise qui cherche à promouvoir les échanges culturels.

THÉÂTRE D'AUJOURD'HUI
3888, rue Saint-Denis
Montréal (Québec) H2W 2M2
téléphone : (514) 282-3900, télécopieur : (514) 282-7535
courriel : info@theatredaujourdhui.qc.ca
http://www.theatredaujourdhui.qc.ca
- Salle de théâtre.

THÉÂTRE DE LA MANUFACTURE
4559, avenue Papineau
Montréal (Québec) H2H 1V4
téléphone : (514) 523-0130, télécopieur : (514) 523-7061
courriel : admin@theatrelalicorne.com
http://www.theatrelalicorne.com/
- Troupe de théâtre (de la Manufacture) et salle de spectacle (de la Licorne).

THÉÂTRE DE L'OPSIS
1600, avenue de Lorimier, bureau 380
Montréal (Québec) H2K 3W5
téléphone : (514) 522-9393, télécopieur : (514) 526-5678
courriel : opsis@cam.org
- Recherche théâtrale (relecture et réécriture).

THÉÂTRE DENISE-PELLETIER/SALLE FRED-BARRY
4353, rue Sainte-Catherine Est
Montréal (Québec) H1V 1Y2
téléphone : (514) 253-8974, télécopieur : (514) 253-6886
courriel : com@denise-pelletier.qc.ca
http://www.denise-pelletier.qc.ca
- Salle de théâtre de répertoire et de découvertes théâtrales.

LE THÉÂTRE DE QUAT-SOUS
100, avenue des Pins Est
Montréal (Québec) H2W 1N9
téléphone : (514) 845-7277, télécopieur : (514) 845-1316
courriel : info@quatsous.com
http://www.quatsous.com/
- Salle de théâtre.

THÉÂTRE DU NOUVEAU MONDE
84, rue Sainte-Catherine Ouest
Montréal (Québec) H2X 1Z6
téléphone : (514) 878-7878
courriel : info@tnm.qc.ca
http://www.tnm.qc.ca
- Salle de théâtre de répertoire, classique et contemporain.

THÉÂTRE DU RIDEAU VERT
355, rue Gilford
Montréal (Québec) H2T 1M6
téléphone : (514) 845-0267, télécopieur : (514) 845-0712
courriel : abonnement@rideauvert.qc.ca
http://www.rideauvert.qc.ca
- Salle de théâtre.

THÉÂTRE DU TRIDENT
269, boul. René-Lévesque Est
Québec (Québec) G1R 2B3
téléphone : (418) 643-5873, télécopieur : (418) 646-5451
courriel : info@letrident.com
http://www.letrident.com
- Salle de théâtre de répertoire, classique et contemporain.

THÉÂTRE FRANÇAIS DU CENTRE NATIONAL DES ARTS
Case postale 1534, succursale B
Ottawa (Ontario) K1P 5W1
téléphone : 1 866 850-ARTS ou (613) 947-7000
télécopieur : (613) 943-1401
courriel : info@nac-cna.ca
http://www.nac-cna.ca
• Salle de théâtre de répertoire et de création.

THÉÂTRE HECTOR-CHARLAND
225, boul. l'Ange-Gardien
L'Assomption (Québec) J5W 4M6
téléphone : (450) 589-9198, télécopieur : (450) 589-5396
courriel : hcharland@hector-charland.com
http://www.hector-charland.com
• Salle de spectacles.

THÉÂTRE IL VA SANS DIRE
2025, rue Parthenais, bureau 302
Montréal (Québec) H2K 3T2
téléphone : (514) 525-1066, télécopieur : (514) 525-5110
courriel : ivsd@ivsd.org
http://www.ivsd.org
• Création théâtrale.

THÉÂTRE LES GENS D'EN BAS
50, route du Golf
Le Bic (Québec) G0L 1B0
téléphone : (418) 736-4141, télécopieur : (418) 736-4443
courriel : thetbic@globetrotter.net
http://www.theatredubic.com/
• Troupe de théâtre contemporain.

THÉÂTRE PÉRISCOPE
939, avenue de Salaberry
Québec (Québec) G1R 3B8
téléphone : (418) 648-9989, télécopieur : (418) 648-6465
courriel : info@theatreperiscope.qc.ca
http://www.theatreperiscope.qc.ca
• Salle de théâtre.

THÉÂTRE PETIT À PETIT/PÀP2
4949, rue Clark
Montréal (Québec) H2T 2T6
téléphone : (514) 845-7272, télécopieur : (514) 845-5357
courriel : pap@biz.videotron.ca
http://www.theatrepap.com/
• Création théâtrale.

THÉÂTRE SANS FIL
2050, rue Dandurand, bureau 412
Montréal (Québec) H2G 1Y9
téléphone : (514) 273-2286, télécopieur : (514) 273-0859
courriel : theatresansfil@qc.aira.com
http://www.theatresansfil.com
• Marionnettes géantes, création théâtrale.

THÉÂTRE UBU
4387, avenue Christophe-Colomb
Montréal (Québec) H2J 3G4
téléphone : (514) 521-0403, télécopieur : (514) 521-7157
courriel : courriel@theatreubu.ca
http://www.theatreubu.ca
• Troupe de théâtre contemporain.

Associations et organismes

ACADÉMIE QUÉBÉCOISE DU THÉÂTRE
6879, boul. Saint-Laurent
Montréal (Québec) H2S 3C9
téléphone : (514) 272-4252, télécopieur : (514) 272-4629
courriel : info@aqt.qc.ca
http://www.aqt.qc.ca/
- L'Académie a pour mandat de promouvoir le théâtre, de favoriser son développement et de mettre en valeur l'excellence de ses praticiens.

ASSOCIATION DES PROFESSIONNELS DES ARTS DE LA SCÈNE DU QUÉBEC (APASQ)
4874, rue de Brébeuf
Montréal (Québec) H2J 3L5
téléphone : 1 877 523-4221 ou (514) 523-4221
télécopieur : (514) 523-4418
courriel : info@apasq.org
http://www.apasq.org
- Association professionnelle qui regroupe et représente des concepteurs de décors, de costumes, d'éclairages, de son, de marionnettes, d'accessoires ; des adjoints metteurs en scène, des régisseurs ; des directeurs techniques et de production.

ASSOCIATION QUÉBÉCOISE DES AUTEURS DRAMATIQUES
187, rue Sainte-Catherine Est, 3e étage
Montréal (Québec) H2X 1K8
téléphone : (514) 596-3705, télécopieur : (514) 596-2953
courriel : info@aqad.qc.ca
http://www.aqad.qc.ca/
- Association qui administre les droits d'auteur pour toutes les œuvres dramatiques jouées au Québec.

CENTRE D'ESSAI DES AUTEURS DRAMATIQUES (CEAD)
3450, rue Saint-Urbain
Montréal (Québec) H2X 2N5
téléphone : (514) 288-3384, télécopieur : (514) 288-7043
courriel : cead@cead.qc.ca
http://www.cead.qc.ca
- Soutien, promotion et diffusion de l'écriture théâtrale québécoise, grâce entre autres à des ateliers de création, des rencontres entre auteurs et des lectures publiques, dont l'annuelle Semaine de la dramaturgie.

CONSEIL QUÉBÉCOIS DU THÉÂTRE (CQT)/
CENTRE QUÉBÉCOIS DE L'INSTITUT INTERNATIONAL DU THÉÂTRE (CQIIT)
460, rue Sainte-Catherine Ouest, bureau 808
Montréal (Québec) H3B 1A7
téléphone : 1 866 954-0270 ou (514) 954-0270
télécopieur : (514) 954-0165
courriel : cqt@cqt.ca
http://www.cqt.ca
- Organisme de représentation du milieu théâtral professionnel du Québec.

UNION DES ARTISTES (UDA)
3433, rue Stanley
Montréal (Québec) H3A 1S2
téléphone : (514) 288-6682, télécopieur : (514) 288-7150
http://www.uniondesartistes.com
- Syndicat qui représente les artistes de la scène, du disque et du cinéma œuvrant surtout en français au Québec et ailleurs au Canada.

3. RECHERCHE ET ENSEIGNEMENT

→ **Voir aussi :**
Le Bottin de la recherche publié annuellement par la revue de l'Association francophone pour le savoir (ACFAS), *Découvrir.*

Universités du Québec

Institutions universitaires

TÉLÉ-UNIVERSITÉ
Université du Québec
455, rue de l'Église
Case postale 4800, succursale Terminus
Québec (Québec) G1K 9H5
téléphone : (418) 657-2262, télécopieur : (514) 657-2094
http://www.teluq.uquebec.ca

Bureau de Montréal :
4750, avenue Henri-Julien, bureau 100
Montréal (Québec) H2T 3E4
téléphone : (514) 843-2015, télécopieur : (514) 843-2160

UNIVERSITÉ BISHOP'S
Lennoxville (Québec) J1M 1Z7
téléphone : (819) 822-9600, télécopieur : (819) 822-9661
http://www.ubishops.ca/

UNIVERSITÉ CONCORDIA
Campus Sir George Williams
1455, boul. de Maisonneuve Ouest
Montréal (Québec) H3G 1M8
téléphone : (514) 848-2424, télécopieur : (514) 848-8765
http://www.concordia.ca

Campus Loyola
7141, rue Sherbrooke Ouest
Montréal (Québec) H4B 1R6

UNIVERSITÉ DE MONTRÉAL
Case postale 6128, succursale Centre-ville
Montréal (Québec) H3C 3J7
téléphone : (514) 343-6111
http://www.umontreal.ca

UNIVERSITÉ DE SHERBROOKE
2500, boul. de l'Université
Sherbrooke (Québec) J1K 2R1
téléphone : (819) 821-7000, télécopieur : (819) 821-6900
http://www.usherb.ca

UNIVERSITÉ DU QUÉBEC
Siège social
2875, boul. Laurier
Sainte-Foy (Québec) G1V 2M3
téléphone : (418) 657-3551, télécopieur : (418) 657-2132
http://www.uquebec.ca

Université du Québec à Chicoutimi (UQAC)
555, boul. de l'Université
Chicoutimi (Québec) G7H 2B1
téléphone : (418) 545-5011, télécopieur : (418) 545-5012
http://www.uqac.uquebec.ca

Université du Québec en Outaouais (UQO)
283, boul. Alexandre-Taché, bureau E-2200
Case postale 1250, succursale B
Gatineau (Québec) J8X 3X7
téléphone : (819) 595-3900, télécopieur : (819) 595-3924
http://www.uqo.ca

Université du Québec à Rimouski (UQAR)
300, allée des Ursulines
Case postale 3300
Rimouski (Québec) G5L 3A1
téléphone : (418) 723-1986
http://www.uqar.qc.ca

Université du Québec à Trois-Rivières (UQTR)
3351, boul. des Forges
Case postale 500
Trois-Rivières (Québec) G9A 5H7
téléphone : (819) 376-5011, télécopieur : (819) 376-5012
http://www.uqtr.ca

Université du Québec en Abitibi-Témiscamingue (UQAT)
445, boul. de l'Université
Rouyn-Noranda (Québec) J9X 5E4
téléphone : (819) 762-0971, télécopieur : (819) 797-4727
http://www.uqat.uquebec.ca

UNIVERSITÉ DU QUÉBEC À MONTRÉAL (UQAM)
Case postale 8888, succursale Centre-ville
Montréal (Québec) H3C 3P8
téléphone : (514) 987-3132
http://www.uqam.ca

UNIVERSITÉ LAVAL
Québec (Québec) G1K 7P4
téléphone : (418) 656-2571, télécopieur : (418) 656-2809
http://www.ulaval.ca

UNIVERSITÉ McGILL
845, rue Sherbrooke Ouest
Montréal (Québec) H3A 2T5
téléphone : (514) 398-4455, télécopieur : (514) 398-4768
http://www.mcgill.ca

Associations universitaires

AGENCE INTERUNIVERSITAIRE DE LA FRANCOPHONIE (AUPELF-UREF)
3034, boul. Édouard-Montpetit
Case postale 400, succursale Côte-des-Neiges
Montréal (Québec) H3S 2S7
téléphone : (514) 343-7241, télécopieur : (514) 343-6558
http://www.auf.org
• Coopération interuniversitaire dans l'espace scientifique francophone.

ASSOCIATION DES UNIVERSITÉS ET COLLÈGES DU CANADA
350, rue Albert, bureau 600
Ottawa (Ontario) K1R 1B1
téléphone : (613) 563-1236, télécopieur : (613) 563-9745
http://www.aucc.ca
• Organisme qui représente 93 universités et collèges universitaires publics et privés au Canada.

ASSOCIATION POUR LA RECHERCHE AU COLLÉGIAL
255, rue Ontario Est, local A7-67
Montréal (Québec) H2X 1X6
téléphone : (514) 843-8491, télécopieur : (514) 982-3448
courriel : arc@cvm.qc.ca
http://www.cvm.qc.ca/arc
• Fondée en 1988, l'Association travaille au développement de la recherche dans les collèges du Québec.

CONFÉRENCE DES RECTEURS ET DES PRINCIPAUX DES UNIVERSITÉS DU QUÉBEC (CREPUQ)
500, rue Sherbrooke Ouest, bureau 200
Montréal (Québec) H3A 3C6
téléphone : (514) 288-8524, télécopieur : (514) 288-0554
courriel : info@crepuq.qc.ca
http://www.crepuq.qc.ca
• Fondée en 1963, la Conférence est un organisme qui réunit toutes les universités du Québec et qui s'intéresse aux questions concernant les activités et le développement des universités, notamment les ententes internationales.

CONSEIL NATIONAL DES CYCLES SUPÉRIEURS
Fédération étudiante universitaire du Québec (FEUQ)
210, rue Sainte-Catherine Est, bureau 300
Montréal (Québec) H2X 1L1
téléphone : (514) 396-3320, télécopieur : (514) 396-7140
courriel : feuq@feuq.qc.ca
http://www.feuq.qc.ca

Bureau de Québec :
432-A, boul. René-Lévesque Ouest
Québec (Québec) G1S 1S3
téléphone : (418) 681-2011, télécopieur : (418) 681-1716
- La Fédération représente 145 000 étudiants du Québec. Elle a pour principal mandat de défendre les droits et les intérêts des étudiants auprès des gouvernements et des intervenants du domaine de l'éducation.

CONSEIL SUPÉRIEUR DE L'ÉDUCATION
1175, avenue Lavigerie, bureau 180
Sainte-Foy (Québec) G1V 5B2
téléphone : (418) 643-1271, télécopieur : (418) 644-2530
courriel : cse@cse.gouv.qc.ca
http://www.cse.gouv.qc.ca
- Le Conseil avise le ministre de l'Éducation sur toute question relative à l'éducation, de la maternelle à l'université.

FÉDÉRATION DES CÉGEPS
500, boul. Crémazie Est
Montréal (Québec) H2P1E7
téléphone : (514) 381-8631, télécopieur : (514) 381-2263
courriel : comm@fedecegeps.ca
http://www.fedecegeps.qc.ca
- Fondée en 1969, la Fédération des cégeps est le regroupement volontaire des 48 collèges publics du Québec.

FÉDÉRATION QUÉBÉCOISE DES PROFESSEURES ET PROFESSEURS D'UNIVERSITÉ
446, boul. Saint-Laurent, bureau 405
Montréal (Québec) H2W 1Z5
téléphone : (514) 843-5953, télécopieur : (514) 843-6928
courriel : federation@fqppu.qc.ca
http://www.fqppu.qc.ca
- Fondée en 1991, la Fédération rassemble 21 syndicats qui regroupent eux-mêmes plus de 8000 professeurs d'université du Québec.

REGROUPEMENT DES UNIVERSITÉS DE LA FRANCOPHONIE HORS QUÉBEC (RUFHQ)
Université de Moncton
Moncton (Nouveau-Brunswick) E1A 3E9
téléphone : (506) 858-4130, télécopieur : (506) 863-2015
http://www.rufhq.ca/
- Le Regroupement vise à faciliter le rôle des universités canadiennes francophones hors Québec dans l'accomplissement de leurs mandats respectifs.

Maisons d'enseignement des arts

ACADÉMIE DE MUSIQUE DU QUÉBEC
1231, rue Panet
Case postale 818, succursale C
Montréal (Québec) H2L 4L6
téléphone : (514) 528-1961, télécopieur : (514) 528-7572
courriel : amcq@sympatico.ca
- Fondée en 1868, l'Académie a pour but de promouvoir le goût et l'avancement de la musique.

ATELIER LYRIQUE DE L'OPÉRA DE MONTRÉAL
1157, rue Sainte-Catherine Est
Montréal (Québec) H2L 2G8
téléphone : (514) 596-0223, télécopieur : (514) 596-0744
http://www.operademontreal.com

ATELIERS DE DANSE MODERNE DE MONTRÉAL
372, rue Sainte-Catherine Ouest
Montréal (Québec) H3B 1A2
téléphone : (514) 866-9814, télécopieur : (514) 866-5887
courriel : info@ladmmi.qc.ca
http://www.ladmmi.qc.ca

CONSERVATOIRE D'ART DRAMATIQUE DE MONTRÉAL
450, avenue Henri-Julien
Montréal (Québec) H2T 3C8
téléphone : (514) 873-4283, télécopieur : (514) 873-9846
courriel : cadm@mcc.gouv.qc.ca
http://www.mcc.gouv.qc.ca/conservatoire/adm.htm

CONSERVATOIRE D'ART DRAMATIQUE DE QUÉBEC
31, rue Mont-Carmel
Québec (Québec) G1R 4A6
téléphone : (418) 643-2139, télécopieur : (418) 646-9255
courriel : cadq@mcc.gouv.qc.ca
http://www.mcc.gouv.qc.ca/conservatoire/adq.htm

CONSERVATOIRE DE MUSIQUE DE McGILL
555, rue Sherbrooke Ouest, bureau E-236
Montréal (Québec) H3A 1E3
téléphone : (514) 398-4543, télécopieur : (514) 398-4293
courriel : urquhart@music.mcgill.ca
http://www.music.mcgill.ca

CONSERVATOIRE DE MUSIQUE DE MONTRÉAL
470, avenue Henri-Julien
Montréal (Québec) H2T 3C8
téléphone : (514) 873-4031, télécopieur : (514) 873-4601
courriel : cmm@mcc.gouv.qc.ca
http://www.mcc.gouv.qc.ca/conservatoire/montreal.htm

CONSERVATOIRE DE MUSIQUE DE QUÉBEC
270, rue Saint-Amable
Québec (Québec) G1R 5G1
téléphone : (418) 643-2190, télécopieur : (418) 644-9658
courriel : cmq@mcc.gouv.qc.ca
http://www.mcc.gouv.qc.ca/conservatoire/quebec.htm
http://www.mcc.gouv.qc.ca/conservatoire/conservatoire.htm
• En plus de ceux de Montréal et de Québec, il existe des Conservatoires de musique à Gatineau, Rimouski, Saguenay, Trois-Rivières et Val-d'Or.

ÉCOLE NATIONALE DE BALLET CONTEMPORAIN
4816, rue Rivard
Montréal (Québec) H2J 2N6
téléphone : (514) 849-4929, télécopieur : (514) 849-6107
courriel : info@enbc.org
http://www.enbc.org
• Anciennement l'École supérieure de danse du Québec.

ÉCOLE NATIONALE DE CIRQUE
417, rue Berri
Montréal (Québec) H2Y 3E1
téléphone : (514) 982-0859, télécopieur : (514) 982-6025
courriel : info@enc.qc.ca
http://www.enc.qc.ca

ÉCOLE NATIONALE DE L'HUMOUR
3575, boul. Saint-Laurent, bureau 310
Montréal (Québec) H2X 2T7
téléphone : (514) 849-7876, télécopieur : (514) 849-3307
courriel : humour@enh.qc.ca
http://www.enh.qc.ca

ÉCOLE NATIONALE DE THÉÂTRE DU CANADA/
NATIONAL THEATER SCHOOL OF CANADA
5030, rue Saint-Denis
Montréal (Québec) H2J 2L8
téléphone : (514) 842-7954, télécopieur : (514) 842-5661
courriel : info@ent-nts.com
http://www.ent-nts.qc.ca/

INSTITUT NATIONAL DE L'IMAGE ET DU SON (INIS)
301, boul. de Maisonneuve Est
Montréal (Québec) H2X 1K1
téléphone : (514) 285-1840, télécopieur : (514) 285-1953
http://www.inis.qc.ca
- Centre de formation professionnelle en cinéma, télévision et médias interactifs.

INSTITUT DES TECHNOLOGIES DE L'INFORMATION
Collège de Maisonneuve
3800, rue Sherbrooke Est, bureau b-2250
Montréal (Québec) H1X 2A2
téléphone : (514) 251-1444, poste 4800, télécopieur : (514) 251-2114
courriel : communic@cmaisonneuve.qc.ca
http://www.cmaisonneuve.qc.ca/iti/index.html
- Formation en informatique, nouvelles technologies et télécommunications.

Études pluridisciplinaires sur le Québec

→ **Voir aussi :**
La section « Départements et centres d'études québécoises à l'étranger »

UNIVERSITÉ BISHOP'S
Département de littérature française
Lennoxville (Québec) J1M 1Z7
téléphone : (819) 822-9600, télécopieur : (819) 822-9661
http://www.ubishops.ca/
- « Honours » (60 cr.), majeur (42 cr.) ou mineur (24 cr.) en civilisation et littérature québécoises dans le cadre du certificat en études françaises et québécoises.

UNIVERSITÉ CONCORDIA
Campus Sir George Williams
1455, boul. de Maisonneuve Ouest
Montréal (Québec) H3G 1M8
téléphone : (514) 848-2424, télécopieur : (514) 848-8765
http://www.concordia.ca

Pavillon McConnell
1400, boul. De Maisonneuve Ouest
Montréal (Québec) H3G 1M8

Département d'études françaises
Bureau LB-631-10
téléphone : (514) 848-7500, télécopieur : (514) 848-4542
courriel : etfran@vax2.concordia.ca
• Majeur en littérature québécoise (42 cr.) ou programme de spécialisation (60 cr.), mineur en littérature française et québécoise (24 cr.).

Département d'histoire
Bureau LB-601
téléphone : (514) 848-2435, télécopieur : (514) 848-4538
courriel : history@alcor.concordia.ca
• Mineur ou certificat (24 cr.) en histoire du Québec.

UNIVERSITÉ DE MONTRÉAL
Case postale 6128, succursale Centre-ville
Montréal (Québec) H3C 3J7
téléphone : (514) 343-6111
http://www.umontreal.ca

Département d'études françaises
Centre de recherche interuniversitaire sur la culture et la littérature québécoises (CRILCQ)
téléphone : (514) 343-7369, télécopieur : (514) 343-2256
courriel : crilcq@umontreal.ca
http://www.crilcq.org
* Mineur (30 cr.) en études québécoises ; cours de littérature québécoise à l'intérieur du baccalauréat (90 cr.), de la maîtrise et du doctorat en études françaises.

UNIVERSITÉ DU QUÉBEC À MONTRÉAL (UQAM)
Case postale 8888, succursale Centre-ville
Montréal (Québec) H3C 3P8
téléphone : (514) 987-3000
http://www.uqam.ca

Département d'études littéraires
Centre de recherche interuniversitaire sur la littérature et la culture québécoises (CRILCQ)
téléphone : (514) 987-0000, poste 2237, télécopieur : (514) 987-8218
courriel : crilcq@uqam.ca
http://www.crilcq.org
* Cours et séminaires en littérature québécoise à l'intérieur du baccalauréat (90 cr.), de la
  maîtrise et du doctorat en études littéraires.

UNIVERSITÉ DU QUÉBEC À TROIS-RIVIÈRES (UQTR)
3351, boul. des Forges
Case postale 500
Trois-Rivières (Québec) G9A 5H7
téléphone : (819) 376-5011, télécopieur : (819) 376-5012

Centre d'études québécoises
1009 Pavillon Ringuet
Case postale 500
téléphone : (819) 376-5098, télécopieur : (819) 376-5179
http://www.uqtr.ca/cedeq/
• Maîtrise et doctorat en études québécoises.

UNIVERSITÉ LAVAL
Québec (Québec) G1K 7P4
téléphone : (418) 656-3333, télécopieur : (418) 656-2809
http://www.ulaval.ca

Département des littératures
Centre de recherche interuniversitaire sur la littérature et la culture québécoises (CRILCQ)
téléphone : (418) 656-5373, télécopieur : (418) 656-7701
courriel : lit@lit.ulaval.ca et crilcq@ulaval.ca
http://www.lit.ulaval.ca
http://www.crilcq.org
• Maîtrise et doctorat en littérature québécoise, baccalauréat spécialisé en études françaises mention littérature québécoise, mineur (30 cr.) en littérature québécoise ; mineur (30 cr.), diplôme (60 cr.), maîtrise et doctorat en arts et traditions populaires.

UNIVERSITÉ McGILL
845, rue Sherbrooke Ouest
Montréal (Québec) H3A 2T5
téléphone : (514) 398-4455, télécopieur : (514) 398-4768
http://www.mcgill.ca

Programme d'études sur le Québec (PÉQ)
3644, rue Peel, bureau 514
Montréal (Québec) H3A 1W9
téléphone : (514) 398-4861, télécopieur : (514) 398-3959
• Baccalauréat (90 cr.).

Centres de recherche disciplinaire

CENTRE ANNE-HÉBERT
Université de Sherbrooke
Faculté des lettres et sciences humaines
2500, boul. de l'Université
Sherbrooke (Québec) J1K 2R1
téléphone : (819) 821-7201, poste 2288, télécopieur : (819) 821-7285
http://www.usherbrooke.ca/flsh/anne_hebert
• Centre d'études et d'animation scientifique sur l'œuvre d'Anne Hébert.

CENTRE CANADIEN D'ARCHITECTURE (CCA)
1920, rue Baile
Montréal (Québec) H3H 2S6
téléphone : (514) 939-7026, télécopieur : (514) 939-7020
http://www.cca.qc.ca
- Fondé en 1979, le Centre est un établissement culturel dont la mission consiste à sensibiliser le public au rôle de l'architecture dans la société, à promouvoir la recherche dans ce domaine et à favoriser l'innovation dans la pratique du design.

CENTRE DE RECHERCHE EN CIVILISATION CANADIENNE-FRANÇAISE (CRCCF)
Université d'Ottawa
Pavillon Lamoureux, bureau 271
145, rue Jean-Jacques-Lussier
Case postale 450, succursale A
Ottawa (Ontario) K1N 6N5
téléphone : (613) 562-5877, télécopieur : (613) 562-5143
courriel : crccf@uottawa.ca
http://www.uottawa.ca/academic/crccf/
- Groupe de recherche pluridisciplinaire voué à la promotion de la recherche sur le Québec et le Canada français passé et présent, dans les domaines des sciences humaines et sociales.

CENTRE DE RECHERCHE EN COMMUNICATION J.-A.-DE-SÈVE
Université du Québec à Montréal
Case postale 8888, succursale Centre-ville
Local J-1090
Montréal (Québec) H3C 3P8
téléphone : (514) 987-3000, poste 3086, télécopieur : (514) 987-7917
courriel : centrejadeseve@uqam.ca
http://www.er.uqam.ca/nobel/jadeseve/
- Le Centre est un laboratoire multimédia de recherche et de production d'hypermédias à caractère éducatif, artistique et documentaire.

CENTRE DE RECHERCHE INTERUNIVERSITAIRE
SUR LA LITTÉRATURE ET LA CULTURE QUÉBÉCOISES (CRILCQ)
http://www.crilcq.org

- Issu de la fusion du Centre de recherche en littérature québécoise (CRELIQ) et du Centre d'études québécoises (CÉTUQ), le CRILCQ réunit une quarantaine de chercheurs qui étudient la littérature et la culture du Québec. Le Centre est réparti en trois sites : l'Université Laval, l'Université de Montréal et l'Université du Québec à Montréal.

Université Laval
Faculté des lettres
Pavillon Charles-De Koninck
Québec (Québec) G1K 7P4
téléphone : (418) 656-5373, télécopieur : (418) 656-7701
courriel : crilcq@crilcq.ulaval.ca

Université de Montréal
Département d'études françaises
Case postale 6128, succursale Centre-ville
Montréal (Québec) H3C 3J7
téléphone : (514) 343-7369, télécopieur : (514) 343-2256
courriel : crilcq@umontreal.ca

Université du Québec à Montréal
Département d'études littéraires
Case postale 8888, succursale Centre-ville
Montréal (Québec) H3C 3P8
téléphone : (514) 987-3000, poste 2237, télécopieur : (514) 987-8218
courriel : crilcq@uqam.ca

CENTRE DE RECHERCHE ET D'ENSEIGNEMENT SUR LES FEMMES
Université McGill
3487, rue Peel, 2e étage
Montréal (Québec) H3A 1W7
téléphone : (514) 398-3911, télécopieur : (514) 398-3986
courriel : mhotter@leacock.lan.mcgill.ca
• Promotion de la recherche et de l'enseignement sur les femmes, organisation d'ateliers, de séminaires et de conférences en études féministes.

CENTRE D'ÉTUDES AMÉRINDIENNES
Université du Québec à Chicoutimi
555, rue de l'Université
Chicoutimi (Québec) G7H 2B1
téléphone : (418) 545-5011, poste 5086 ou 2323, télécopieur : (418) 545-5012
http://www.uqac.ca/cea/
• Le Centre a pour mandat de répondre aux besoins des populations amérindiennes en matière de formation, de recherche et de service aux communautés.

CENTRE D'ÉTUDES COMMUNAUTAIRES ET ETHNIQUES
Université Concordia
1455, boul. de Maisonneuve Ouest, bureau S-LB 680
Montréal (Québec) H3G 1M8
téléphone : (514) 848-2140, télécopieur : (514) 848-4539
• Recherches sur l'immigration, la pluriethnicité, les relations ethniques, la discrimination, le racisme et les droits de la personne.

CENTRE D'ÉTUDES DU QUÉBEC
Université Concordia
1455, boul. de Maisonneuve Ouest
Montréal (Québec) H3G 1M8
téléphone : (514) 848-2424, télécopieur : (514) 848-8765
• Programme de premier cycle sur le Québec.

CENTRE D'ÉTUDES EN RADIO-TÉLÉVISION
Université Concordia
1455, boul. de Maisonneuve Ouest, bureau LB227-1
Montréal (Québec) H3G 1M8
téléphone : (514) 848-7719, télécopieur : (514) 848-4501
courriel : fink@vax2.concordia.ca
http://ccbs.concordia.ca/
• Recherches sur la production radio, partiellement sur les feuilletons radiophoniques, études
de l'évolution de la culture canadienne et québécoise.

CENTRE D'ÉTUDES ETHNIQUES (CÉETUM)
Université de Montréal
Case postale 6128, succursale Centre-ville
Montréal (Québec) H3C 3J7
téléphone : (514) 343-7244, télécopieur : (514) 343-7078
courriel : ceetum@ere.umontreal.ca
http://www.ceetum.umontreal.ca
• Recherche, formation, animation et diffusion des connaissances en relations ethniques.

CENTRE HECTOR-DE-SAINT-DENYS-GARNEAU
Centre d'études sur la poésie québécoise
Centre de recherche interuniversitaire sur la littérature et la culture québécoises (CRILCQ-site de l'Université Laval)
Pavillon Charles-De Koninck, bur. 7191
Université Laval
Québec (Québec) G1K 7P4
téléphone : (418) 656-5373, télécopieur : (418) 656-7701
courriel : centre.garneau@crilcq.ulaval.ca
http://www.crilcq.org/saintdenysgarneau
- Ce centre tient à la disposition des chercheurs une importante collection documentaire sur la poésie du Québec et fait la promotion de nouvelles approches de recherche dans ce domaine d'études.

CENTRE INTERUNIVERSITAIRE D'ÉTUDES QUÉBÉCOISES
http://www.cieq.uqtr.uquebec.ca/
- Groupe de recherche sur les changements socioculturels au Québec au XIXe et au XXe siècles, notamment responsable de la production d'un atlas historique du Québec.

Université Laval
Pavillon Charles-De Koninck
Québec (Québec) G1K 7P4
téléphone : (418) 656-7704, télécopieur : (418) 656-3960

Université du Québec à Trois-Rivières
3351, boul. des Forges
Case postale 500
Trois-Rivières (Québec) G9A 5H7
téléphone : (819) 376-5098, télécopieur : (819) 376-5179

CENTRE INTERUNIVERSITAIRE D'ÉTUDE SUR LES LETTRES, LES ARTS ET LES TRADITIONS (CÉLAT)
http://www.fl.ulaval.ca/celat/
• Le Centre regroupe des chercheurs au sein de trois sites : l'Université Laval, l'Université du Québec à Montréal et l'Université du Québec à Chicoutimi.

Université Laval
Faculté des lettres
Pavillon Charles-De Koninck
Québec (Québec) G1K 7P4
téléphone : (418) 656-5510, télécopieur : (418) 656-5727
courriel : celat@celat.ulaval.ca

Université du Québec à Montréal
1290, rue Saint-Denis, 9e étage, local AB-9100
Montréal (Québec) H2X 3J6
téléphone : (514) 987-3000, poste 1664, télécopieur : (514) 987-6548

Université du Québec à Chicoutimi
555, boul. de l'Université
Chicoutimi (Québec) G7H 2B1
téléphone : (418) 545-5011, poste 5633, télécopieur : (418) 545-5430

CHAIRE CONCORDIA-UQAM EN ÉTUDES ETHNIQUES
Université du Québec à Montréal
Case postale 8888, succursale Centre-ville
Bureau P10745
Montréal (Québec) H3C 3P8
téléphone : (514) 987-8766, télécopieur : (514) 987-3473
courriel : ccuee@uqam.ca
http://www.unites.uqam.ca/chaire-ethnique/
- Recherche et enseignement en immigration, pluriethnicité, relations ethniques, discrimination, racisme, droits de la personne, éducation interculturelle et coopération internationale.

CHAIRE DE GESTION DES ARTS
École des hautes études commerciales
3000, chemin de la Côte-Sainte-Catherine
Montréal (Québec) H3T 2A7
téléphone : (514) 340-6827, télécopieur : (514) 340-6432
http ://www.hec.ca/artsmanagement/accueil.html
- Cours et recherche en gestion des arts et de la culture.

CHAIRE D'ENSEIGNEMENT ET DE RECHERCHE INTERETHNIQUES ET INTERCULTURELS
Université du Québec à Chicoutimi
555, boul. de l'Université
Chicoutimi (Québec) G7H 2B1
téléphone : (418) 545-5011, poste 5522, télécopieur : (418) 545-5430
courriel : cerii@uqac.uquebec.ca
http://www.uqac.ca/cerii/

CHAIRE D'ÉTUDE CLAIRE-BONENFANT SUR LA CONDITION DES FEMMES
Université Laval
Pavillon Charles-De Koninck, local 1475
Québec (Québec) G1K 9P4
téléphone : (418) 656-2922, télécopieur : (418) 656-3266
courriel : cecful@fse.ulaval.ca
http://www.fss.ulaval.ca/lef/
- Recherches sur la condition des femmes, organisation d'activités avec des groupes de femmes, constitution de banques de ressources.

CHAIRE FERNAND-DUMONT SUR LA CULTURE
INRS-Culture et Société
Tour de la cité
2600, boul. Laurier, bureau 640
Sainte-Foy (Québec) G1V 4C7
téléphone : (418) 687-6400, télécopieur : (418) 687-6425
http://chaire_fernand_dumont.inrs-ucs.uquebec.ca/accueil.html
- Lieu de réflexion et de débat sur la culture contemporaine.

CHAIRE POUR LE DÉVELOPPEMENT DE LA RECHERCHE SUR LA CULTURE D'EXPRESSION
FRANÇAISE EN AMÉRIQUE DU NORD (CÉFAN)
Université Laval
Faculté des lettres
Québec (Québec) G1K 7P4
téléphone : (418) 656-5170, télécopieur : (418) 656-2019
courriel : cefan@cefan.ulaval.ca
http://www.fl.ulaval.ca/cefan/

CONSEIL SUPÉRIEUR DE LA LANGUE FRANÇAISE
800, place d'Youville, 13e étage
Québec (Québec) G1R 3P4
téléphone : (418) 643-2740, télécopieur : (418) 644-7654
courriel : clfq@clf.gouv.qc.ca
http://www.cslf.gouv.qc.ca/
- Fondé en 1977, le Conseil mène des études sur la politique et l'aménagement linguistiques au Québec.

Bureau de Montréal :
2, complexe Desjardins
Tour Est, bureau 3209
Case postale 63, succursale Desjardins
Montréal (Québec) H5B 1B2
téléphone : (514) 873-2285, télécopieur : (514) 873-7863

CONSEIL DU STATUT DE LA FEMME
8, rue Cook, 3e étage
Québec (Québec) G1R 5J7
téléphone : 1 800 463-2851 ou (418) 643-4326, télécopieur : (418) 643-8926
courriel : cfs@csf.gouv.qc.ca
http://www.csf.gouv.qc.ca

Bureau de Montréal :
2, Complexe Desjardins, bureau 18.21
Case postale 721, succursale Desjardins
Montréal (Québec) H5B 1B8
téléphone : (514) 873-8384, télécopieur : (514) 873-6558
- Organisme public responsable de conseiller le Gouvernement du Québec sur tout sujet relatif à l'égalité et au respect des droits et du statut de la femme.

DICTIONNAIRE BIOGRAPHIQUE DU CANADA
Les Presses de l'Université Laval
Édifice Jean-Durand
2336, chemin Sainte-Foy, 2e étage
Québec (Québec) G1K 7P4
téléphone : (418) 656-3578, télécopieur : (418) 656-2088
courriel : dbc@dbc.ulaval.ca
http://www.dbc-dcb.com
• Projet de recherche bilingue et biculturel rattaché aux universités Laval et de Toronto s'inté-
  ressant aux individus ayant joué un rôle marquant dans le développement social, politique
  et culturel du Québec et du Canada.

GROUPE DE RECHERCHE ET D'INTERVENTION RÉGIONALE
Université du Québec à Chicoutimi
555, boul. de l'Université
Chicoutimi (Québec) G7H 2B1
téléphone : (418) 545-5534, télécopieur : (418) 545-5012
http://www.uqac.uquebec.ca
• Groupe interdisciplinaire visant à favoriser l'autodéveloppement académique des régions du
  Québec.

GROUPE DE RECHERCHE SUR LA DÉMOGRAPHIE QUÉBÉCOISE
Université de Montréal
Département de démographie
Case postale 6128, succursale Centre-ville
Montréal (Québec) H3C 3J7
téléphone : (514) 343-7225, télécopieur : (514) 343-2309
http://www.demo.umontreal.ca

GROUPE DE RECHERCHE SUR L'ÉDITION LITTÉRAIRE AU QUÉBEC (GRÉLQ)
Université de Sherbrooke
Département des lettres et des communications
2500, boul. de l'Université
Sherbrooke (Québec) J1K 2R1
téléphone : (819) 821-7696, télécopieur : (819) 821-7285
courriel : grelq@courrier.usherb.ca
http://www.usherbrooke.ca/dlc/grelq/accueil
• Fondé en 1982, le Groupe se consacre à l'étude du phénomène éditorial au Québec, dans ses aspects sociaux et culturels.

GROUPE DE RECHERCHE SUR L'ENSEIGNEMENT SUPÉRIEUR
Institut national de la recherche scientifique (INRS)
Case postale 7500
2535, boul. Laurier
Sainte-Foy (Québec) G1V 4C7
téléphone : (418) 654-2652, télécopieur : (418) 654-2615
• Recherche sur le développement de la formation universitaire.

GROUPE DE RECHERCHE SUR L'HISTOIRE DE MONTRÉAL
Université du Québec à Montréal
Département d'histoire
Case postale 8888, succursale Centre-ville
Montréal (Québec) H3C 3P8
téléphone : (514) 987-4154, télécopieur : (514) 987-7813

GROUPE DE RECHERCHES INTERDISCIPLINAIRES SUR LA MUSIQUE DU XXe SIÈCLE
Université de Montréal
Faculté de musique
Case postale 6128, succursale Centre-ville
Montréal (Québec) H3C 3J7
téléphone : (514) 343-6427, télécopieur : (514) 343-5727

GROUPE D'ÉTUDES INUIT ET CIRCUMPOLAIRES (GÉTIC)
Université Laval
Faculté des sciences sociales
Pavillon Lemieux
Québec (Québec) G1K 7P4
téléphone : (418) 656-7596, télécopieur : (418) 656-3023
courriel : getic@fss.ulaval.ca
http://www.getic.ulaval.ca/
- Le Groupe rassemble des chercheurs dont les travaux portent sur les questions autochtones, nordiques et circumpolaires.

GROUPE INTERUNIVERSITAIRE DE RECHERCHE EN LEXICOGRAPHIE
Université du Québec en Outaouais
Département des sciences de l'éducation
Case postale 1250, succursale B
Gatineau (Québec) J8X 3X7
téléphone : (819) 595-4400, télécopieur : (819) 595-3924
- Groupe de recherche responsable de la réalisation du *Dictionnaire explicatif du français écrit au Québec.*

GROUPE SUR L'HISTOIRE DE MONTRÉAL
Université McGill
3495, rue Peel, bureau 302
Montréal (Québec) H3A 1W7
téléphone : (514) 398-5058, télécopieur : (514) 398-4768
- Groupe de recherche interdisciplinaire et interuniversitaire sur le développement du capitalisme dans la région de Montréal.

HÉRITAGE MONTRÉAL
100, rue Sherbrooke Est, bureau 0500
Montréal (Québec) H2X 1C3
téléphone : (514) 286-2662, télécopieur : (514) 286-1661
courriel : contact@heritagemontreal.qc.ca
http://www.heritagemontreal.qc.ca
- Organisme indépendant d'étude, de promotion et de défense du patrimoine architectural.

INSTITUT D'HISTOIRE DE L'AMÉRIQUE FRANÇAISE
261, avenue Bloomfield
Outremont (Québec) H2V 3R6
téléphone : (514) 278-2232, télécopieur : (514) 271-6369
courriel : ihaf@ihaf.qc.ca
http://www.cam.org/~ihaf/
- Fondé en 1946, l'Institut est une association d'historiens professionnels du Québec et de spécialistes de l'Amérique française.

INSTITUT NATIONAL DE LA RECHERCHE SCIENTIFIQUE —
URBANISME, CULTURE ET SOCIÉTÉ
http://www.inrs-ucs.uquebec.ca/
- Recherches sur la culture, l'urbanisme, les régions, les liens sociaux et les peuples autochtones.

Bureau de Montréal
3465, rue Durocher
Montréal (Québec) H2X 2C6
téléphone : (514) 499-4000, télécopieur : (514) 499-4065

Bureau de Québec :
Tour de la Cité
2600, boul. Laurier, bureau 640
Case postale 7500
Sainte-Foy (Québec) G1V 4C7
téléphone : (418) 687-6400, télécopieur : (418) 687-6425

INSTITUT CANADIEN DE RECHERCHE SUR LES FEMMES
151, rue Slater, bureau 408
Ottawa (Ontario) K1P 5H3
téléphone : (613) 563-0681, télécopieur : (613) 563-0682
courriel : info@criaw-icref.ca
http://www.criaw-icref.ca
• Centre de documentation et de recherche sur les femmes.

INSTITUT DE RECHERCHES ET D'ÉTUDES FÉMINISTES
Université du Québec à Montréal
Pavillon Thérèse-Casgrain, local W-4290
455, boul. René-Lévesque Est
Case postale 8888, succursale Centre-ville
Montréal (Québec) H3C 3P8
téléphone : (514) 987-6587, télécopieur : (514) 987-6742
courriel : iref@uqam.ca
http://www.unites.uqam.ca/iref
• Enseignement et recherche sur les femmes, le féminisme et les rapports entre les sexes.

INSTITUT SIMONE-DE-BEAUVOIR
Université Concordia
7141, rue Sherbrooke Ouest
Montréal (Québec) H4B 1R6
téléphone : (514) 848-2370, télécopieur : (514) 848-3494
courriel : ors@vax2.concordia.ca
http://artsandscience.concordia.ca/wsdb
• Études et recherches féministes.

LABORATOIRE INTERNATIONAL D'ÉTUDE MULTIDISCIPLINAIRE COMPARÉE
DES REPRÉSENTATIONS DU NORD
Université du Québec à Montréal
Département d'études littéraires
Case postale 8888, succursale Centre-ville
Montréal (Québec) H3C 3P8
téléphone : (514) 987-3000, poste 4926, télécopieur : (514) 987-8218
courriel : imaginairedunord@uqam.ca
http://imaginairedunord.uqam.ca
• Laboratoire d'étude des représentations du Nord (Québec, Scandinavie, Finlande, Nunavik, Nunavut, Groenland) issues de la littérature, du cinéma et des arts visuels.

OFFICE QUÉBÉCOIS DE LA LANGUE FRANÇAISE
125, rue Sherbrooke Ouest
Montréal (Québec) H2X 1X4
téléphone : 1 888 873-6202 ou (514) 873-6565
télécopieur : (514) 873-3488
courriel : info@oqlf.gouv.qc.ca
http://www.olf.gouv.qc.ca
• Organisme public chargé de recherches en sociolinguistique, en démolinguistique et en sociologie de la langue.

TRÉSOR DE LA LANGUE FRANÇAISE AU QUÉBEC
Université Laval
Faculté des lettres
Pavillon Charles-De Koninck
Québec (Québec) G1K 7P4
téléphone : (418) 656-5510, télécopieur : (418) 656-5727
courriel : tlfq@ciral.ulaval.ca
http://www.tlfq.ulaval.ca
- Équipe de recherche chargée de l'élaboration d'un dictionnaire du français québécois et du français nord-américain (incluant l'acadien, l'ontarien, le français de l'Ouest canadien, le franco-américain et le cajun).

UNITÉ DE RECHERCHE, DE FORMATION ET DE DÉVELOPPEMENT
EN ÉDUCATION EN MILIEU INUIT ET AMÉRINDIEN
Université du Québec en Abitibi-Témiscamingue
Département des sciences de l'éducation
445, boul. de l'Université
Rouyn-Noranda (Québec) J9X 5E4
téléphone : (819) 762-0971, poste 2366, télécopieur : (819) 797-4727
courriel : urfdemia@uqat.ca
http://www.uqat.uquebec.ca/recherche/urfdemia.htm
- Développement de services éducatifs pour les communautés inuite et amérindiennes dans une perspective interculturelle.

Études québécoises à l'étranger

→ **Voir aussi :**

- Daniel Chartier, *Les études québécoises à l'étranger,* Nota bene, coll. « NB Poche », 2003, 156 p.
- André Vanasse, *La Littérature québécoise à l'étranger*, Montréal, XYZ éditeur, 1989, 95 p.
- *Répertoire des études canadiennes au Canada*, Montréal, Association d'études canadiennes (AÉC), 1993, 312 p.
- *Répertoire des études canadiennes en France*, Talence (France), Association française des études canadiennes (AFÉC), 1993, 179 p.
- Daniel Chartier [éd.], « Les études québécoises dans le monde », *Globe. Revue internationale d'études québécoises*, vol. 4, nº 2, 2001, 440 p.

Départements et centres d'études québécoises à l'étranger

ALLEMAGNE

Johann-Wolfgang-Goethe-Universität
Institut für Romanische Sprachen und Literaturen
Gräfstr. 76
D-60054 Frankfurt a.M.
Allemagne
téléphone : +49 (69) 798 22-198, télécopieur : +49 (69) 798 28-937
courriel : erfurt@em.uni-frankfurt.de
http://www.uni-frankfurt.de/fb10/romsem

Pädagogische Hochschule Freiburg
Politikwissenschaft
Kunzenweg 21
D-79117 Freiburg i.B.
Allemagne
téléphone : +49 7 661 682-228, télécopieur : +49 7 661 99-968
courriel : kempfudo@uni-freiburg.de
http://www.ph-freiburg.de

Technische Universität Dresden
Institut für Romanistik
Centre interdisciplinaire de recherches franco-canadiennes Québec/Saxe
TU Dresden
D-01062 Dresden
Allemagne
téléphone : +49 (351) 463-7689, télécopieur : +49 (351) 463-7702
courriel : kolboom@rcs.urz.tu-dresden.de
http://www.tu-dresden.de/sulifr

Universität Augsburg
Institut für Kanada Studien
Universitätsstraße 2
D-86135 Augsburg
Allemagne
téléphone : +49 (821) 598-5177, télécopieur : +49 (821) 598-5505
courriel : kanada.institut@phil.uni-augsburg.de
http://www.uni-augsburg.de/institute/kanada

Université Libre de Berlin
FU Berlin
Institut für Romanische Philologie
Habelschwerdter Allee 45
D-14195 Berlin
Allemagne
téléphone : +49 (30) 838-3230, télécopieur : +49 (30) 838-2235
courriel : klauspet@zedat.fu-berlin.de
http://www.fu-berlin.de/romphil

Universität Duisburg
Québec-Forschungs-und Dokumentationszentrum
Fachbereich 3 - Romanistik
D- 47048 Duisburg
Allemagne
téléphone : +49 (203) 379-2609, télécopieur : +49 (203) 379-3611
courriel : he228sp@uni-duisburg.de
http://www.uni-duisburg.de/fb3/romanistik

Universität Leipzig
Institut für Romanistik
Québec-Studienzentrum
Augustusplatz 9
D-04109 Leipzig
Allemagne
téléphone : +49 (341) 97-37411, télécopieur : +49 (341) 97-37429
courriel : bochmann@rz.uni-leipzig.de
http://www.uni-leipzig.de/~roman/cequ1.html

Universität des Saarlandes
Centre d'études interculturelles sur le Québec et la francophonie nord-américaine
Lehrstuhl für Romanische Kulturwissenschaft und Interkulturelle Kommunikation
FR 4.2 Romanistik
Postfach 15 11 50
D-66041 Saarbrücken
Allemagne
téléphone : +49 (681) 302-3354 / -4789, télécopieur : +49 (681) 302-4790
courriel : ik.beratung@mx.uni-saarland.de
http://www.phil.uni-sb.de/fr/romanistik/ik/arbeitsstelle/index.htm

ARGENTINE

Universidad Nacional de Cuyo
Centre d'études des littératures françaises et francophones
Facultad de Filosofía y Letras Cailla de correo 409
5500 Mendoza
Argentine
téléphone : +54 (361) 449-4093 ou 449-4095, télécopieur : +54 (361) 438-0457
courriel : rgenoud@lanet.com.ar
http://ffyl.uncu.edu.ar/celff

AUSTRALIE

University of New England
French Department, UNE
Centre for Québec Studies
Armidale, N.S.W. 2351
Australie
téléphone : +61 (2) 6773-3033, télécopieur : +61 (2) 6773-3740
courriel : ddrummon@metz.une.edu.au
http://www.une.edu.au/arts/LCL/disciplines/french/units.htm

AUTRICHE

Karl-Franzens Universität Graz
Institut für Romanistik
Centre de coordination d'études canadiennes
Merangasse 70
A-8010 Graz
Autriche
téléphone : +53 0043-316-380-2500, télécopieur : +53 0043-316-380-9770
courriel : klaus.ertler@kfunigraz.ac.at
http://www.kfunigraz.ac.at/bib/koop/kanadazentrum.html

Universität Innsbruck
Centre d'études canadiennes
Centre d'études de la chanson québécoise
Christoph-Probst-Platx, Innrain 52
A-6020 Innsbruck
Autriche
téléphone : +53 (512) 507-2594, télécopieur : +53 (512) 507-2775
courriel : canada.centre@uibk.ac.at
http://canada.uibk.ac.at

Universität Wien
Institut für Anglistik und Amerikanistik
Zentrum für Kanada-Studien, am ZIIS
Universitätscampus AAKH
Spitalgasse 2-4 / Hof 8
A-1090 Wien
Autriche
téléphone : +53 (1) 4277-42401, télécopieur : +53 (1) 4277-42497
courriel : waldemar.zacharasiewicz@univie.ac.at
http://www.univie.ac.at/Anglistik/Canada_Centre/CanCent1.htm

BELGIQUE

Université Libre de Bruxelles
Centre d'études canadiennes
Campus du Solbosch, Bâtiment NA, niveau 5
50, avenue Franklin D. Roosevelt
C.P. 175/1
1050 Bruxelles
Belgique
téléphone : +32 (2) 650-3807, télécopieur : +32 (2) 650-3919
courriel : sjaumain@ulb.ac.be
http://www.ulb.ac.be/philo/cec

Université de Gand
Faculté des lettres
Centre d'études québécoises et franco-canadiennes
Blandijnberg 2
Ghent 9000
Belgique
téléphone : +32 (0) 9-264.40.53, télécopieur : +32 (0) 9-264.41.74
courriel : fernand.hallyn@rug.ac.be
http://www.rug.ac.be/onderzoeksbeleid/techno2002/en/lw/i-lw07v04.htm

Université de Liège
Faculté de Philosophie et Lettres
Centre d'études québécoises
c/o Prof. Jean-Pierre Bertrand
Place du 20 Août, 7
4000 Liège
Belgique
téléphone : +32 4-3665407, télécopieur : +32 4-3665719
courriel : jp.bertrand@ulg.ac.be
http://www.ulg.ac.be/facphl/#

BRÉSIL

Universidade Federal do Rio Grande do Sul
Instituto de Letras
Núcleo de Estudos Canadenses
Av. Bento Gonçalves, 9500
Campus do Vale
91540-900 Porto Alegre/RS
Brésil
téléphone : +55 (51) 3316.6702, télécopieur : +55 (51) 3319.1719
courriel : ilenec@vortex.ufrgs.br
http://www.abecan.com.br

Universidade Federal Fluminse
Nucléo de Estudos Canadenses
Instituto de Letras, bl. C, sala 209
Campus do Gragoata
CEP 24200-350 Niteroi RJ
Brésil
téléphone : +55 (21) 717-3575, télécopieur : +55 (21) 620-0642/8080/4553
courriel : nec_uff@vm.uff.br

Universidade Federal de Uberlândia
Núcleo de Estudos Canadenses
Avenida João Naves de Ávila, 2160 - Caixa Postal 593
Biblioteca Central
Campus Santa Mônica
38400-902   Uberlândia/MG
Brésil
téléphone : +55 (34) 239-4279, télécopieur : +55 (34) 239-4267
courriel : necufu@dirbi.ufu.br

Universidade do Estado da Bahia
Núcleo de Estudos Canadenses (NEC-UNEB)
Estrada das Barreiras, s/n
Narandíba-Cabula
CEP 41195-001 Salvador/BA
Brésil
téléphone : +55 (71) 387-8171, télécopieur : +55 (71) 387-5903
courriel : necba@uneb.br

Fundação Universidade Federal do Rio Grande
Núcleo de Estudos Canadenses
Departamento de Letras e Artes - CAIC II Bloco B
Caixa Postal 474
Av. Itália, Km 8, Sala 24
Campus Carreiros
96201-900 Rio Grande RS
Brésil
téléphone : +55 (53) 233.6563, télécopieur : +55 (53) 233.6614
courriel : nubiah@mikrus.com.br

Universidade Federal de Minas Gerais
Nucleo Estudos Canadenses
Faculdade de Letras
Av. Antonio Carlos, 6627
CEP 31270-901 Belo Horizonte MG
Brésil
téléphone : +55 (31) 499-5123, télécopieur : +55 (31) 499-5124
courriel : srga@oraculo.loc.ufmg.br

Universidade Estadual de Feira de Santana
Núcleo de Estudos Canadenses
Km 3 BR 116 CAU III
Sala da Escola Básica
Campus Universitário
44031-460 Feira de Santana BA
Brésil
téléphone : +55 (75) 224-8057, télécopieur : +55 (75) 224-8265
courriel : necanada@uefs.br

Fundação Casa de José Américo
Núcleo de Estudos Canadenses
Av. Cabo Branco, 3336
Cabo Branco
58045-010 João Pessoa PB
Brésil
téléphone : +55 (83) 226 1095/4350, télécopieur : +55 (83) 226 5941/5948
courriel : fcja@zaitek.com.br

Universidade do Vale do Rio dos Sinos
Centro Canadense de Informações Acadêmicas
Pró-Reitoria Comunitária e de Extensão
Avenida Unisinos, 950
Novo Campus – Cristo Rei
93022-900 São Leopoldo RS
Brésil
téléphone : +55 (51) 590-8237, télécopieur : +55 (51) 592-1035
courriel : u-cec@helios.unisinos.br
http://www.unisinos.br/educacao/intercambios/canadense

Pontifícia Universidade Católica de São Paulo
Núcleo de Estudos Canadenses
Assessoria de Relações Internacionais e Institucionais
Rua Ministro de Godoi, 969/4º andar - Sl 486
Perdizes
05015-901 São Paulo SP
Brésil
téléphone : +55 (11) 3670-8204, télécopieur : +55 (11) 3670-8509
courriel : admneusa@exatas.pucsp.br

Universidade de Brasilia
Nucleo de Estudos Canadenses
Prédio da Reitoria, subsolo sala 21
Campus Universitario Darcy Ribeiro
CEP 70.910-900 Brasilia DF
téléphone : +55 (61) 307-2037, télécopieur : +55 (61) 274-2649
courriel : glacerda@unb.br

Universidade Federal de Rondônia
Núcleo de Estudos Canadenses
Av. Presidente Dutra, 2965
Centro
78911-410 Porto Velho RO
Brésil
téléphone : +55 (69) 224-7448, télécopieur : +55 (69) 227-3740
courriel : nec-ro@unir.br
http://www.unir.br/~nec-ro

CANADA

Collège universitaire de Saint-Boniface
Centre d'études franco-canadiennes de l'Ouest
200, avenue de la Cathédrale
Saint-Boniface (Manitoba) R2H 0H7
Canada
téléphone : +1 (204) 233-0210, télécopieur : +1 (204) 237-3240
courriel : cefco@ustboniface.mb.ca
http://www.ustboniface.mb.ca/cusb/jlafonta/colloque/cefco.html

Simon Fraser University
Centre d'études francophones Québec-Pacifique
Département de français
RCB 8108
8888, University Drive
Burnaby (Colombie-Britannique) V5A 1S6
Canada
téléphone : +1 (604) 291-4740, télécopieur : +1 (604) 291-5932
courriel : gpoirier@sfu.ca
http://www.sfu.ca/french/cefqep.htm

Université d'Ottawa
Centre de recherche en civilisation canadienne-française
Pavillon Lamoureux, bureau 271
145, rue Jean-Jacques-Lussier
Case Postale 450, succursale A
Ottawa (Ontario) K1N 6N5
Canada
téléphone : +1 (613) 562-5877, télécopieur : +1 (613) 562-5143
courriel : crccf@uottawa.ca
http://www.uottawa.ca/academic/crccf

University of Alberta
Programme d'études canadiennes
8406, rue Marie-Anne Gaboury
Edmonton (Alberta) T6C 4G9
Canada
téléphone : +1 (780) 465-8700, télécopieur : +1 (780) 465-8760
courriel : claude.denis@ualberta.ca
http://www.library.ualberta.ca/subject/canadianstudies/index.cfm

CHINE

Université des études internationales de Sichuan
Canadian Studies Center
Chongqing, Province du Séchuan 630031
République populaire de Chine
téléphone : +86 (811) 986-1737, télécopieur : +86 (811) 986-5875

Institut des langues étrangères de Dalian
Institut de recherches de la langue française et de la culture québécoise
110, rue Nan Shan Lu, Zhongshan
Dalian, Liaoning 116001
République populaire de Chine
téléphone : +86 (411) 280-3121, télécopieur : +86 (411) 263-9958
courriel : fangrenj@pub.dl.lnpta.net.cn

Université des langues étrangères de Pékin
Centre d'études canadiennes
2, avenue North Xisanhuan
C.P. 8110-18
Beijing 100081
République populaire de Chine
téléphone : +86 (10) 6842-2277, ext. 426, télécopieur : +86 (10) 6842-3144

Université des études internationales de Shangai
Centre d'études québécoises
550 Da Lian Road (W)
Shanghai 200083
République populaire de Chine
téléphone : +86 (21) 6542-0667, télécopieur : +86 (21) 6531-8524
courriel : demingcao@yahoo.com.cn

CORÉE DU SUD

Université nationale de Séoul
Centre de recherches sur la francophonie
Faculté des Lettres
151-742, san 56-1
Shinrim-dong, Kwanak-ku
Séoul
Corée du Sud
téléphone : +82 (2) 880-6115, télécopieur : +82 (2) 886-4076
courriel : wonys@plaza.snu.ac.kr
http://www.snu.ac.kr/engsnu/research/institute_af_co_gr_sc_fr.htm

DANEMARK

Université de Århus
Centre d'études canadiennes et québécoises
Building 467, Room 328
Department of English
Jens Chr. Skous Vej 7
DK-8000 Århus C
Danemark
téléphone : +45 8942-6505, télécopieur : +45 8942-6540
courriel : canstud@hum.aau.dk
http://www.hum.au.dk/canstud

Université d'Odense
Département de français
Études québécoises
Campusvej 55
DK-5230 Odense M
Danemark
téléphone : +45 6615-8600, télécopieur : +45 6593-5149
courriel : caron@litcul.ou.dk
http://www.humaniora.sdu.dk/fransk

Université de Copenhague
Faculté des Sciences humaines
Institut d'études romanes
Njalsgade 80, escalier 17, 2e étage
2300 Copenhague S
Danemark
téléphone : +45 3532-8401, télécopieur : +45 3532-8408
courriel : ominst@hum.ku.dk
http://www.hum.ku.dk/romansk/version-francaise/index.htm

ESPAGNE

Universitat de Barcelona
Departament de filologia francesa i romànica
Centre d'Estudis Canadencs
c/o Pisuerga 18, 7, 2
08028 Barcelona
Espagne
téléphone : +34 (93) 440-0974, télécopieur : +34 (93) 402-4354
courriel : canadactr@eco.ub.es
http://seneca.uab.es/filfrirom

Universidad de Extremadura
Centro de Estudios Canadienses de Cáceres
c/o Facultad de Filosfía y Letras
Avda. De los Quijotes s/n
10004 Cáceres
Espagne
téléphone : +34 (927) 249-600, télécopieur : +34 (927) 248-858
courriel : cec@geot.unex.es

ÉTATS-UNIS

Bowling Green State University
Dept. of Modern Language and Intercultural Studies
Canadian Studies Committee
251 Ivan Wilson Fine Arts Center
Bowling Green (Kentucky)
États-Unis 42101
téléphone : +1 (502) 745-5905, télécopieur : +1 (502) 745-6859
courriel : james.baker@wku.edu
http://www.wku.edu/Dept/Support/AcadAffairs/International/7.htm

California State University, Sacramento
Canadian Studies Program
Department of Foreign Languages
6000J Street
Sacarmento (California)
États-Unis 95819-6087
téléphone : +1 (916) 278-6565, télécopieur : +1 (916) 278-5502
courriel : duvalcj@csus.edu
http://aaweb.csus.edu/catalog/cat96/cat96/cans.pdf

Dartmouth College
John Sloan Dickey Center
Canada and U.S. Institute
6025 Baker Library, Room 607
Dartmouth College
Hanover (New Hampshire)
États-Unis 03755
téléphone : +1 (603) 646-2023, télécopieur : +1 (603) 646-2168
courriel : mary_j_green@dartmouth.edu
http://www.dartmouth.edu/~dickey/dickey_can_us.html

Duke University
The Center for North American Studies
Canadian Studies Program
Box 90422
2204 Erwin Road
Durham (North Carolina)
États-Unis 27708-0422
téléphone : +1 (919) 684-4260, télécopieur : +1 (919) 681-7882
courriel : healy@duke.edu
http://www.duke.edu/web/northamer

Eastern Connecticut State University
Department of Sociology and Anthropology
Canadian Studies Program
79, Windham Street NCB 431
Willimantic (Connecticut)
États-Unis 06226
téléphone : +1 (203) 465-5227, télécopieur : +1 (203) 465-4575
courriel : glasser@ecsuc.ctstateu.edu
http://www.easternct.edu/depts/canadianstudies

Franklin College of Indiana
Canadian Studies Program
2501 E. Monroe Street
Franklin (Indiana)
États-Unis 46131
téléphone : +1 (317) 738-8212, télécopieur : +1 (317) 736-6300
courriel : bridgeb@franklincoll.edu
http://www.franklincoll.edu/hisweb/canweb

Indiana University Northwest
Canadian Studies Committee
Dept. of Modern Languages
3400 Broadway
Gary (Indiana)
États-Unis 46048
téléphone : +1 (219) 980-6694, télécopieur : +1 (219) 981-4247
courriel : fcaucci@iunhaw1.iun.indiana.edu
http://www.canadianembassy.org/education/indiana-e.asp

Johns Hopkins University
School of Advanced International Studies
1740 Massachussets Avenue, N.W.
Washington (District of Columbia)
États-Unis 20036-1984
téléphone : +1 (202) 663-5714, télécopieur : +1 (202) 663-5737
courriel : aartis@mail.jhuwash.jhu.edu
http://www.sais-jhu.edu

Michigan State University
Canadian Studies Center
206B Center for International Programs
East Lansing (Michigan)
États-Unis 48824-1035
téléphone : +1 (517) 353-9349, télécopieur : +1 (517) 353-7254
courriel : csc@msu.edu
http://www.isp.msu.edu/canadianstudies

Plymouth College
Canadian Studies Center
Boyd Hall MSC #49
Plymouth (New Hamshire)
États-Unis 03264
téléphone : +1 (603) 535-2482, télécopieur : +1 (603) 535-1896
courriel : georgem@plymouth.edu
http://oz.plymouth.edu/~maloof/canada.html

State University of New York at Plattsburgh
Center for the Study of Canada
133, Court Street
Plattsburgh (New York)
États-Unis 12901
téléphone : +1 (518) 564-2086, télécopieur : +1 (518) 564-2112
courriel : canadaweb@plattsburgh.edu
http://canada.plattsburgh.edu/cesca.htm

St. Lawrence University
Canadian Studies Program
Canton (New York)
États-Unis 13617
téléphone : +1 (315) 379-5970, télécopieur : +1 (315) 379-5802
courriel : rthacker@stlawu.edu
http://web.stlawu.edu/programs/canadian_studies.html

University of California at Berkeley
Canadian Studies Program
Boalt Hall, #7200
Berkeley (Californie)
États-Unis 94720-7200
téléphone : +1 (510) 642-0531, télécopieur : +1 (510) 643-6171
courriel : canada@uclink.berkeley.edu
http://ias.berkeley.edu/canada

University of Maine at Orono
Canadian-American Center
Canada House
154 College Avenue
Orono (Maine)
Etats-Unis 04469
téléphone : +1 (207) 581-4220, télécopieur : +1 (207) 581-4223
courriel : nancy.strayer@umit.maine.edu
http://www.umaine.edu/canam

University of Massachussets
Five College Consortium Canadian Studies Program
Department of French and Italian
318 Herter Hall
Amherst (Massachussets)
États-Unis 01003
téléphone : +1 (413) 545-6704, télécopieur : +1 (413) 545-4778
courriel : rss@frital.umass.edu
http://www.fivecolleges.edu/academdept.more.html#canadian

University of Louisiana-Lafayette
Department of Modern Languages
Quebec studies
Box 43331
Lafayette (Louisiane)
États-Unis 70504-3331
téléphone : +1 (337) 482-6811, télécopieur : +1 (337) 482-5446
courriel : dryon@louisiana.edu
http://www.louisiana.edu/academic/liberalarts/modl/quebec.html

University of Vermont
Canadian Studies Program
589 Main Street
Burlington (Vermont)
États-Unis 05401
téléphone : +1 (802) 656-3541, télécopieur : +1 (802) 656-8518
courriel : canada@zoo.uvm.edu
http://www.uvm.edu/~canada

Western Washington University
Center for Canadian-American Studies
Canada House, High Street 516
Bellingham (Washington)
États-Unis 98225-9110
téléphone : +1 (360) 650-3728, télécopieur : +1 (360) 650-3995
courriel : canam@cc.wwu.edu
http://www.ac.wwu.edu/~canam

University of Washington
The Henry M. Jackson School of International Studies
Canadian Studies Center
University of Washington
Box 353650
Seattle (Washington)
États-Unis 98195-3650
téléphone : +1 (206) 221-6374, télécopieur : +1 (206) 685-0668
courriel : wdjack@u.washington.edu
http://jsis.artsci.washington.edu/programs/canada/canada.html

FINLANDE

Université de Jyväskylä
Institut des langues romanes et classiques
PI35
40351 Jyväskylä
Finlande
téléphone : +358 (14) 260-1400, télécopieur : +358 (14) 260-1401
courriel : jymalher@cc.jyu.fi
http://www.jyu.fi/tdk/hum/romaaniset/broch.htm

Université de Tampere
Département de philologie I
Section de la langue française
33014 Tampere
Finlande
téléphone : +358 (3) 215-6140, télécopieur : +358 (3) 215 7146
courriel : meri.larjavaara@uta.fi
http://www.uta.fi/laitokset/fil1/ranska

Université d'Oulu
Institut d'allemand, de français et des langues scandinaves
B.P.111
90571 Oulu
Finlande
téléphone : +358 (81) 553-3422, télécopieur : +358 (81) 553-3434
courriel : attias@oyt.oulu.fi
http://www.oulu.fi/srpkl

FRANCE

Université Michel de Montaigne - Bordeaux III
Maison des Sciences de l'Homme d'Aquitaine
Centre d'études canadiennes interuniversitaire de Bordeaux
Domaine universitaire
33405 Talence
France
téléphone : +33 (5) 56-84-68-00, télécopieur : +33 (5) 56-84-68-10
courriel : jpaugust@msha.u-bordeaux.fr
http://www.culture.fr/culture/nllefce/fr/rep_ress/ce_33400.htm

Université d'Aix-Marseille I
Institut d'études politiques
Centre Saint-Laurent
25, rue Gaston de Saporta
13625 Aix-en-Provence Cedex 01
France
téléphone : +33 (4) 4217-0160, télécopieur : +33 (4) 4217-0160
courriel : ygr@infonie.fr
http://jupiter.u-3mrs.fr/~ad001w00/structure/Cb03b06.html

Université d'Avignon et des Pays de Vaucluse
Faculté des lettres et des sciences humaines
Centre d'études canadiennes
74, rue Louis Pasteur, case 17
84029 Avignon Cedex 01
France
téléphone : +33 (04) 9016-2667, télécopieur : +33 (04) 9016-2702
courriel : patrice.brasseur@univ-avignon.fr
http://www.linguistique.univ-avignon.fr/cecav.htm

Université de Grenoble II et III
Maison des Langues et des Cultures
Centre d'études canadiennes
B.P. 25
38040 Grenoble Cedex 09
France
téléphone : +33 (04) 76-82-77-00, télécopieur : +33 (04) 76-82-77-49
courriel : helene.greven@u-grenoble3.fr

Université de Limoges
Faculté des Lettres et des Sciences Humaines
Domaine universitaire de Limoges-Vanteaux
Centre de recherche en littérature québécoise
39 E, rue Camille Guérin
87036 Limoges Cedex
France
téléphone : +33 (05) 55-43-56-00, télécopieur : +33 (05) 55-43-56-03
courriel : scola@flsh.unilim.fr
http://www.flsh.unilim.fr

Université de Lyon II
Centre Jacques Cartier
86, rue Pasteur
69365 Lyon Cedex 07
France
téléphone : +33 (04) 78-69-72-21, télécopieur : +33 (04) 78-61-07-71
courriel : centre.jacques-cartier@univ-lyon2.fr
http://www.univ-lyon2.fr/cjc

Université de Nantes
Faculté de droit
Centre d'études et de recherches sur le Canada
Chemin de la Censive du Tertre
B.P. 81227
44312 Nantes Cedex 3
France
téléphone : +33 (02) 40-14-11-05, télécopieur : +33 (02) 40-14-10-05
courriel : sadoune.r@humana.univ-nantes.fr
http://palissy.humana.univ-nantes.fr/labos/crhma/cerc.htm

Université de Poitiers
Maison des Sciences de l'Homme Poitou-Charentes
Institut d'études acadiennes et québécoises
99, Avenue du Recteur Pineau, Bureau 105
86022 Poitiers Cedex
France
téléphone : +33 (05) 49-45-46-39, télécopieur : +33 (05) 49-45-46-47
courriel : ieaq@mshs.univ-poitiers.fr
http://www.mshs.univ-poitiers.fr/gerhico/ieaq.html

Université de Rennes II – Haute Bretagne
Centre d'études canadiennes
6, avenue Gaston Berger
35043 Rennes Cedex
France
téléphone : +33 (02) 99-14-16-16, télécopieur : +33 (02) 99-14-16-05
courriel : martha.dvorak@uhb.fr
http://www.uhb.fr/langues/cec

Université de Rouen-Haute Normandie
UFR de Lettres
Institut pluridisciplinaire d'études canadiennes
B.P. 108
76821 Mont Saint-Aignan Cedex
France
téléphone : +33 (02) 35-14-61-61, télécopieur : +33 (02) 35-14-62-00
courriel : ipec@univ-rouen.fr

Université des Sciences Humaines de Strasbourg
Centre interdisciplinaire de recherches et d'études canadianistes
22, rue Descartes
67084 Strasbourg Cedex
France
téléphone : +33 (03) 88-41-73-74, télécopieur : +33 (03) 88-41-74-40

Université de Valenciennes et du Hainaut-Cambrésis
Faculté de lettres, langues, arts et sciences humaines
Centre multidisciplinaire d'études canadiennes
Le Mont Houy-B.P. 311
59034 Valenciennes Cedex
France
téléphone : +33 (03) 27-14-11-92, télécopieur : +33 (03) 27-14-13-50
courriel : lemarchand@univ-valenciennes.fr
http://membres.lycos.fr/jadorin

Université Paris III / Sorbonne nouvelle
Institut du monde anglophone
Centre d'études canadiennes
5, rue de l'École de médecine
75006 Paris
France
téléphone : +33 (01) 40-51-33-00, télécopieur : +33 (01) 40-51-33-19
courriel : cecp3@netcourrier.com
http://www.univ-paris3.fr/recherche/sites/edea/cec

HONGRIE

Loránd Eötvös University
School for English and American Studies
Canadian and Québec Studies Program
Ajtósi Dürer sor 19-21
Budapest XIV
H-1146
Hongrie
téléphone : +36 (1) 153-4722, télécopieur : +36 (1) 12-1932
courriel : jakabfi@ludenselte.hu

Université catholique Pázmány Péter
Faculty des humanités
Centre d'études canadiennes et québécoises
H-2081 Piliscsaba
Hongrie
http://www.btk.ppke.hu/eng

Université Janus Pannonius
Département de français
Centre d'études canadiennes
Ifjúság útja 6
H-7624 Pécs
Hongrie
téléphone : +36 (72) 327-622, télécopieur : +36 (72) 315-738
courriel : arpad.vigh@dravanet.hu
http://www.jpte.hu

INDE

Jawaharlal Nehru University
School of Social Sciences
Zahkir Husain Centre for Educational Studies
Centre for Canadian Studies
New Mehrauli Road
New Delhi 11067
Inde
téléphone : +91 (11) 667-676, télécopieur : +91 (11) 686-5886
courriel : mathur@jnuniv.ernet.in

Maharaja Sayajirao University of Baroda
Arts Faculty
Centre for Canadian Studies
Vadodara 390002 (Gujarat)
Inde
téléphone : +91 (265) 336-479, télécopieur : +91 (265) 332-211
courriel : omjuneja@hotmail.com
http://www.msub.edu/arts/index.html

University of Delhi
Centre for Canadian Studies
South Campus
Benito Juarez Marg
New Delhi 110021
Inde
téléphone : +91 (11) 601-955, télécopieur : +91 (11) 688-6427
courriel : krgnayar@yahoo.com
http://www.du.ac.in/index1.html

Université de Goa
Department of French
Taleigao Plateau
GOA 403 206
Inde
courriel : emf@unigoa.ernet.in
http://www.goacom.com/unigoa/lang.html

University of Madras
Département de français
Centre d'études françaises
Madras 600005 (Tamil Nadu)
Inde
téléphone : +91 (44) 235-3635 ou 568-778, poste 335
télécopieur : +91 (44) 235-6570 ou 566-693
courriel : info@universityofmadras.edu
http://www.universityofmadras.edu

Osmania University
College of Arts & Social Sciences
Department of French
Hyberabad 500007
Inde
http://www.osmania.ac.in/academic_college_arts.asp

Pondicherry University
Department of History
Centre d'études françaises
Pondicherry 605014
Inde
téléphone : +91 (413) 85477, poste 210

IRLANDE

National University of Ireland, Galway
French Department
University Road
Galway
Irlande
téléphone : +353 91 750333, télécopieur : +353 91 750508
courriel : emer.oflynn@nuigalway.ie
http://www.nuigalway.ie/faculties_departments/french

University of Dublin
Trinity College
Department of French
College Street
Dublin 2
Irlande
téléphone : +353 (1) 677 2941, télécopieur : +353 (1) 671 9003
courriel : dparris@tcd.ie
http://www.tcd.ie/french

ITALIE

Università degli Studi di Bari
Facoltà di Lingue e Letterature straniere
Dipartimento di Lingue e Letterature Romanze e Mediterranee
Dottorato in Francesistica presso
Via Garruba, 6
70122 Bari
Italie
téléphone : +39 (080) 571-7437, télécopieur : +39 (080) 571-7534
courriel : g.dotoli@lingue.uniba.it
http://www.lingue.uniba.it/romanmed

Università degli Studi di Bologna
Dipartimento di Lingue e Letterature Straniere Moderne
Centro Interuniversitario di Studi Quebecchesi
Via Cartoleria, 5-I
40124 Bologna
Italie
téléphone : +39 (51) 217-127, télécopieur : +39 (51) 264-722
courriel : quebec@hapax.lingue.unibo.it
http://www.facli.unibo.it/Lingue/default.htm

Università degli Studi di Torino
Centro Linguistico e Audiovisivi
Via Sant'Ottavio, 20
10124 Torino
Italie
téléphone : +39 (011) 817-05-17, télécopieur : +39 (011) 812-43-59
courriel : csae@unito.it

Università degli Studi di Urbino
Facoltà di Lingue e Letterature Straniere
Piazza Rinasamento, 7
61029 Urbino (PS)
Italie
téléphone : +39 (722) 29 55, télécopieur : +39 (722) 22 84
courriel : Pres.facolta.lingue@uniurb.it
http://www.uniurb.it/Lingue/hypertext/home.htm

Università degli Studi dell'Aquila
Facoltà di Lettere e Filosofia
Piazza S. Margherita, n. 2
67100 L'Aquila
Italie
téléphone : +39 (0862) 432-112, télécopieur : +39 (0862) 432-113
courriel : n.novelli@tiscalinet.it
http://www.univaq.it/fast-aq.htm

JAPON

Université de Chiba
Faculté des Lettres
Division of Languages and Cultures
Course of Canadian Studies
1-33 Yayoi-cho
Inage-ku, Chiba-shi 263
Japon
téléphone : +81 (43) 290-2330, télécopieur : +81 (43) 290-2356
http://www.l.chiba-u.ac.jp/overview/16_hikakubunka.html#first

Université Meiji
Faculté de l'économie politique
1-1, Kanda-Surugadai
Chiyoda-ku
Tokyo 101
Japon
courriel : obayoshi@pa2.so-net.ne.jp
http://www.meiji.ac.jp/cip/english/us/politic.html

MEXIQUE

Universidad Nacional Autonoma de Mexico
Centro de Investigaciones sobre America del Norte
Torre 2 de Humanidades-Piso 9
Ciudad Universitaria
04510 Mexico D.F.
Mexique
téléphone : +52 5623-0300
courriel : laresl@ibm.net
http://www.cisan.unam.mx

NORVÈGE

Université de Bergen
Institut d'études romanes
Øysteins gate 1
5007 Bergen
Norvège
téléphone : +47 (55) 582-270, télécopieur : +47 (55) 584-260
courriel : ranveig.lote@roman.uib.no
http://www.hf.uib.no/i/romansk

PAYS-BAS

Rijksuniversiteit Groningen
Faculteit der Letteren
Centre d'études canadiennes
Oude Kijk in't Jatstraat 26
Box 716
9700 AS Groningen
Pays-Bas
téléphone : +31 (50) 363-5891, télécopieur : +31 (50) 363-5850
courriel : canstudy@let.rug.nl
http://odur.let.rug.nl/centers/canada

Université de Leiden
Département de français
Postbus 9515
2300 RA Leiden
Pays-Bas
téléphone : +31 (71) 527-2052
courriel : j.m.m.houppermans@let.leidenuniv.nl
http://www.let.leidenuniv.nl/frans

POLOGNE

Université de Varsovie
Institut d'études romanes
Centre de recherche en civilisation canadienne-française
et littérature du Québec
Obozna 8
00332 Warszava
Pologne
téléphone : +48 (22) 826-6404, télécopieur : +48 (22) 826-6404
courriel : kwaterko@mail.uw.edu.pl

PORTUGAL

Universidad de Coimbra
Facultad de Letras
Programme d'études canadiennes
3049 Coimbra
Portugal
téléphone : +351 (39) 36733
courriel : ania@cygnus.ci.pt
http://www.uc.pt/fluc/unidorg.htm

RÉPUBLIQUE TCHÈQUE

Masaryk University
Faculty of Arts
Canadian Studies Centre
Arna Nováka 1
660 88 Brno
République Tchèque
téléphone : +420 (5) 4212-8309 ou 4112-1198, télécopieur : +420 (5) 4112-8238 ou 4112-1406
courriel : sparling@rect.muni.cz
http://www.phil.muni.cz/angl/canada/czechia/brno

ROUMANIE

Babes-Bolyai University
Facultatea de Litere
Centre d'études canadiennes et québécoises
Horea 31
3400 Cluj-Napoca
Roumanie
téléphone : +40 (64) 134-898, télécopieur : +40 (64) 432-303
courriel : ssasu@licj.soroscj.ro
http://lett.ubbcluj.ro

Université de Bucarest
Centre roumain d'études canadiennes
5-7 Edgar Quinet
70106 Bucarest
Roumanie
téléphone : +40 (1) 614-8965, télécopieur : +40 (1) 410-06433
courriel : badescu@k.ro
http://www.unibuc.ro/contact/centres/lls4.htm

Université de Timisoara
Centre d'études francophones
Vasile Pârvan 4
1900 Timisoara
Roumanie
téléphone : +40 (56) 154-048, télécopieur : +40 (56) 196-735
courriel : musaburs@mail.dnttm.ro

ROYAUME-UNI

University of Edinburgh
Centre of Canadian Studies
21 George Square
Edinburgh EH8 9LD
Écosse
téléphone : +44 (131) 650-4129, télécopieur : +44 (131) 650-4130
courriel : ccoates@ed.ac.uk
http://www.ed.ac.uk/canst

University of Leeds
Department of French
Centre for Francophone Studies
Leeds LS2 9JT
Royaume-Uni
téléphone : +44 (0) 113-233-3480, télécopieur : +44 (0) 113-233-3477
courriel : cfs@leeds.ac.uk
http://www.leeds.ac.uk/french/Francophone/index.htm

University of Leicester
School of Modern Languages
Centre of Québec Studies
University Road
Leicester LE1 7RH
Royaume-Uni
téléphone : +44 (116) 252-2694, télécopieur : +44 (116) 252-3633
courriel : cdr2@leicester.ac.uk
http://www.le.ac.uk/ml/quebec

Cambridge University
Faculty of Social & Political Sciences
Canadian Studies Programme
Free School Lane
Cambridge CB2 3RQ
Royaume-Uni
téléphone : +44 (1223) 740-063, télécopieur : +44 (1223) 740-079
courriel : icm2@cam.ac.uk
http://www.sps.cam.ac.uk

University of Glasgow
Department of French Language and Literature
Glasgow G12 8QL
Écosse
téléphone : +44 (141) 339-8855, télécopieur : +44 (141) 330-4234
courriel : b.marshall@french.arts.gla.ac.uk
http://www2.arts.gla.ac.uk/french

University of Nottingham
Département de français
Nottingham NG7 2RD
Royaume-Uni
téléphone : +44 (115) 951-5877, télécopieur : +44 (115) 951-4998
courriel : rosemary.chapman@nottingham.ac.uk
http://www.nottingham.ac.uk/french

Reading University
Faculty of Lettres and Social Sciences
Department of French Studies
Whiteknights, P.O. Box 218
Reading RG6 2AA
Royaume-Uni
téléphone : +44 (1734) 318-121, télécopieur : +44 (1734) 318-122
courriel : french@reading.ac.uk
http://www.rdg.ac.uk/french

RUSSIE

Université d'État des sciences humaines de Russie
Centre Québec-Moscou
6 Miusskaya Sq.
Moscou 105267
Russie
téléphone : +7 (095) 250-6118, télécopieur : +7 (095) 250-5109
courriel : canada@rsuh.ru
http://danet.ixmedia.com/centre/index.html

SUÈDE

Stockholms Universitet
Fanska Institution
Institut d'études canadiennes
S-106 91 Stockholm
Suède
téléphone : +46 (8) 161-447, télécopieur : +46 (8) 153-910
courriel : paulus_d@rom.su.se
http://www.fraita.su.se/kanadai.htm

Université de Skövde
Département de français
Box 408
541 28 Skövde
Suède
courriel : andrel@isp.his.se
http://www.his.se/isp

Associations d'études québécoises

AMERICAN COUNCIL FOR QUÉBEC STUDIES
Plattsburgh State University
133, Court Street
Plattsburgh, NY
États-Unis 12901
téléphone : +1 (518) 564-2392, télécopieur : +1 (518) 564-2112
courriel : acqs@plattsburgh.edu
http://www.acqs.org
• Association américaine d'études québécoises qui regroupe des membres aux États-Unis et partout dans le monde.

ASSOCIATION D'ÉTUDES CANADIENNES
Université du Québec à Montréal
Case postale 8888, succursale Centre-ville
Montréal (Québec) H3C 3P8
téléphone : (514) 987-7784, télécopieur : (514) 987-8210
courriel : general@acs-aec.ca
http://www.acs-aec.ca

ASSOCIATION FRANCOPHONE POUR LE SAVOIR (ACFAS)
425, rue de La Gauchetière Est
Montréal (Québec) H2L 2M7
téléphone : (514) 849-0045, télécopieur : (514) 849-5558
courriel : acfas@acfas.ca
http://www.acfas.ca
• Association universitaire de recherche en sciences, sciences humaines et études culturelles.

ASSOCIATION INTERNATIONALE DES ÉTUDES QUÉBÉCOISES (AIÉQ)
Place Royale
32, rue Notre-Dame
Québec (Québec) G1K 8A5
téléphone : (418) 528-7560, télécopieur : (418) 528-7558
courriel : accueil@aieq.qc.ca
http://www.aieq.qc.ca
• Association qui regroupe les chercheurs québécois et étrangers qui enseignent et font des recherches en études québécoises.

CONSEIL INTERNATIONAL D'ÉTUDES CANADIENNES (CIÉC)
75, rue Albert, bureau S-908
Ottawa (Ontario) K1P 5E7
téléphone : (613) 789-7834, télécopieur : (613) 789-7830
courriel : general@iccs-ciec.ca
http://www.iccs-ciec.ca
- Conseil qui fédère les associations nationales d'études canadiennes et qui se consacre à la promotion des études, de l'enseignement et des publications portant sur le Canada à l'étranger.

Organismes culturels de relations extérieures

AGENCE QUÉBEC/WALLONIE-BRUXELLES POUR LA JEUNESSE
300, rue Saint-Sacrement, bureau 320
Montréal (Québec) H2Y 1X4
téléphone : (514) 873-4355, télécopieur : (514) 873-1538
courriel : lagence@aqwbj.org
http://www.aqwbj.org
- Organisme de coopération internationale qui se consacre aux relations entre la Wallonie, la région de Bruxelles et le Québec.

CENTRE CULTUREL CANADIEN À PARIS
5, rue de Constantine
75007 Paris
France
courriel : info@www.canada-culture.org
http://www.canada-culture.org/index.html
- Le Centre a pour mandat de permettre à la création artistique canadienne de toutes disciplines de se développer, de s'exprimer et d'être diffusée en France.

MINISTÈRE DES RELATIONS INTERNATIONALES
Gouvernement du Québec
Édifice Hector-Fabre
525, boul. René-Lévesque Est, 4e étage
Québec (Québec) G1R 5R9
téléphone : (418) 649-2300, télécopieur : (418) 649-2656
courriel : communications@mri.gouv.qc.ca
http://www.mri.gouv.qc.ca

Bureau de Montréal :
Centre du commerce mondial
380, rue Saint-Antoine Ouest, 4e étage
Montréal (Québec) H2Y 3X7
téléphone : (514) 873-6708, télécopieur : (514) 873-7825

MINISTÈRE DES AFFAIRES ÉTRANGÈRES ET DU COMMERCE INTERNATIONAL DU CANADA
Direction générale des relations culturelles internationales
Édifice Lester B. Pearson
125, promenade Sussex
Tour C, 2e étage
Ottawa (Ontario) K1A 0G2
téléphone : (613) 996-1345, télécopieur : (613) 992-5965
http://www.dfait-maeci.gc.ca

OFFICE FRANCO-QUÉBÉCOIS POUR LA JEUNESSE
11, boul. René-Lévesque Est, bureau 100
Montréal (Québec) H2X 2Z6
téléphone : (514) 873-4255, télécopieur : (514) 873-0067
courriel : info@ofqj.gouv.qc.ca
http://www.ofqj.gouv.qc.ca

Bureau de Paris :
11, passage de l'Aqueduc
93200 Saint-Denis
France
téléphone : +33 (01) 4933-2850, télécopieur : +33 (01) 4933-2888
courriel : info@ofqj.org
http://www.ofqj.org

- Fondé en 1968 par les gouvernements québécois et français, l'Office a pour mandat de contribuer au rapprochement de la jeunesse française et québécoise.

Délégations du Québec

Pour le Royaume-Uni, l'Irlande et les pays nordiques (Suède, Norvège, Danemark, Finlande et Islande) :

Délégation générale du Québec à Londres
59 Pall Mall
Londres SWIY 5JH
Royaume-Uni
téléphone : +44 (0) 20 7766-5900, télécopieur : +44 (0) 20 7930 7938
courriel : qc.londres@mri.gouv.qc.ca
http://www.mri.gouv.qc.ca/london/fr

Pour la Belgique, le Luxembourg, les Pays-Bas et les institutions européennes :

Délégation générale du Québec à Bruxelles
Avenue des arts, 46, 7e étage
1000 Bruxelles
Belgique
téléphone : +32 2 512 00 36, télécopieur : +32 2 514 26 41
courriel : qc.bruxelles@mri.gouv.qc.ca
http://www.mri.gouv.qc.ca/bruxelles

Pour les États-Unis :

Délégation générale du Québec à New York
One Rockefeller Plaza, 26th Floor
New York, NY 10020-2102
États-Unis
téléphone : +1 (212) 397-0200 et +1 (212) 843-0950,
télécopieur : +1 (212) 757-4753 et +1 (212) 376-8984
courriel : qc.newyork@mri.gouv.qc.ca
http://www.mri.gouv.qc.ca/usa/fr

Pour la France et la Principauté de Monaco :

Délégation du Québec à Paris
66, rue Pergolèse
75116 Paris
France
téléphone : +33 (0) 1 40 67 85 00, télécopieur : +33 (0) 1 40 67 85 09
courriel : qc.paris@mri.gouv.qc.ca
http://www.mri.gouv.qc.ca/paris/index.asp

Pour le Japon :

Délégation générale du Québec à Tokyo
Shiroyama JT Trust Tower
32e étage, 4-3-1 Toranomon
1-3 Kojimachi
Minato-ku, Tokyo 105-6032
Japon
téléphone : +81 (3) 5733-4001, télécopieur : +81 (3) 5472-6721
courriel : qc.tokyo@mri.gouv.qc.ca
http://www.mri.gouv.qc.ca/tokyo

Pour le Mexique, la Colombie, le Pérou, le Venezuela, l'Équateur, la Bolivie, l'Amérique centrale, les Caraïbes, la Guyane française, Aruba, Bonaire et Curaçao :

Délégation générale du Québec à Mexico
Avenida Taine 411
Colonia Bosques de Chapultepec
11580 Mexico D.F.
Mexique
téléphone : (525 55) 250-8222, télécopieur : (525 55) 250-2396
courriel : qc.mexico@mri.gouv.qc.ca
http://www.mri.gouv.qc.ca/mexico

4e PARTIE
REVUES CULTURELLES ET DE SCIENCES HUMAINES

ARTS VISUELS, SCULPTURE ET PHOTOGRAPHIE

Annales d'histoire de l'art canadien.
The Journal of Canadian Art History

Université Concordia

1455, boul. de Maisonneuve Ouest, bureau VA432

Montréal (Québec) H3G 1M8

téléphone : (514) 848-4699, télécopieur : (514) 848-4584

courriel : jcah@vax2.concordia.ca

http://art-history.concordia.ca/jcah

- Paraît deux fois par année.
- Fondée en 1974, *Annales d'histoire de l'art canadien* a pour mandat de publier des articles sur tous les aspects de l'histoire de l'art, de l'architecture et des arts décoratifs au Québec et au Canada, ainsi que sur l'art des peuples autochtones. Les articles sont publiés en anglais ou en français et sont accompagnés d'un résumé dans l'autre langue.

Archée. Cybermensuel

2570, rue Bercy, n° 1
Montréal (Québec) H2K 2V8
téléphone : (514) 522-1700
courriel : ligne@archee.qc.ca
http://www.archee.qc.ca

- Paraît dix fois par année.
- Cette revue électronique s'est donné pour objectif de promouvoir l'art Web et les nouveaux médias, mais aussi de développer une réflexion esthétique et critique concernant les enjeux et les conséquences des nouvelles technologies sur le monde actuel.

CV Photo

460, rue Sainte-Catherine Ouest, bureau 320
Montréal (Québec) H3B 1A7
téléphone : (514) 390-1193, télécopieur : (514) 390-8802
courriel : cvphoto@cam.org
http://www.cvphoto.ca

- Paraît quatre fois par année.
- Fondé en 1986 sous le nom de *Ciel variable,* devenu *CV Photo* en 1992, ce magazine publie des dossiers sur des photographes contemporains, qu'ils soient québécois ou d'ailleurs, ainsi que des essais et des réflexions sur la photographie, les expositions et les livres d'art.

Espace

4888, rue Saint-Denis
Montréal (Québec) H2J 2L6
téléphone : (514) 844-9858, télécopieur : (514) 844-3661
courriel : espace@espace-sculpture.com
http://www.espace-sculpture.com

- Paraît quatre fois par année.
- Fondée en 1987 par le Centre de Diffusion 3D (CDD3D), la revue
  Espace publie en français et en anglais des entretiens, des articles de
  fond et des dossiers sur la sculpture contemporaine.

Esse, arts + opinions

Case postale 56, succursale De Lorimier
Montréal (Québec) H2H 2N6
téléphone : (514) 521-8597, télécopieur : (514) 521-8598
courriel : revue@esse.ca
http://www.esse.ca

- Paraît trois fois par année.
- Fondée en 1982 sous le nom de *Art contemporain* et devenue *Esse*
  en 1984, cette revue d'arts s'intéresse aux diverses pratiques interdisciplinaires et à toutes formes d'interventions à caractère social.
  Son contenu offre une réflexion sur les pratiques artistiques québécoises et internationales, dans les domaines des arts visuels, de la
  performance, de la vidéo, de la musique, de la danse actuelle, du
  théâtre expérimental et du cinéma d'auteur.

ETC Montréal

307, rue Sainte-Catherine Ouest, bureau 620
Montréal (Québec) H2X 2A3
téléphone : (514) 848-1125, télécopieur : (514) 848-0071
courriel : etcmtl@dsuper.net
http://www.dsuper.net/%7eetcmtl/etc%202.html

- Paraît quatre fois par année.
- Fondée en 1987, *ETC Montréal* est une revue sur l'art actuel au Québec et au Canada. Différents historiens de l'art du Québec et de l'étranger y collaborent et proposent, en français et en anglais, un regard sur l'art actuel. Elle présente, dans chaque numéro, des dossiers thématiques, et une place est réservée à l'actualité et aux débats.

Grafika.
Le magazine des communications graphiques du Québec

Éditions Infopresse
4310, boul. Saint-Laurent
Montréal (Québec) H2W 1Z3
téléphone : (514) 842-5873, télécopieur : (514) 842-2422
courriel : mickael.carlier@infopresse.com
http://www.okgrafika.com

- Paraît dix fois par année.
- Fondé en 1992, le magazine *Grafika* couvre tout ce qui a trait aux activités du monde des communications graphiques au Québec, en plus d'organiser de prestigieux concours à chaque année.

Inter

345, rue du Pont
Québec (Québec) G1K 6M4
téléphone : (418) 529-9680, télécopieur : (418) 529-6933
courriel : edinter@total.net

- Paraît trois fois par année.
- Fondée en 1978 sous le nom de *Intervention,* devenue *Inter* en 1984, cette revue publie des articles sur les arts actuels, des entrevues avec des artistes et des comptes rendus d'exposition. Elle se définit comme un laboratoire d'engagement permanent envers l'éthique de l'art ; elle analyse les liens et les rapports entre l'art, la culture, le social, le politique et l'éthique.

Magazin'art

Case postale 4066, succursale Westmount
Montréal (Québec) H3Z 2X3
téléphone : (514) 685-5425, télécopieur : (514) 685-9011
courriel : magazinart@videotron.ca
http://www.glen-net.ca/marchant_gallery/magart.html

- Paraît quatre fois par année.
- Fondé en 1988, ce magazine bilingue présente des articles sur les galeries et les artistes connus en arts visuels. Il vise surtout à faire connaître les artistes québécois et canadiens.

Le Magazine électronique du CIAC

Centre international d'art contemporain de Montréal
Case postale 760, succursale Place du Parc
Montréal (Québec) H2X 4A6
téléphone : (514) 288-0811, télécopieur : (514) 288-5021
courriel : courrier@ciac.ca
http://www.ciac.ca/magazine

- Cette revue électronique bilingue présente des dossiers et des entrevues sur des artistes contemporains, québécois ou étrangers.

MobileGaze

téléphone : (514) 274-8587
courriel : info@mobilegaze.com
http://www.mobilegaze.com/

- Cette revue électronique présente des œuvres numériques et des projets d'art conçus pour le Web, des entrevues avec des artistes, des textes critiques concernant le Web et des événements prenant place sur le réseau en temps réel.

Musées

Société des musées québécois
Case postale 8888, succursale Centre-Ville
Montréal (Québec) H3C 3P8
téléphone : (514) 987-3264, télécopieur : (514) 987-3379
courriel : smq@uqam.ca
http://www.smq.qc.ca

- Paraît une fois par année.
- Fondée en 1978, cette revue publie des articles sur les arts et sur des sujets qui se rapportent aux musées et à la muséologie.

Parachute

4060, boul. Saint-Laurent, bureau 501
Montréal (Québec) H2W 1Y9
téléphone : (514) 842-9805, télécopieur : (514) 842-9319
courriel : direction@parachute.net
http://www.parachute.ca

- Paraît quatre fois par année.
- Fondée en 1975, *Parachute* est la plus importante revue de diffusion et de réflexion sur les nouvelles formes artistiques. Si elle se consacre surtout aux arts visuels, ses articles en français ou en anglais restent toutefois ouverts aux arts de la scène, au cinéma, à la musique et à l'architecture, et ce, tant au Québec qu'à l'étranger.

Parcours. L'informateur des arts

Les éditions Trajet
130, chemin Bates, bureau 101
Montréal (Québec) H2V 1B2
téléphone : (514) 342-5115
courriel : editionstrajet@qc.aira.com

- Paraît quatre fois par année.
- Fondé en 1994, ce magazine présente des articles sur des galeries d'art, des entrevues avec des artistes en arts visuels et des comptes rendus d'exposition. Il se consacre surtout à l'art et aux artistes québécois.

Le Sabord

Case postale 1925
Trois-Rivières (Québec) G9A 5M6
téléphone : (819) 375-6223, télécopieur : (819) 375-9359
courriel : art@lesabord.qc.ca
http://www.lesabord.qc.ca

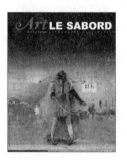

- Paraît quatre fois par année.
- Fondée en 1983, *Le Sabord* est une revue de création littéraire et visuelle. Dans chacune de ses parutions, des artistes de différentes provenances et des écrivains de la Francophonie s'allient pour la production d'œuvres originales, où la poésie, l'essai ou la nouvelle se mêlent à l'image. Chaque numéro contient aussi des chroniques, des entretiens et des commentaires critiques.

Vie des arts

486, rue St-Catherine Ouest, bureau 400
Montréal (Québec) H3B 1A6
téléphone : (514) 282-0205, télécopieur : (514) 282-0235
courriel : arts@qc.aira.com
http://www.viedesarts.com

- Paraît quatre fois par année.
- Fondée en 1956, *Vie des arts* se définit comme une revue d'arts visuels axée sur l'information, l'analyse et la critique ; elle développe son contenu autour de deux pôles : l'art actuel et l'actualité de l'art, au Québec comme à l'étranger.

Visio. Revue internationale de sémiotique visuelle

Centre interuniversitaire d'études sur les lettres,
les arts et les traditions (CÉLAT)
Université Laval
Québec (Québec) G1K 7P4
téléphone : (418) 656-5355, télécopieur : (418) 656-3603
courriel : mcarani@microtec.net
http://www.fl.ulaval.ca/hst/visio

- Paraît quatre fois par année.
- Fondée en 1996, *VISIO* est la revue de recherche de l'Association internationale de sémiotique visuelle (AISV) créée à Blois (France) en 1990. Elle publie des études théoriques, analytiques et appliquées dans le domaine de la sémiotique visuelle en son sens le plus large.

CINÉMA

24 Images

3962, avenue Laval
Montréal (Québec) H2W 2J2
téléphone : (514) 286-1688

- Paraît cinq fois par année.
- Fondé en 1977, le magazine *24 images* porte un regard critique sur ce qui anime et transforme le cinéma d'aujourd'hui, en accordant une place privilégiée aux œuvres québécoises, sans pour autant négliger les créations étrangères. Par son contenu varié (dossiers, articles de fond, tables rondes, critiques et chroniques), *24 images* s'est donné pour mandat de susciter des débats et d'ouvrir la voie au cinéma libre et personnel.

Ciné-bulles

Association des cinémas parallèles du Québec
Case postale 1000, succursale M
Montréal (Québec) H1V 3R2
téléphone : (514) 252-3021, poste 3935, télécopieur : (514) 251-8038
courriel : acpq@mlink.net
http://www.cinemasparalleles.qc.ca/cinebulles.htm

- Paraît quatre fois par année.
- Fondé en 1980 sous le nom de *Bulletin d'information de l'ACPQ,* devenu *Ciné-bulles* en 1982, ce magazine, qui relève de l'Association des cinémas parallèles du Québec, a pour mission de faire connaître la richesse et la diversité du cinéma québécois, tout en laissant une place de choix au cinéma d'auteur international.

CiNéMAS

Université de Montréal
Case postale 6128, succursale Centre-ville
Montréal (Québec) H3C 3J7
téléphone : (514) 343-6111, poste 3684, télécopieur : (514) 343-2393
courriel : cinemas@histart.umontreal.ca
http://www.revue-cinemas.umontreal.ca

- Paraît trois fois par année.
- Fondée en 1990, *CiNéMAS* est une revue universitaire consacrée aux études cinématographiques. Elle entend diffuser des travaux théoriques ou analytiques visant à stimuler une réflexion pluridisciplinaire sur le cinéma en croisant différentes approches, méthodes et disciplines (esthétiques, sémiotique, histoire, communications, sciences humaines, histoire de l'art, etc.).

Hors champ

6054, rue Waverly
Montréal (Québec) H2T 2Y3
téléphone : (514) 278-2336
courriel : admin@horschamp.qc.ca
http://www.horschamp.qc.ca

- Cette revue électronique publie des comptes rendus de films québécois, des entrevues avec des personnalités du monde cinématographique, des textes de réflexion sur le cinéma, la société et les médias.

**Revue canadienne d'études cinématographiques/
Canadian Journal of Film Studies**

Department of Art History and Communication Studies

Université McGill

853, rue Sherbrooke Ouest

Édifice des Arts, W 225

Montréal (Québec) H3A 2T6

téléphone : (514) 398-4935, télécopieur : (514) 398-7247

courriel : william.wees@mcgill.ca

http://www.film.queensu.ca/fsac/cjfs.html

- Paraît deux fois par année.
- Revue bilingue publiée sous l'égide de l'Association canadienne d'études cinématographiques, la *Revue canadienne d'études cinématographiques* a pour mission de diffuser la recherche, surtout universitaire, sur le cinéma.

Séquences

2100, rue Saint-Marc, bureau 1702

Montréal (Québec) H3H 2G6

téléphone : (514) 933-9473, télécopieur : (514) 933-0162

courriel : cast49@hotmail.com

- Paraît six fois par année.
- Fondé en 1955, *Séquences* est un magazine sur le cinéma du Québec et d'ailleurs. Il accorde une grande place à la critique et publie des chroniques sur la musique de film, sur les livres de cinéma et sur la vidéo. Il présente également des entretiens avec des cinéastes, des reportages sur des tournages et des études sur des films et des réalisateurs.

CRÉATION LITTÉRAIRE

Alibis, polar, noir et mystère

Case postale 5700
Beauport (Québec) G1E 6Y6
téléphone : (418) 667-7235, télécopieur : (418) 667-5348
courriel : alibis@revue-alibis.com
http://www.revue-alibis.com

- Paraît quatre fois par année.
- Fondée en 2001, cette revue publie des nouvelles inédites (noires, policières et de mystère) écrites par des écrivains québécois. Elle présente aussi des entrevues originales avec des auteurs et des critiques d'œuvres.

L'Année de la science-fiction et du fantastique québécois

Les éditions Alire
Case postale 67, succursale B
Québec (Québec) G1K 7A1
courriel : alire@alire.com
http://www.alire.com

- Paraît une fois par année.
- Fondée en 1984, cette revue recense les textes de création relevant de la science-fiction et du fantastique québécois écrits en français. Elle présente, pour chacune des entrées, un compte rendu et un commentaire de l'œuvre.

Arcade

Case postale 48773
Montréal (Québec) H2C 4V1
courriel : ecrits.desforges@aiqnet.com
http://www.arcade-au-feminin.com

- Paraît trois fois par année.
- Fondée en 1981, *Arcade* est la seule revue francophone nord-américaine qui publie des créations littéraires, des entrevues et des critiques exclusivement autour de l'écriture au féminin. Par le biais de la prose comme de la poésie, la revue s'est donné pour mission d'encourager les productions littéraires au féminin et de défendre celles-ci dans le patrimoine culturel, en ouvrant ses pages aux écrivaines connues et moins connues, du Québec et d'ailleurs.

Brèves littéraires

379, boul. des Prairies, bureau 300
Laval (Québec) H7N 2W6
téléphone : (450) 978-7669, télécopieur : (450) 978-7033
courriel : clavarin@colba.net
http://www.societelitterairedelaval.qc.ca/breves/breves.htm

- Paraît trois fois par année.
- Fondée en 1985 sous le nom de *Littéraire de Laval*, devenue *Brèves littéraires* en 1990, cette revue, dirigée par la Société littéraire de Laval, se consacre à la publication de textes courts, que ce soit des nouvelles, des contes, de la poésie ou des essais. Elle vise surtout à promouvoir la relève littéraire québécoise, tout en offrant un espace de publication à certains auteurs reconnus.

Chair et métal

Département de français
Université Concordia
1455, boul. de Maisonneuve Ouest
Montréal (Québec) H3G 1M8
téléphone : (514) 848-7512
http://www.chairetmetal.com

- Cette revue bilingue, qui se définit comme un espace exploratoire, propose d'examiner attentivement toutes les formes de l'expression humaine à l'ère de la technoculture. Ainsi, elle propose tant des textes de réflexions et d'idées que des créations littéraires.

L'Écrit primal

2344, pavillon Alphonse-Desjardins
Université Laval
Québec (Québec) G1K 7P4

- Paraît deux fois par année.
- *L'Écrit primal* est la revue de création littéraire des étudiants de l'Université Laval.

Les Écrits

5724, chemin de la Côte Saint-Antoine
Montréal (Québec) H4A 1R9
téléphone : (514) 488-5883, télécopieur : (514) 488-4707
courriel : les.ecrits@sympatico.ca

- Paraît quatre fois par année.
- Fondée en 1954 sous le nom des *Écrits du Canada français*, devenue *Les Écrits* en 1995, cette revue de création littéraire est publiée par l'Académie des lettres du Québec. Chacun des numéros comprend des poèmes, des nouvelles, des récits, des extraits de roman et des études, écrits tant par des auteurs du Québec que de l'étranger.

Estuaire

Case postale 48774
1495, rue Van Horne
Montréal (Québec) H2V 4V1
courriel : redaction@estuaire.poesie.com
http://www.estuaire-poesie.com

- Paraît cinq fois par année.
- Fondée en 1976, la revue *Estuaire* se consacre à la publication de textes poétiques. Elle se définit comme un carrefour de la poésie québécoise actuelle, ouverte tant aux poètes reconnus qu'aux nouveaux auteurs. De plus, elle intègre à son contenu poétique une dimension réflexive et critique sur la poésie actuelle.

Exit

Case postale 22125, succursale Saint-Marc
Montréal (Québec) H1Y 3K8
téléphone : (514) 721-5389
courriel : redaction@exit-poesie.com
http://www.exit-poesie.com

- Paraît quatre fois par année.
- Fondée en 1995, la revue *Exit* se définit comme un espace de création et de liberté qui publie des textes poétiques d'auteurs connus ou moins connus. De plus, elle contient des essais, des réflexions, des critiques et des entretiens en lien avec la poésie au Québec.

Gnou

5882, avenue de l'Esplanade
Montréal (Québec) H2T 3A3
http://www.synec-doc.be/alt/gnou

- Paraît irrégulièrement.
- Fondée en 1996, *Gnou* est une revue de création (prose et poésie) du Québec, de Belgique et de France.

L'Inconvénient

Case Postale 284, succursale Rosemont
Montréal (Québec) H1X 3B8
courriel : courriel@inconvenient.ca
http://www.inconvenient.ca

- Paraît quatre fois par année.
- Fondée en 2000, *L'Inconvénient* est une revue d'essai et de création qui questionne, depuis le point de vue de la littérature, les conceptions courantes, les consensus, les errements et les non-dits de la société québécoise. Elle publie des textes d'auteurs établis et de la relève.

Lapsus. Espace de création littéraire

Association étudiante d'études littéraires (J-1225)
Case postale 8888, succursale Centre-ville
Montréal (Québec) H3C 3P8
téléphone : (514) 987-3000, poste 3905, télécopieur : (514) 987-7804
courriel : revuelapsus@yahoo.ca

- Paraît deux fois par année.
- *Lapsus* est la revue de création littéraire des étudiants de l'Université du Québec à Montréal. Elle publie de la prose comme de la poésie.

Lèvres urbaines

Case postale 335
Trois-Rivières (Québec) G9A 5G4
téléphone : (819) 379-9813, télécopieur : (819) 379-9813
courriel : ecrits.desforges@tr.cgocable.ca

* Paraît irré
ue volume un poète québécois et un poète reconnu de l'étranger.

Liberté

Case postale 48 854
1495, rue Van Horne
Montréal (Québec) H2V 4V2
téléphone : (514) 598-8457, télécopieur : (514) 524-3145
courriel : info@revueliberte.ca
http://www.revueliberte.ca

* Paraît quatre fois par année.
* Fondée en 1959, la revue *Liberté* publie des textes de fiction, de la poésie et des essais d'auteurs québécois, canadiens et étrangers, reconnus ou non. Elle se veut un espace d'échange, de débat et de réflexion réunissant divers artisans issus des sciences humaines ou sociales. Chaque numéro comprend un ou plusieurs dossiers thématiques liés aux enjeux sociaux ou culturels actuels.

Matrix

1400, boul. de Maisonneuve Ouest, bureau 502
Montréal (Québec) H3G 1M8
téléphone : (514) 497-5485, télécopieur : (514) 848-4501
courriel : rena@netrover.com

- Matrix est un magazine québécois de langue anglaise voué à la publication de textes de fiction et d'études sur les arts, la culture et la littérature.

Mœbius

2200, rue Marie-Anne Est
Montréal (Québec) H2H 1N1
téléphone : (514) 597-1666, télécopieur : (514) 597-1666
courriel : tripty@generation.net
http://www.generation.net/tripty/f-moebius.html

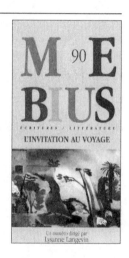

- Paraît quatre fois par année.
- Fondée en 1977, la revue *Mœbius* publie principalement des textes de fiction et de la poésie, mais aussi des entrevues, des textes d'opinion, des essais sur des questions d'ordre culturel, ainsi que des comptes rendus de lecture. Elle vise surtout à découvrir et à faire connaître les voix émergentes en littérature québécoise.

Nouvelles fraîches

Département d'études littéraires de l'UQAM
Case postale 8888, succursale Centre-ville
Montréal (Québec) H3C 3P8
téléphone : (514) 987-3000, poste 3905, télécopieur : (514) 987-8218
courriel : rnfraich@er.uqam.ca
http://www.unites.uqam.ca/fcomm/nfraiches.htm

- Paraît une fois par année.
- Fondée en 1985, cette revue publie annuellement les textes lauréats d'un concours de nouvelles organisé par les étudiants du Département d'études littéraires de l'Université du Québec à Montréal.

Orées

Département d'études françaises
Université Concordia, SLB 619
1455, boul. de Maisonneuve Ouest
Montréal (Québec) H3G 1M8
courriel : orees@alcor.concordia.ca
http://orees.concordia.ca

- Fondée en 2000, cette revue électronique met en valeur les forces centrifuges et les conceptions nouvelles de ce qui est littéraire et de ce qui ne l'est pas. Pour ce faire, elle publie tant des articles de réflexion que des créations littéraires.

Poésie

Les éditions de l'Oésie
225 A, Châteauguay (Québec) G1K 2E1
courriel : brtremble@yahoo.com
http://www.ava.qc.ca/edition/revuepoesie

- Paraît une fois par année.
- Fondée en 1997, cette revue se consacre à la publication de textes poétiques de facture contemporaine. Une attention particulière est mise sur la présentation visuelle des textes et la mise en page.

La Revue des animaux

L'Oie de Cravan
5460, rue Waverly
Montréal (Québec) H2T 2X9
http://www.cam.org/~cravan/index.html

- Paraît irrégulièrement.
- Fondée en 1991, cette revue de création publie des textes poétiques.

Le Sabord

Case postale 1925
Trois-Rivières (Québec) G9A 5M6
téléphone : (819) 375-6223, télécopieur : (819) 375-9359
courriel : art@lesabord.qc.ca
http://www.lesabord.qc.ca

- Paraît quatre fois par année.
- Fondée en 1983, *Le Sabord* est une revue de création littéraire et visuelle. Dans chacune de ses parutions, des artistes de différentes provenances et des écrivains de la francophonie s'allient pour la production d'œuvres originales, où la poésie, l'essai ou la nouvelle se mêlent à l'image. De plus, chaque numéro contient des chroniques, des entretiens et des commentaires critiques.

XYZ. La revue de la nouvelle

1781, rue Saint-Hubert
Montréal (Québec) H2L 3Z1
téléphone : (514) 525-2170, poste 26, télécopieur : (514) 525-7537
courriel : xyzed@mlink.net

- Paraît quatre fois par année.
- Fondée en 1985, *XYZ* est une revue qui présente des créations inédites de nouvellistes québécois. On y trouve également des textes d'auteurs étrangers, des entretiens avec des écrivains, des réflexions sur la nouvelle en tant que genre et des critiques des dernières parutions dans ce domaine.

ÉTUDES CULTURELLES

Les Cahiers du journalisme

Département d'information et de communication
Université Laval
Québec (Québec) G1K 7P4
téléphone : (418) 656-2131, poste 7774, télécopieur : (418) 656-7807
courriel : thierry.watine@com.ulaval.ca
http://www.com.ulaval.ca/cahiersjou

- Paraît deux fois par année.
- Fondée en 1996 à Lille (France), cette revue de recherche est publiée conjointement par l'École supérieure de journalisme de Lille et le Département d'information et de communication de l'Université Laval. La revue a pour objectif de diffuser des travaux ayant trait à l'évolution des pratiques journalistiques en France et à l'étranger.

Communication

Département d'information et de communication
B-5604, pavillon Casault
Université Laval
Québec (Québec) G1K 7P4
téléphone : (418) 656-2131, poste 2963, télécopieur : (418) 656-7807
courriel : revue.communication@com.ulaval.ca
http://www.com.ulaval.ca

- Paraît deux fois par année.
- Fondée en 1975 et publiée par l'Université Laval, la revue *Communication* a pour objectif de témoigner des analyses et des recherches sur les multiples dimensions de la communication publique.

Protée

Département des arts et lettres
Université du Québec à Chicoutimi
555, boul. de l'Université
Chicoutimi (Québec) G7H 2B1
téléphone : (418) 545-5011, poste 5396, télécopieur : (418) 545-5012
courriel : protee@uqac.ca
http://www.uqac.ca/recherche/unites/protee.html

- Paraît trois fois par année.
- Fondée en 1970, *Protée* est une revue de recherche sur les divers problèmes d'ordre théorique et pratique liés à l'explication, à la modélisation et à l'interprétation d'objets ou de phénomènes langagiers, textuels, symboliques et culturels, où se pose, de façon diverse, la question de la signification.

Recherches amérindiennes au Québec

6743, rue Saint-Denis
Montréal (Québec) H2S 2S2
téléphone : (514) 277-6178
courriel : reamqu@globetrotter.net
http://www.recherches-amerindiennes.qc.ca/revueaccueil.html

- Paraît trois fois par année.
- Fondée en 1971, *Recherches amérindiennes au Québec* publie des travaux d'archéologie, d'anthropologie, d'ethnologie et d'ethnohistoire sur les Amérindiens ; des dossiers sur les problèmes actuels des communautés autochtones, ainsi qu'une chronique des parutions récentes concernant la culture amérindienne.

Recherches sémiotiques/Semiotic Inquiry

École de cinéma Mel Hoppenheim
Université Concordia
1455, boul. de Maisonneuve Ouest, local FB-319
Montréal (Québec) H3G 1M8
téléphone : (514) 848-4676, télécopieur : (514) 848-4255
courriel : lefebvre@vax2.concordia.ca
http://www.arts.ualberta.ca/rssi

- Paraît trois fois par année.
- *RSSI* est la revue officielle de l'Association canadienne de sémiotique. Elle a succédé au *Journal canadien de recherche sémiotique* fondé en 1973 à l'Université de l'Alberta (Edmonton). La revue *Recherches sémiotiques / Semiotic Inquiry* publie des articles et des comptes rendus dans le domaine de la sémiotique.

Spirale

1751, rue Richardson, bureau 5500
Montréal (Québec) H3K 1G6
téléphone : (514) 934-5651, télécopieur : (514) 934-6390
courriel : spiralemagazine@yahoo.com
http://www.philo.uqam.ca/spi/spirale.html

- Paraît six fois par année.
- Fondée en 1979, *Spirale* est une revue interdisciplinaire qui s'intéresse à la culture actuelle, au sens large du terme, tant au Québec qu'ailleurs. Elle publie des articles, des critiques et des comptes rendus d'exposition. *Spirale* s'est donné pour mandat de favoriser le développement d'une réflexion critique novatrice sur la littérature, les arts et les sciences humaines.

Surfaces

Université de Montréal
Case postale 6128, succursale Centre-ville
Montréal (Québec) H3C 3J7
téléphone : (514) 343-5683, télécopieur : (514) 343-5684
courriel : surfaces@ere.umontreal.ca
http://www.pum.umontreal.ca/revues/surfaces

- *Surfaces* est une revue électronique de nature transdisciplinaire qui sert de forum à des penseurs ou à des spécialistes venant de champs divers pour interroger et analyser le savoir contemporain. À partir de cette réflexion, la revue vise à examiner les enjeux, les concepts et les institutions du savoir, les médias qui le diffusent et le reproduisent, et ses relations avec le pouvoir, la culture et les collectivités émergentes.

La Tribune juive

5005, chemin de la Côte-Sainte-Catherine, bureau 14
Montréal (Québec) H3W 1M5
téléphone : (514) 737-2666

- Paraît douze fois par année.
- Fondé en 1983, *La Tribune juive* est un magazine qui publie des articles sur l'actualité culturelle, des critiques de films et des entrevues.

Visio. Revue internationale de sémiotique visuelle

Centre interuniversitaire d'études sur les lettres,
les arts et les traditions (CÉLAT)
Université Laval
Québec (Québec) G1K 7P4
téléphone : (418) 656-5355, télécopieur : (418) 656-3603
courriel : mcarani@microtec.net
http://www.fl.ulaval.ca/hst/visio

- Paraît quatre fois par année.
- Fondée en 1996, *Visio* est la revue de recherche de l'Association internationale de sémiotique visuelle (AISV) créée à Blois (France) en 1990. Elle publie essentiellement des études théoriques, analytiques et appliquées dans le domaine de la sémiotique visuelle.

ÉTUDES LITTÉRAIRES ET THÉÂTRALES

Acta Fabula. Revue des parutions en théorie littéraire
courriel : fabula@fabula.org.
http://www.fabula.org/revue

- Cette revue électronique se propose de recenser les ouvrages et les numéros de revues qui paraissent présenter de nouveaux enjeux théoriques en littérature. Chacun des ouvrages est accompagné d'un compte rendu.

L'Annuaire théâtral
Société québécoise d'études théâtrales
Case postale 48864, succursale Outremont
Outremont (Québec) H2V 4V2
téléphone : (514) 279-7169
courriel : dlafon@uottawa.ca
http://www.uottawa.ca/academic/crccf/publications/annuaire.html

- Paraît deux fois par année.
- Fondée en 1985, *L'Annuaire théâtral* est la revue de la Société québécoise d'études théâtrales (SQET) et du Centre de recherche en civilisation canadienne-française de l'Université d'Ottawa (CRCCF). Elle s'est donné pour mandat de penser le théâtre sous de nouveaux éclairages et de privilégier l'histoire contemporaine tout en la contextualisant à la lumière des grandes traditions scéniques et dramaturgiques.

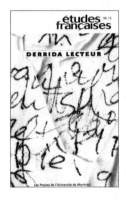

Études françaises

Département d'études françaises
Université de Montréal
Case postale 6128, succursale Centre-ville
Montréal (Québec) H3C 3J7
téléphone : (514) 343-6425, télécopieur : (514) 343-2232
courriel : pradatvd@poste.umontreal.ca
http://www.pum.umontreal.ca/revues/etudes_francaises/etudes_francaises.html

- Paraît trois fois par année.
- Fondée en 1965, *Études françaises* est une revue universitaire de critique et de théorie. D'abord littéraire, elle étudie diverses questions qui mettent en rapport les arts et les sciences humaines. Chaque numéro contient un dossier thématique sur une œuvre, une période ou une problématique littéraire.

Études littéraires

Département des littératures
Université Laval
Québec (Québec) G1K 7P4
téléphone : (418) 656-7844, télécopieur : (418) 656-2991
courriel : revueel@lit.ulaval.ca
http://www.fl.ulaval.ca/lit/et-litt/home.html

- Paraît trois fois par année.
- Fondée en 1968 sous l'égide du Département des littératures de l'Université Laval, *Études littéraires* est une revue de littérature générale se définissant comme un forum pour les recherches en littérature. Elle aborde le fait littéraire et culturel selon des critères historiques, génériques et nationaux en privilégiant toutefois les œuvres de langue française.

Les Cahiers de théâtre Jeu

460, rue Sainte-Catherine Ouest, bureau 838
Montréal (Québec) H3B 1A7
téléphone : (514) 875-2549, télécopieur : (514) 875-8827
courriel : info@revuejeu.org
http://www.revuejeu.org

- Paraît quatre fois par année.
- Fondée en 1976, *Jeu* publie des analyses et des critiques de pièces de théâtre québécoises et étrangères, des articles de fond sur les arts de la scène et des commentaires sur les nouvelles parutions liées au théâtre.

Lettres québécoises

1781, rue Saint-Hubert
Montréal (Québec) H2L 3Z1
téléphone : (514) 525-9518, télécopieur : (514) 525-7537
courriel : xyzed@mlink.net

- Paraît quatre fois par année.
- Fondé en 1976, *Lettres québécoises* est un magazine consacré à la littérature québécoise. On y publie des chroniques, des entrevues et des dossiers étoffés. Ses principales rubriques portent sur le roman, la nouvelle, la poésie, le théâtre, l'essai, la science-fiction et le fantastique.

Lurelu

4388, rue Saint-Denis, bureau 305
Montréal (Québec) H2J 2L1
téléphone : (514) 282-1414, télécopieur : (514) 282-9566
courriel : lurelu@videotron.ca
http://www.lurelu.net

- Paraît trois fois par année.
- Fondée en 1978, *Lurelu* est la seule revue québécoise consacrée à la littérature pour la jeunesse. Elle vise à faire connaître les albums, les romans, les bandes dessinées, les documentaires, les magazines et le théâtre québécois pour la jeunesse, de même que leurs créateurs : les écrivains, les illustrateurs, les éditeurs et les directeurs littéraires.

Moyen français

Département de langue et littérature françaises
Université McGill
3460, rue McTavish
Montréal Québec) H3A lX9
téléphone : (514) 398-6880, télécopieur : (514) 398-8557
courriel : giuseppe.di_stefano@mcgill.ca
http://www.arts.mcgill.ca/programs/french/web8.htm#lit

- Paraît deux fois par année.
- Fondée en 1977, *Moyen français* est une revue universitaire qui publie des études et des bibliographies qui illustrent les tendances des recherches sur la langue et la littérature françaises des XIVe et XVe siècles.

Nuit blanche

1026, rue Saint-Jean, bureau 403
Québec (Québec) G1R 1R7
téléphone : (418) 692-1354, télécopieur : (418) 692-1355
courriel : nuit.blanche@multim.com
http://www.nuitblanche.com

- Paraît quatre fois par année.
- Fondé en 1982, *Nuit blanche* est un magazine littéraire d'information sur la littérature écrite et traduite en français. Son objectif est de susciter le goût de la lecture par la publication d'articles, de dossiers, d'entrevues, de comptes rendus, d'inédits littéraires, et des nouvelles du milieu de l'édition.

Postures. Critique littéraire

Département d'Études littéraires
Université du Québec à Montréal
Case postale 8888, succursale Centre-ville
Montréal (Québec) H3C 3P8
téléphone : (514) 987-3000, poste 4125, télécopieur : (514) 987-8218
courriel : information@revuepostures.com
http://www.revuepostures.com

- Paraît une fois par année.
- Cette revue favorise la publications de travaux de jeunes chercheurs qui s'interrogent sur des sujets de pointe des études littéraires. *Postures* est dirigée par des étudiants du Département d'études littéraires de l'Université du Québec à Montréal.

Québec français

Association québécoise des professeurs de français
Case postale 9185
Sainte-Foy (Québec) G1V 4B1
téléphone : (418) 527-0809, télécopieur : (418) 527-4765
courriel : revueqf@globetrotter.net
http://www.revueqf.ulaval.ca

- Paraît quatre fois par année.
- Fondé en 1974 par l'Association québécoise des professeurs de français, ce magazine littéraire traite de la pédagogie du français et de la littérature. Il offre aussi des chroniques sur les différentes pratiques culturelles et des critiques. *Québec français* s'adresse aux professeurs, mais aussi au grand public qui s'intéresse à l'actualité du monde littéraire et de l'éducation.

Solaris

Case postale 5700
Beauport (Québec) G1E 6Y6
téléphone : (418) 365-7940, télécopieur : (418) 667-5348
courriel : solaris@revue-solaris.com
http://www.revue-solaris.com

- Paraît quatre fois par année.
- Fondé en 1974, *Solaris* est un magazine de littérature fantastique et de science-fiction. Il s'intéresse à toutes les manifestations de la science-fiction, du fantastique et des genres associés, comme l'horreur et l'insolite. Il publie de la création, des articles d'analyse, des critiques et des entrevues avec les créateurs.

Tangence

Département de lettres
Université du Québec à Rimouski
300, allée des Ursulines
Rimouski (Québec) G5L 3A1
téléphone : (418) 723-1986, poste 1573, télécopieur : (418) 724-1848
courriel : tangence@uqar.qc.ca
http://www.uqtr.uquebec.ca/dfra/tangence

- Paraît trois fois par année.
- Fondée en 1987 sous le nom de *Urgences*, devenue *Tangence* en 1991, cette revue de recherche s'intéresse à la littérature sous toutes ses formes, chaque numéro portant sur une question particulière. La revue veut contribuer à l'émergence d'une pensée littéraire québécoise dans les domaines de la théorie et de la critique, notamment en s'interrogeant sur les relations qu'entretient la littérature avec les autres disciplines.

Théâtre. Les cahiers de la maîtrise

École supérieure de théâtre
Université du Québec à Montréal
Case postale 8888, succursale Centre-Ville
Montréal (Québec) H3C 3P8
téléphone : (514) 987-3000, poste 8428, télécopieur : (514) 987-7881
courriel : theatre.cahiers.maitrise@uqam.ca
http://www.rocler.qc.ca/abarette/theatre.html

- Paraît deux fois par année.

- Fondée en 1996 et publiée par les étudiants du Département de théâtre de l'Université du Québec à Montréal, la revue *Théâtre* présente des articles théoriques portant sur le théâtre comme art de la scène, des textes de création dramatique ainsi que des articles critiques, des entrevues ou des commentaires étayés sur la pratique théâtrale contemporaine.

Voix et images
Département d'études littéraires
Université du Québec à Montréal
Case postale 8888, succursale Centre-ville
Montréal (Québec) H3C 3P8
téléphone : (514) 987-3000, poste 6664, télécopieur : (514) 987-8218
courriel : voix.images@uqam.ca
http://www.er.uqam.ca/nobel/vimages/voixetimages.html

- Paraît trois fois par année.
- Fondée en 1967 sous le nom de *Voix et images du pays*, devenue *Voix et images* en 1975, cette revue de recherche, publiée sous l'égide du Département d'études littéraires de l'Université du Québec à Montréal, est la seule revue scientifique qui se consacre exclusivement à la littérature québécoise. Ouverte aux différentes approches théoriques et forte d'un réseau de correspondants étrangers, la revue constitue un lieu de diffusion privilégié pour les spécialistes de la discipline, au Québec comme ailleurs. Chaque numéro présente un dossier consacré à une thématique ou à un auteur.

HISTOIRE ET GÉOGRAPHIE

Les Cahiers des Dix

La Société des Dix
2129, rue de Marillac
Québec (Québec) G1T 1L3
courriel : fernand.harvey@inrs-culture.uquebec.ca
http://www.er.uqam.ca/nobel/r26770/sodesdixaccueil.html

- Paraît une fois par année.
- Fondée en 1936, cette revue se consacre à l'histoire culturelle du Québec et de l'Amérique française. Elle se veut tant un outil de recherche pour les historiens qu'un organe de diffusion pour ceux-ci.

Cahiers de géographie du Québec

Département de géographie
Université Laval
Québec (Québec) G1K 7P4
téléphone : (418) 656-5392, télécopieur : (418) 656-3960
courriel : cahiers_de_geographie@ggr.ulaval.ca
http://www.cgq.ulaval.ca

- Paraît trois fois par année.
- Fondée en 1956, cette revue publie des articles scientifiques dans les domaines de la géographie humaine, l'aménagement du territoire, le développement et l'environnement.

Cahiers d'histoire

Département d'histoire
Université de Montréal
Case postale 6128, succursale Centre-ville
Montréal (Québec) H3C 3J7
téléphone : (514) 343-6234, télécopieur : (514) 343-2483
courriel : cahiers_histoire@hotmail.com
http://www.hist.umontreal.ca/u/cahiers

- Paraît deux fois par année.
- Fondée en 1981, cette revue est publiée en collaboration avec le Département d'histoire de l'Université de Montréal. Chaque numéro comprend des articles scientifiques sur divers sujets historiques ainsi que plusieurs recensions de livres récemment parus. La revue favorise l'interdisciplinarité ainsi que les collaborations étrangères.

Cahiers québécois de démographie

Association des démographes du Québec
Case postale 49532, CSP du Musée
Montréal (Québec) H3T 2A5
téléphone : (418) 545-5011, poste 6554, télécopieur : (418) 545-5518
courriel : m3tremb@uqac.ca
http://www.demo.umontreal.ca/adq/cahiers.html

- Paraît deux fois par année.
- Fondée en 1971, cette revue scientifique publie des articles touchant à divers aspects de l'étude des populations humaines, notamment tout ce qui concerne les phénomènes démographiques.

Cap-aux-Diamants

Case postale 26, succursale Haute-Ville
Québec (Québec) G1R 4M8
téléphone : (418) 656-5040, télécopieur : (418) 656-7282
courriel : revue.cap-aux-diamants@hst.ulaval.ca
http://www.capauxdiamants.org

- Paraît quatre fois par année.
- Fondé en 1985, ce magazine de vulgarisation propose des articles abordant diverses facettes de l'histoire du Québec. Ayant d'abord un mandat éducatif, *Cap-aux-Diamants* se veut également un organe de diffusion des derniers développements et des découvertes de tout ce qui touche le Québec du temps passé.

Continuité

82, Grande Allée Ouest
Québec (Québec) G1R 2G6
téléphone : (418) 647-4525, télécopieur : (418) 647-6483
courriel : continuite@megaquebec.net
http://www.cmsq.qc.ca/edition.html

- Paraît quatre fois par année.
- Créé par le Conseil des monuments et sites du Québec (CMSQ) en 1982 avec le soutien de la Fondation canadienne pour la protection du patrimoine, *Continuité* est le premier magazine d'information grand public sur le patrimoine au Québec. Par la présentation de dossiers thématiques, d'entrevues, de reportages, et grâce à ses chroniques, *Continuité* contribue à la connaissance et à la mise en valeur du patrimoine québécois.

L'Estuaire. Revue d'histoire des pays de l'estuaire du Saint-Laurent

La Société d'histoire du Bas-Saint-Laurent
300, allée des Ursulines
Rimouski (Québec) G5L 3A1
téléphone : (418) 723-1986, poste 1669
courriel : pierre_collins@uqar.uquebec.ca
http://www3.uqar.uquebec.ca/grideq/estuaire-index.htm

- Paraît deux fois par année.
- Fondée en 1973, cette revue est publiée sous l'égide du Groupe de recherche interdisciplinaire sur le développement régional de l'Est du Québec de l'Université du Québec à Rimouski et la Société d'histoire du Bas-Saint-Laurent. Elle est consacrée à l'histoire régionale de l'Est du Québec.

Le Géographe canadien. The Canadian Geographer

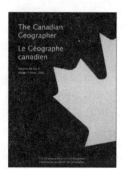

Association canadienne des géographes
805, rue Sherbrooke Ouest, bureau 425
Montréal (Québec) H3A 2K6
téléphone : (514) 398-4946, télécopieur : (514) 398-7437
courriel : cag@felix.geog.mcgill.ca
http://www.geog.ouc.bc.ca/tcg

- Paraît quatre fois par année.
- Fondée en 1951 par l'Association des géographes canadiens, la revue scientifique *Le Géographe canadien* se veut un espace de diffusion des travaux de recherche de géographes canadiens. Cette revue bilingue privilégie la publication d'articles concernant la géographie canadienne.

Histoire Québec

4545, avenue Pierre-De Coubertin
Case postale 1000, succursale M
Montréal (Québec) H1V 3R2
téléphone : (514) 252-3031 ou 1 866 691-7202, télécopieur : (514) 251-8038
courriel : fshq@histoirequebec.qc.ca
http://www.histoirequebec.qc.ca

- Paraît trois fois par année.
- Fondé en 1995 par la Fédération des sociétés d'histoire du Québec, ce magazine s'est donné pour mandat de valoriser l'histoire locale, régionale et nationale, de même que les multiples éléments du patrimoine culturel du Québec, afin d'en faciliter l'accessibilité à un large public.

Magazine Gaspésie

Musée de la Gaspésie
80, boul. Gaspé
Gaspé (Québec) G4X 1A9
téléphone : (418) 368-1534, télécopieur : (418) 368-1535
courriel : musee@quebectel.com

- Paraît trois fois par année.
- Fondé en 1962 sous le nom de *Revue d'histoire de la Gaspésie*, devenu *Magazine Gaspésie* en 1981, ce magazine s'est donné pour mission de valoriser et de promouvoir l'identité culturelle, le développement, le patrimoine, la culture actuelle et le potentiel économique de la Gaspésie et des Îles-de-la-Madeleine, tout en reflétant les préoccupations et les aspirations socio-économiques des Gaspésiens et des Madelinots.

Mens. Revue d'histoire intellectuelle de l'Amérique française

Département d'histoire
Université Laval
Québec (Québec) G1K 7P4
téléphone : (418) 529-8820
courriel : revuemens@hst.ulaval.ca
http://www.hst.ulaval.ca/revuemens

- Paraît deux fois par année.
- Fondée en 2000, cette revue scientifique publie des articles qui portent sur l'histoire des idées. Elle se veut un espace de diffusion et de débats pour les historiens et les chercheurs qui s'intéressent à la vie intellectuelle du Québec et de l'Amérique française.

Revue d'études des Cantons de l'Est

Centre de recherche des Cantons de l'Est
Université Bishop's
Lennoxville (Québec) J1M 1Z7
téléphone : (819) 822-9600, poste 2647, télécopieur : (819) 822-9661
courriel : etrc@ubishops.ca
http://www.etrc.ca/fr/revue.html

- Paraît deux fois par année.
- La *Revue d'études des Cantons de l'Est* est une revue universitaire, multidisciplinaire et bilingue qui s'intéresse à l'histoire, à la culture et à la société des Cantons-de-l'Est, et à la préservation du patrimoine vivant et archivistique de la région.

Revue d'histoire de Charlevoix

Case postale 172
La Malbaie (Québec) G5A 1T7
téléphone : (418) 439-0647, télécopieur : (418) 439-1110
courriel : shdc@cite.net
http://www.charlevoix.net/societedhistoiredecharlevoix

- Paraît quatre fois par année.
- Fondé en 1985, ce magazine présente des articles sur l'histoire de la région de Charlevoix. Il s'adresse à un large public.

Revue d'histoire de l'Amérique française

261, avenue Bloomfield
Montréal (Québec) H2V 3R6
téléphone : (514) 278-2232, télécopieur : (514) 271-6369
courriel : ihaf@ihaf.qc.ca
http://www.cam.org/~ihaf/rhaf.html

- Paraît quatre fois par année.
- Fondée en 1947, la *Revue d'histoire de l'Amérique française* est consacrée à l'histoire du Québec, du Canada français et de l'Amérique française. Elle favorise la diffusion des connaissances historiques les plus récentes en publiant des articles et des notes de recherche touchant à de nombreux domaines de l'histoire, de même que des comptes rendus, une bibliographie de recherche et une chronique d'archives.

Téoros

Case postale 8888, succursale Centre-ville
Université du Québec à Montréal
Montréal (Québec) H3C 3P8
téléphone : (514) 987-3000, poste 6959, télécopieur : (514) 987-7827
courriel : teoros@uqam.ca
http://www.unites.uqam.ca/teoros

- Paraît trois fois par année.
- Fondée en 1982, *Téoros*, revue francophone de recherche en tourisme, se veut un outil de communication pour les professionnels voués au développement du tourisme. Aux côtés d'articles thématiques et de chroniques, *Téoros* publie des articles qui approfondissent des thèmes d'actualité et traitent de problèmes fondamentaux en tourisme.

Circuit

Ordre des traducteurs, terminologues et interprètes agréés du Québec
2021, rue Union, bureau 1108
Montréal (Québec) H3A 2S9
téléphone : (514) 845-4411, télécopieur : (514) 845-9903
courriel : circuit@ottiaq.org
http://www.ottiaq.org/circuit

- Paraît quatre fois par année.
- Fondé en 1983, *Circuit* est un magazine trimestriel sur la langue, la communication et la traduction publié par l'Ordre des traducteurs, terminologues et interprètes agréés du Québec. Chaque numéro contient un dossier thématique sur un sujet d'actualité concernant la profession ainsi que plusieurs chroniques pratiques ou d'information.

Langues et linguistique

Pavillon Charles-De Koninck, bureau 2289
Université Laval
Québec (Québec) G1K 7P4
téléphone : (418) 656-3263, télécopieur : (418) 656-2622
courriel : jacques.ouellet@lli.ulaval.ca
http://www.fl.ulaval.ca/lli/revue.htm

- Paraît une fois par année.
- Fondée en 1975 et publiée par le Département de langues, linguistique et traduction de l'Université Laval, cette revue scientifique fait état de l'avancement des recherches dans les disciplines liées à la linguistique.

Méta. Journal des traducteurs/Translators Journal
Département de linguistique et de traduction
Université de Montréal
Case postale 6128, succursale Centre-Ville
Montréal (Québec) H3C 3J7
téléphone : (514) 343-7047, télécopieur : (514) 343-2284
courriel : andre.clas@umontreal.ca

- Paraît trois fois par année.
- Fondée en 1955 sous le nom de *Journal des traducteurs* et devenue *Méta. Journal des traducteurs* en 1966, cette revue bilingue se définit comme un organe d'information et de recherche dans les domaines de la traduction et de l'interprétation. Elle s'adresse aux traducteurs, aux interprètes et aux terminologues.

Rédiger
Groupe Rédiger
Département d'information et de communication
Pavillon Louis-Jacques-Casault, bureau 5450
Université Laval
Québec (Québec) G1K 7P4
téléphone : (418) 656-2131, poste 5701, télécopieur : (418) 656-7807
courriel : jocelyne.bisaillon@lli.ulaval.ca
http://www.ciral.ulaval.ca/redaction/mag/default.htm

- Paraît une fois par année.
- Fondé en 1996, ce magazine a été créé dans le but de fournir une tribune aux rédacteurs professionnels et à tous ceux qui, de près ou de loin, s'intéressent à la communication écrite. Depuis 1997, *Rédiger* n'est produit qu'en format électronique.

Revue canadienne de linguistique / Canadian Journal of Linguistics

Département de linguistique et de didactique des langues
Université du Québec à Montréal
Case postale 8888, succursale Centre-ville
Montréal (Québec) H3C 3P8
courriel : cjlrcl@er.uqam.ca
http://www.utpjournals.com/cjl

- Paraît quatre fois par année.
- Publiée sous l'égide de l'Association canadienne de linguistique, cette revue bilingue s'adresse surtout aux chercheurs et étudiants en linguistique, et vise à diffuser les travaux de recherche tant dans ce dernier domaine que dans des champs interdisciplinaires comme la sociolinguistique et la psycholinguistique.

Revue d'aménagement linguistique

Office québécois de la langue française
125, rue Sherbrooke Ouest
Montréal (Québec) H2X 1X4
téléphone : (514) 864-9446, télécopieur : (514) 873-3488
courriel : lharou@olf.gouv.qc.ca
http://www.olf.gouv.qc.ca/ressources/publications/publications_amenagement/
terminogramme.html

- Paraît deux fois par année.
- Fondée en 1978 sous le nom de *Terminogramme*, devenue *Revue d'aménagement linguistique* en 2002, cette revue publie des résultats de recherche et des articles concernant l'aménagement linguistique et la terminologie. Publiée par l'Office québécois de la langue française, elle réunit des chercheurs de divers domaines (sociologie, science politique, linguistique, etc.).

Revue québécoise de linguistique

Département de linguistique
Université du Québec à Montréal
Case postale 8888, succursale Centre-Ville
Montréal (Québec) H3C 3P8
téléphone : (514) 987-3000, poste 4227, télécopieur : (514) 987-4652
courriel : rql@uqam.ca
http://www.ling.uqam.ca/rql/index.html

- Paraît deux fois par année.
- Fondée en 1971 sous le nom de *Cahiers de linguistique*, la *Revue québécoise de linguistique* est publiée par le Département de linguistique de l'Université du Québec à Montréal. Revue bilingue, elle s'adresse surtout aux chercheurs et aux étudiants en linguistique.

TTR. Études sur le texte et ses transformations

Département de langue et littérature françaises
Université McGill
3460, rue McTavish, bureau 224
Montréal (Québec) H3A lX9
téléphone : (514) 398-5015, télécopieur : (514) 398-8557
courriel : achapd3@po-box.mcgill.ca
http://www.uottawa.ca/associations/act-cats/fra/f_journal/f_journal.htm

- Paraît deux fois par année.
- Fondée en 1988, *TTR* est une revue scientifique et professionnelle consacrée à la traduction, à la terminologie et à la rédaction. Elle publie en français et en anglais des numéros thématiques reflétant l'état actuel des recherches dans ces domaines. Cette revue est l'organe officiel de l'Association canadienne de traductologie.

Circuit. Musiques contemporaines

300, boul. de Maisonneuve Est
Montréal (Québec) H2X 3X6
téléphone : (514) 843-9305, télécopieur : (514) 843-3167
courriel : julie.lebel@smcq.qc.ca
http://www.pum.umontreal.ca/pum/revues/circuit.html

- Paraît trois fois par année.
- Fondée en 1990, la revue *Circuit*, parrainée par la Société de musique contemporaine du Québec, publie des articles entourant les débats et les enjeux esthétiques que soulèvent les musiques contemporaines du Québec et d'ailleurs, ainsi que des témoignages de compositeurs et d'interprètes. De plus, elle a pour mandat de faire part aux lecteurs des différents travaux de recherche dans le domaine de la musicologie.

Recherche en éducation musicale

Faculté de musique
Pavillon Louis-Jacques-Casault
Université Laval
Québec (Québec) G1K 7P4
http://www.ulaval.ca/mus/reem/

- Paraît une fois par année.
- Fondée en 1982 sous le nom de *Cahiers d'information sur la recherche en éducation musicale*, devenue *Recherche en éducation musicale* en 1989, cette revue est consacrée aux divers aspects liés à la recherche en éducation musicale.

POLITIQUE, DROIT ET ÉCONOMIE

Bulletin d'histoire politique
Association québécoise d'histoire politique
Département de sociologie
Université du Québec à Montréal
Case postale 8888, succursale Centre-ville
Montréal (Québec) H3C 3P8
courriel : bhp@uqam.ca
http://www.unites.uqam.ca/bhp

- Paraît quatre fois par année.
- Fondée en 1992 par l'Association québécoise d'histoire politique, cette revue veut favoriser la diffusion des travaux en histoire politique en plus d'entretenir un dialogue entre les chercheurs de divers horizons touchant de près ou de loin à cette facette de l'histoire.

Criminologie
Centre international de criminologie comparée
Université de Montréal
Case postale 6128, succursale Centre-ville
Montréal (Québec) H3C 3J7
téléphone : (514) 343-2120, télécopieur : (514) 343-2269
courriel : revuecrimino@cicc.umontreal.ca
http://www.cicc.umontreal.ca/120.htm

- Paraît deux fois par année.
- Fondée en 1968, la revue *Criminologie* s'adresse aux chercheurs et aux intervenants professionnels de la justice pénale. Elle présente des dossiers thématiques construits autour des résultats des recherches actuelles et des intérêts des criminologues.

Économie et solidarités

Université du Québec en Outaouais
Case postale 1250, succursale B
Gatineau (Québec) J8X 3X7
téléphone : (819) 595-3900, poste 2383, télécopieur : (819) 595-2227
courriel : revue.ciriec@uqo.ca
http://www.ciriec.uqam.ca/revue

- Paraît deux fois par année.
- Fondée en 1983 sous le nom de *Revue du CIRIEC*, devenue *Économie et solidarités* en 1996, cette revue est publiée sous l'égide du Centre interdisciplinaire de recherche et d'information sur les entreprises collectives (CIRIEC). Elle est destinée aux chercheurs et aux étudiants en économie sociale, et son mandat est de s'intéresser aux organisations de l'économie sociale (coopératives et associations), de traiter de leur spécificité et de diffuser les connaissances dans le domaine. Elle est la seule revue scientifique nord-américaine vouée principalement à l'économie sociale.

Isuma. Revue canadienne de recherche sur les politiques

56 rue Sparks, 1er étage
Ottawa (Ontario) K1P 5A9
courriel : questions@isuma.net.
http://www.isuma.net

- Paraît deux fois par année.
- Fondée en 2000, *Isuma* publie des articles de recherche sur les politiques dans une perspective multidisciplinaire et des comptes rendus d'ouvrages récents sur les politiques. Revue bilingue publiée par les Presses de l'Université de Montréal pour le Projet de recherche sur les politiques, *Isuma* est un organe de diffusion de la recherche en sciences sociales et politiques.

Lex Electronica. Revue internationale du droit des technologies de l'information

Centre de recherche en droit public
Faculté de droit
Université de Montréal
Case postale 6128, succursale Centre-ville
Montréal (Québec) H3C 3J7
téléphone : (514) 343-6111, poste 1201
courriel : nicolas.vermeys@umontreal.ca
http://www.lex-electronica.org

- Fondée en 1995 par le Centre de recherche en droit public de l'Université de Montréal, cette revue électronique publie des articles scientifiques inédits, en langue française ou anglaise, sur le droit des technologies de l'information.

Options politiques

Institut de recherche en politiques publiques
1470, rue Peel, bureau 200
Montréal (Québec) H3A 1T1
téléphone : (514) 985-2461, télécopieur : (514) 985-2559
courriel : irpp@irpp.org
http://www.irpp.org/fr/po

- Paraît dix fois par année.
- Fondé en 1980, *Options politiques* est le magazine de l'Institut de recherche en politiques publiques (IRPP). Publiant en français et en anglais, il vise à susciter un débat sur les enjeux politiques. Chaque numéro contient de courts articles dans lesquels les auteurs commentent les dossiers qui font la manchette, ainsi que des analyses sur des questions plus vastes.

Politique et Sociétés

Département de science politique
Université du Québec à Montréal
Case postale 8888, succursale Centre-ville
Montréal (Québec) H3C 3P8
téléphone : (514) 987-3000, poste 4582, télécopieur : (514) 987-4878
courriel : sqsp@uqam.ca
http://www.unites.uqam.ca/sqsp

- Paraît trois fois par année.
- Fondée en 1982 sous le nom de *Politique. Revue québécoise de science politique*, devenue *Politique et Sociétés* en 1995, cette revue assure la diffusion, en français, de la recherche réalisée dans les différents champs de la science politique. Chaque année, deux numéros thématiques et un numéro d'études libres sont publiés.

Revue juridique Thémis

Faculté de droit
Université de Montréal
Case postale 6128, succursale Centre-ville
Montréal (Québec) H3C 3J7
téléphone : (514) 343-6627, télécopieur : (514) 343-6779
courriel : themis@droit.umontreal.ca
http://www.themis.umontreal.ca/revue/revue.html

- Paraît trois fois par année
- Fondée en 1951 par le département de Droit de l'Université de Montréal sous le nom de *Thémis. Revue juridique*, cette revue scientifique publie des articles et des études sur le droit.

SCIENCES HUMAINES ET SOCIALES

L'Action nationale

425, boul. de Maisonneuve Ouest, bureau 1002
Montréal (Québec) H3A 3G5
téléphone : (514) 845-8533, télécopieur : (514) 845-8529
courriel : revue@action-nationale.qc.ca
http://www.action-nationale.qc.ca

- Paraît dix fois par année.
- Cette revue a été fondée en 1928 sous le nom de *L'Action canadienne-française* et elle a pris son nom actuel en 1933. Organe officiel de la Ligue d'action nationale, elle publie des articles et des études sur la promotion de la culture québécoise et de la langue française, sur l'indépendance politique du Québec, sur la souveraineté et sur l'économie, en plus d'informer et de débattre sur les grands enjeux sociaux au Québec.

L'Actualité

1001, boul. de Maisonneuve Ouest, bureau 1100
Montréal (Québec) H3A 3E1
téléphone : (514) 843-2543, télécopieur : (514) 845-7503
courriel : cbeaulieu@lactualite.com
http://www.lactualite.com

- Paraît vingt fois par année.
- Fondé en 1976, *L'Actualité* est un magazine d'information nationale et internationale qui publie des articles et des reportages, des entrevues, des éditoriaux, des critiques de livre, d'exposition et de spectacle, et des études sur divers sujets d'intérêt public.

L'Agora

37, rue Principale, 2ᵉ étage
North Hatley (Québec) J0B 2C0
téléphone : (819) 842-4701, télécopieur : (819) 842-4703
courriel : agora@agora.qc.ca
http://agora.qc.ca/magazine.html

- Paraît quatre fois par année.
- Fondé en 1993, le magazine *L'Agora* publie des articles et des essais réunis autour d'un thème choisi et faisant appel aux savoirs de différentes disciplines : philosophie, économie, littérature, arts, sciences, santé, éducation, environnement, etc.

L'Année francophone internationale

Faculté des Lettres
Université Laval
Québec (Québec) G1K 7P4
téléphone : (418) 656-5772, télécopieur : (418) 656-7017
courriel : afi@fl.ulaval.ca
http://www.ulaval.ca/afi

- Paraît une fois par année.
- Fondée en 1992, cette revue présente les principaux événements qui animent le monde de la Francophonie et les idées qui sous-tendent son évolution. Chaque numéro comprend d'une part une description des faits marquants de l'année pour plus de soixante pays francophones et, d'autre part, une série d'articles de réflexion concernant l'espace francophone.

Anthropologie et sociétés

Département d'anthropologie
Université Laval
Québec (Québec) G1K 7P4
téléphone : (418) 656-3027, télécopieur : (418) 656-3284
courriel : proanth@ant.ulaval.ca
http://www.fss.ulaval.ca/ant/revuant.html

- Paraît trois fois par année.
- Fondée en 1976 sous le nom de *Cahiers d'anthropologie de l'Université Laval* et devenue *Anthropologie et sociétés* en 1977, cette revue est éditée par l'Université Laval. Son objectif est de représenter l'anthropologie au Québec, les débats théoriques et les pratiques de nos sociétés. La revue est ouverte à tous les courants de l'anthropologie, elle s'intéresse à toutes les sociétés et publie des articles spécialisés, des documents de travail, des débats et des informations.

Argument

9$^{1/4}$, rue Saint-Ursule
Québec (Québec) G1R 4C7
téléphone : (418) 694-1516
courriel : djacques@cegep-fxg.qc.ca
http://www.pol.ulaval.ca/argument/index.htm

- Paraît deux fois par année.
- Fondée en 1998, *Argument* est une revue d'histoire, de politique et de débats de société. Elle se définit comme un forum de discussion pour les penseurs québécois de tous les domaines, et elle publie tant des articles portant sur l'actualité que des études plus générales.

Cahiers de recherche sociologique
Département de sociologie
Université du Québec à Montréal
Case postale 8888, succursale Centre-ville
Montréal (Québec) H3C 3P8
téléphone : (514) 987-3000, poste 4380, télécopieur : (514) 987-4638
courriel : galipeau.mireille@uqam.ca
http://www.socio.uqam.ca/dsocio/recherche/revues-departementales/cahiers-recherche.shtml

- Paraît deux fois par année.
- Cette revue se définit comme un organe de diffusion de la recherche, du développement de la connaissance de pointe dans les différentes disciplines des sciences sociales et humaines.

Combats
20, rue Saint-Charles Sud
Case postale 1097
Joliette (Québec) J6E 4T1
téléphone : (450) 759-1661, poste 252
courriel : louiscornellier@parroinfo.ca
http://www.combats.qc.ca

- Paraît quatre fois par année.
- Fondée en 1995, *Combats* est une revue d'idées qui s'intéresse à la vie tant culturelle que politique du Québec et du monde moderne. Indépendante, elle s'est donné comme mot d'ordre : « pour un humanisme combattant ».

Conjonctures. Revue québécoise d'analyse et de débat
4076, rue Saint-Hubert
Montréal (Québec) H2L 4A8
téléphone : 987-3000, poste 6117
courriel : maffezzini.ivan@uqam.ca
http://trempet.uqam.ca/conjonctures

- Paraît deux fois par année.
- Fondée en 1981 sous le nom de *Conjoncture politique au Québec*, la revue présente des études, des réflexions ou des essais autour d'un thème lié à la vie politique au Québec.

CTheory
courriel : ctheory@concordia.ca
http://www.ctheory.net

- Se définissant comme une « revue électronique internationale de théorie », *CTheory* publie des articles de fond, en anglais, autour des thèmes de la théorie en tous genres, de la technologie et de la culture.

Découvrir

Association francophone pour le savoir
425, rue De La Gauchetière Est
Montréal (Québec) H2L 2M7
téléphone : (514) 849-0045, télécopieur : (514) 849-5558
courriel : decouvrir@acfas.ca
http://www.acfas.ca/decouvrir

- Paraît six fois par année.
- Fondé en 1979 sous le nom de *Bulletin de l'ACFAS,* suivi de *Interface* en 1983 et finalement *Découvrir* en 2000, ce magazine de vulgarisation scientifique est publié sous l'égide de l'Association francophone pour le savoir (ACFAS). Destinée tant à la communauté des chercheurs qu'au grand public, cette publication rend compte des avancées de la recherche et de ses enjeux sociaux, économiques, culturels et politiques. Toutes les disciplines scientifiques sont représentées.

Dialogue. Revue canadienne de philosophie

Département de philosophie
Université du Québec à Trois-Rivières
Trois-Rivières (Québec) G9A 5H7
téléphone : (819) 376-5013, télécopieur : (819) 373-1988
courriel : dialogue@uqtr.uquebec.ca
http://www.usask.ca/philosophy/dialogue

- Paraît trois fois par année.
- Fondée en 1969 par l'Association canadienne de philosophie, cette revue publie en français et en anglais des textes appartenant aux divers domaines de la philosophie.

Éthica

300, allée des Ursulines
Rimouski (Québec) G5L 3A1
téléphone : (418) 724-1784, télécopieur : (418) 724-1851
courriel : ethos@uqar.qc.ca
http://www.uqar.qc.ca/ethos/ethos.htm

- Paraît deux fois par année.
- Fondée en 1989, cette revue interdisciplinaire entend favoriser le dialogue et participer aux différents débats éthiques soulevés dans la société québécoise. Elle entend également s'impliquer sur le plan international dans la diffusion des réflexions en matière d'éthique sociale.

Éthique publique

Institut national de la recherche scientifique
Laboratoire d'éthique publique
3465, rue Durocher
Montréal (Québec) H2X 2C6
téléphone : (514) 499-4080, télécopieur : (514) 499-4065

- Paraît deux fois par année.
- Fondée en 1999, cette revue désire faire connaître la recherche et la réflexion sur l'éthique publique, qu'elles proviennent des milieux universitaires ou des gens œuvrant sur le terrain.

Ethnologies

Centre interuniversitaire d'études sur les lettres,
les arts et les traditions (CÉLAT)
Pavillon Charles-De Koninck
Université Laval
Québec (Québec) G1K 7P4
téléphone : (418) 656-2131, télécopieur : (418) 656-5727
courriel : cfc@celat.ulaval.ca
http://www.celat.ulaval.ca/acef/revue.htm

- Paraît deux fois par année.
- En 1979, l'Association canadienne d'ethnologie et de folklore fondait la revue *Canadian Folklore canadien*, devenue en 1998 *Ethnologies*. Ce périodique bilingue a pour but de diffuser les recherches et les travaux des ethnologues par la publication d'articles, de comptes rendus et de notes de recherche.

Études internationales

Institut québécois des hautes études internationales
Bureau 5458, Pavillon Charles-De Koninck
Université Laval
Québec (Québec) G1K 7P4
téléphone : (418) 656-7771, télécopieur : (418) 656-3634
courriel : rei@hei.ulaval.ca
http://www.iqhei.ulaval.ca

- Paraît quatre fois par année.
- Fondée en 1970, *Études internationales* est une revue pluridisciplinaire qui traite des relations internationales, du développement, ainsi que des affaires et du commerce. Elle accueille des articles de caractère analytique dans les diverses sciences sociales intéressées par la science politique, la science économique, le droit, l'histoire, la géographie et la sociologie, l'anthropologie et la psychologie.

Études Inuit Studies

Université Laval
Québec (Québec) G1K 7P4
téléphone : (418) 656-2353, télécopieur : (418) 656-3023
courriel : etudes.inuit.studies@fss.ulaval.ca
http://www.fss.ulaval.ca/etudes-inuit-studies

- Paraît deux fois par année.
- Fondée en 1977, cette revue bilingue se consacre à l'étude des sociétés inuites traditionnelles et contemporaines, du Groenland à la Russie, dans la perspective des sciences humaines (ethnologie, politique, droit, archéologie, linguistique, histoire, etc.). Outre les articles, elle publie des recensions, des informations scientifiques et une revue des thèses de doctorat et des articles relatifs aux études inuits parus dans d'autres revues.

Forces

1100, boul. René-Lévesque Ouest, 24ᵉ étage
Montréal (Québec) H3B 4X9
téléphone : (514) 392-2000, poste 223, télécopieur : (514) 392-2077
http://www.revueforces.com

- Paraît quatre fois par année.
- Fondée en 1967 par la société Hydro-Québec, la revue *Forces* publie des articles de référence et de documentation sur un thème scientifique, économique, culturel ou social lié au Québec. Les articles sont résumés en plusieurs langues.

Frontières

Université du Québec à Montréal
Case postale 8888, succursale Centre-ville
Montréal (Québec) H3C 3P8
téléphone : (514) 987-3000, poste 8537, télécopieur : (514) 987-4337
courriel : frontieres@uqam.ca
http://www.unites.uqam.ca/cem/frontieres/index.html

- Paraît deux fois par année.
- Fondée en 1988, cette revue met en œuvre une approche multidisciplinaire sur des thèmes reliés au phénomène de la mort et à ses multiples facettes. La revue propose des articles de fond, de recherche et d'intervention, de même que des analyses critiques et des entrevues qui s'inscrivent dans le vaste champ des études sur la mort.

Gazette des femmes

Édifice Thaïs-Lacoste-Frémont
8, rue Cook, 3e étage
Québec (Québec) G1R 5J7
téléphone : 1 800 463-2851, télécopieur : (418) 643-8926
courriel : gazette@csf.gouv.qc.ca
http://www.gazettedesfemmes.com

- Paraît six fois par année.
- Fondée en 1979, cette revue d'information et de débat est publiée sous l'égide du Conseil du statut de la femme. La *Gazette des femmes* vise à promouvoir les droits des femmes et leur ascension vers l'égalité. Elle comporte également une section de chroniques culturelles, et elle publie des comptes rendus des dernières recherches en condition féminine.

Globe. Revue internationale d'études québécoises

Département d'études littéraires
Université du Québec à Montréal
Case postale 8888, succursale Centre-ville
Montréal (Québec) H3C 3P8
téléphone : (514) 987-3000, poste 1407, télécopieur : (514) 987-8218
courriel : revueglobe@uqam.ca
http://www.revueglobe.uqam.ca

- Paraît deux fois par année.
- Fondée en 1997, la revue *Globe* s'est donné pour mandat de contribuer au développement des études québécoises en publiant des articles scientifiques dans une perspective pluridisciplinaire, tout en servant de lien entre les spécialistes québécois et les québécistes étrangers. Son comité scientifique compte des membres dans une vingtaine de pays. Elle s'intéresse à tous les aspects de la culture et de la société québécoise.

Horizons philosophiques

Collège Édouard-Montpetit
945, chemin de Chambly
Longueuil (Québec) J4H 3M6
téléphone : (450) 679-2631, poste 467, télécopieur : (450) 677-2945
courriel : hphilo@collegeem.qc.ca
http://www.cam.org/~gagnonc/contact_hp.html

- Paraît deux fois par année.
- Fondée en 1979 sous le nom de *Petite revue de philosophie* et devenue *Horizons philosophiques* en 1990, cette revue publie des articles de philosophes autour d'un thème.

Interculture

Institut interculturel de Montréal
4917, rue Saint-Urbain
Montréal (Québec) H2T 2W1
téléphone : (514) 288-7229, télécopieur : (450) 844-6800
courriel : info@iim.qc.ca
http://www.iim.qc.ca/fiim.html

- Paraît deux fois par année.
- Fondée en 1968, la revue *Interculture* publie en français et en anglais des articles concernant les réalités interculturelles, tant au Québec qu'à l'étranger. Elle vise à renseigner sur les cultures contemporaines à partir de leurs perspectives propres, à explorer les questions et problématiques que posent la pluralité et l'interaction des cultures.

Laval théologique et philosophique

Faculté de théologie et de sciences religieuses
Université Laval
Québec (Québec) G1K 7P4
téléphone : (418) 656-2131, poste 4775,
télécopieur : (418) 656-3273
courriel : ltp@fp.ulaval.ca
http://www.ftsr.ulaval.ca/ltp

- Paraît trois fois par année.
- Fondée en 1945, cette revue a trois objectifs : diffuser des travaux, faire la synthèse des questions majeures reliées à l'actualité théologique et philosophique, et ouvrir de nouveaux champs d'investigation ou de recherche.

Lien social et Politiques

Département de science politique
Université de Montréal
Case postale 6128, succursale Centre-ville
Montréal (Québec) H3C 3J7
téléphone : (514) 343-5732, télécopieur : (514) 343-2493
courriel : lsp@pol.umontreal.ca
http://www.fas.umontreal.ca/pol/lsp

- Paraît deux fois par année.
- Fondée en 1979 sous le nom de *Revue internationale d'action communautaire*, devenue *Lien social et Politiques* en 1994, cette revue se consacre aux thèmes du lien social, de la sociabilité, des problèmes sociaux et des politiques publiques.

Loisir et société/Society and leisure

Département des sciences du loisir et de la communication sociale
Université du Québec à Trois-Rivières
Case postale 500
Trois-Rivières (Québec) G9A 5H7
téléphone : (819) 376-5132, télécopieur : (819) 373-1988
courriel : loisir_et_societe@uqtr.uquebec.ca
http://www.uqtr.uquebec.ca/dslcs/revue/index.html

- Paraît deux fois par année.
- Fondée en 1978 et publiée par l'Université du Québec à Trois-Rivières, *Loisir et société* est une revue scientifique bilingue spécialisée dans l'étude du loisir. Elle veut à la fois diffuser des résultats de recherches et se prêter à des débats touchant les rapports entre le temps libre et l'évolution de nos sociétés.

Nouvelles pratiques sociales

Département de travail social
Université du Québec à Montréal
Case poste 8888, succursale Centre-ville
Montréal (Québec) H3C 3P8
téléphone : (514) 987-3000, poste 4721, téléphone : (514) 987-4494
courriel : nps@uqam.ca
http://www.unites.uqam.ca/nps

- Paraît deux fois par année.
- Fondée en 1988, cette revue publie des articles portant sur l'intervention sociale critique. Elle s'adresse surtout aux chercheurs et aux intervenants en travail social.

Philosophiques

Case postale 217, succursale B
Montréal (Québec) H3B 3J5
courriel : boulad-ayoub.josiane@uqam.ca
http://www.unites.uqam.ca/spq

- Paraît deux fois par année.
- Fondée en 1974 sous l'égide de la Société de philosophie du Québec, *Philosophiques* est une revue qui publie des textes contribuant au progrès de la connaissance philosophique. La revue publie des articles, des études critiques et des comptes rendus.

Possibles

5070, rue de Lanaudière
Montréal (Québec) H2J 3R1
téléphone : (514) 529-1316
http://www.possibles.cam.org

- Paraît quatre fois par année.
- Fondée en 1976, cette revue traite des différents aspects d'une question sociale, politique ou culturelle qui fait l'actualité dans la société québécoise. Son mandat premier est de lier le politique et le culturel. Ainsi, une trentaine de pages par numéro sont consacrées à la création littéraire, et une œuvre d'art québécoise récente est publiée en encart.

Recherches féministes

GREMF
Université Laval
Édifice Jean-Durand, 3e étage
2336, chemin Sainte-Foy
Québec (Québec) G1K 7P4
téléphone : (418) 656-2131, poste 5418, télécopieur : (418) 656-3266
courriel : revue.gremf@fss.ulaval.ca
http://www.fss.ulaval.ca/cecf/pagelegremf.html

- Paraît deux fois par année.
- Depuis 1988, le Groupe de recherche multidisciplinaire féministe (GREMF) publie *Recherches féministes*, une revue interdisciplinaire et internationale vouée à la diffusion de la recherche féministe dans la Francophonie.

Recherches sociographiques

Département de sociologie
Université Laval
Québec (Québec) G1K 7P4
téléphone : (418) 656-3544, télécopieur : (418) 656-7390
courriel : rechsoc@soc.ulaval.ca
http://www.soc.ulaval.ca/recherchessociographiques/default.asp

- Paraît trois fois par année.
- Fondée en 1960, cette revue, ouverte tant aux sociologues, aux politologues qu'aux littéraires, se consacre à l'étude de la société québécoise et du Canada français.

Relations

Centre Justice et Foi
25, rue Jarry Ouest
Montréal (Québec) H2P 1S6
téléphone : (514) 387-2541, télécopieur : (514) 387-0206
courriel : relations@cjf.qc.ca
http://www.cjf.qc.ca/relations

- Paraît huit fois par année.
- Fondée en 1941 et publiée par le Centre Justice et Foi, *Relations* est une revue d'analyse sociale, politique et religieuse. Elle s'intéresse à la place de la foi dans la mutation sociale et s'interroge sur les formes d'engagement qui peuvent rendre la justice et la paix.

Religiologiques

Département des sciences religieuses
Université du Québec à Montréal
Case postale 8888, succursale Centre-ville
Montréal (Québec) H3C 3P8
téléphone : (514) 987-7747, télécopieur : (514) 987-0307
courriel : religiologiques@uqam.ca
http://www.unites.uqam.ca/religiologiques/info.html

- Paraît deux fois par année.
- *Religiologiques* est une revue de sciences humaines qui s'intéresse aux manifestations du sacré dans la culture ainsi qu'au phénomène religieux sous toutes ses formes. Elle s'intéresse également au domaine de l'éthique.

Rencontre

Secrétariat aux affaires autochtones
Ministère du conseil exécutif
875, Grande-Allée Est
Québec (Québec) G1R 4Y8
(418) 643-3166
http://www.mce.gouv.qc.ca/d/html/d0569012.html

- *Rencontre* est un magazine gouvernemental consacré aux cultures inuits et autochtones.

Revue canadienne de sociologie et d'anthropologie/
The Canadian Review of Sociology and Anthropology

Université Concordia
1455, boul. de Maisonneuve Ouest, bureau 323
Montréal (Québec) H3G 1M8
téléphone : (514) 848-8780, télécopieur : (514) 848-4514
courriel : csaa@vax2.concordia.ca
http://alcor.concordia.ca/~csaa1/index.html

- Paraît quatre fois par année.
- Fondée en 1964 et publiée par la Société canadienne de sociologie et d'anthropologie, la *Revue canadienne de sociologie et d'anthropologie* publie, en français et en anglais, des articles scientifiques sur la sociologie et l'anthropologie, des comptes rendus de recherches sociologiques ou anthropologiques et des suggestions de lecture.

Revue des sciences de l'éducation

Université de Montréal
Case postale 6128, succursale Centre-ville
Montréal (Québec) H3C 3J7
téléphone : (514) 343-7422, télécopieur : (514) 343-2283
courriel : revsced@scedu.umontreal.ca

- Paraît trois fois par année.
- Fondée en 1975, la *Revue des sciences de l'éducation* est une publication commune des facultés, départements, instituts et écoles universitaires francophones d'éducation du Québec et du Canada. Elle a pour mandat la diffusion des résultats de la recherche en sciences de l'éducation.

Société

Département de sociologie
Université du Québec à Montréal
Case postale 8888, succursale Centre-ville
Montréal (Québec) H3C 3P8
téléphone : (514) 987-3000, poste 8453,
télécopieur : (514) 987-4638
http://www.socio.uqam.ca/dsocio/recherche/
revues-departementales/societe.shtml

- Paraît irrégulièrement.
- Cette revue, publiée par l'Université du Québec à Montréal, s'est donné pour mandat de favoriser la réflexion théorique sur les transformations fondamentales qui affectent les sociétés contemporaines, et ce, par le biais d'essais et d'études.

Sociologie et sociétés

Département de sociologie
Université de Montréal
Case postale 6128, succursale Centre-ville
Montréal (Québec) H3C 3J7
téléphone : (514) 343-6620, télécopieur : (514) 343-5722
courriel : resocsoc@ere.umontreal.ca
http://www.pum.umontreal.ca/revues/revues.html

- Paraît deux fois par année.
- Fondée en 1967, *Sociologie et sociétés* est une revue qui fait état de la réflexion et de la recherche sociologiques. Chaque numéro comprend un dossier thématique qui analyse diverses caractéristiques sociales.

Théologiques

Faculté de théologie
Université de Montréal
Case postale 6128, succursale Centre-ville
Montréal (Québec) H3C 3J7
téléphone : (514) 343-5642, télécopieur : (514) 343-5738
courriel : revue-theologiques@umontreal.ca
http://www.theo.umontreal.ca/33.htm

- Paraît deux fois par année.
- Fondée en 1993, *Théologiques* est une revue de recherche interdisciplinaire qui entend promouvoir l'avancement de la recherche en théologie. Publiée par la Faculté de théologie de l'Université de Montréal, *Théologiques* publie des articles sur les recherches en cours dans le domaine de la théologie.

Travail, capital et société/Labor, Capital and Society

Centre for Developing Area Studies
Université McGill
3715, rue Peel
Montréal (Québec) H3A 1X1
téléphone : (514) 398-8432
courriel : pub.cdas@mcgill.ca
http://www.mcgill.ca/cdas/labour

- Paraît deux fois par année.
- Fondée en 1967 sous le nom de *Manpower and Unemployment Research*, devenue *Travail, capital et société/Labor, Capital and Society* en 1979, cette revue multidisciplinaire et bilingue porte sur les questions reliées au travail dans les régions de l'Afrique, de l'Asie, de l'Amérique latine, des Caraïbes et du Moyen-Orient.

TABLE DES MATIÈRES

4^E PARTIE
REVUES CULTURELLES ET DE SCIENCES HUMAINES

Composition et infographie : Isabelle Tousignant
Conception graphique : Élise Lassonde

Diffusion pour le Canada : Gallimard ltée
3700A, boulevard Saint-Laurent, Montréal (Qc), H2X 2V4
Téléphone : (514) 499-0072   Télécopieur : (514) 499-0851
Distribution : SOCADIS

Éditions Nota bene
1230, boul. René-Lévesque Ouest
Québec (Qc), G1S 1W2
mél : nbe@videotron.ca
site : http://www.notabene.ca

ACHEVÉ D'IMPRIMER
CHEZ AGMV
MARQUIS
IMPRIMEUR INC.
CAP-SAINT-IGNACE (QUÉBEC)
EN OCTOBRE 2004
POUR LE COMPTE DES ÉDITIONS NOTA BENE

Dépôt légal, 4ᵉ trimestre 2004
Bibliothèque nationale du Québec